PATRICK ESTRADE

Wir sind, was wir erinnern

Buch

Die Stimmen der Vergangenheit beherrschen maßgeblich – doch oftmals unbewusst – unsere Gegenwart. Um uns besser zu verstehen, ist es hilfreich, genau hinzuhören. Unsere Erinnerungen sind als heimliche Berater, wenn wir Entscheidungen treffen und Urteile fällen, allgegenwärtig, sie beeinflussen unseren gesamten Lebensweg. Die Macht der Erinnerung kann gar nicht genug überschätzt werden. Wie aufschlussreich das Wissen um Schlüsselerinnerungen für unser aktuelles Leben sein kann, veranschaulicht Patrick Estrade in diesem Buch an zahlreichen Fallbeispielen. Seine leicht umsetzbare Methode zur Selbstanalyse zeigt an praktischen Beispielen, wie die Selbstbefragung jedem Einzelnen erlaubt, sich in der Gegenwart bewusst zu positionieren, persönliche Haltung und Werte zu bestätigen sowie Möglichkeiten der Veränderung auszuloten.

Autor

Patrick Estrade ist Psychologe und Psychotherapeut mit über zwei Jahrzehnten Praxiserfahrung. Nach seinem Studium in Berlin zog der Therapeut in den Süden Frankreichs nach Nizza, wo er eine Praxis unterhält. Er ist Autor von erfolgreichen Sachbüchern und schreibt regelmäßig für verschiedene Zeitschriften und Magazine. Darüber hinaus engagiert er sich in Forschung und Lehre. Sein besonderes Interesse gilt der Dynamik in zwischenmenschlichen Beziehungen.

Patrick Estrade

Wir sind, was wir erinnern

Wie Kindheitserinnerungen unsere Persönlichkeit bestimmen

Aus dem Französischen von Hanna van Laak

GOLDMANN

Die französische Originalausgabe erschien 2006
unter dem Titel »Ces souvenirs qui nous gouvernent«
bei Editions Robert Laffont, Paris

Umwelthinweis:
Alle bedruckten Materialien dieses Taschenbuches
sind chlorfrei und umweltschonend.

1. Auflage
Taschenbuchausgabe August 2007
Wilhelm Goldmann Verlag, München,
in der Verlagsgruppe Random House GmbH

Umschlaggestaltung: Design Team München
unter Verwendung der Umschlagillustration
der Originalausgabe © Soledad
Redaktion: Martina Kayser
KF · Herstellung: Str.
Druck und Bindung: GGP Media GmbH, Pößneck
Printed in Germany
ISBN: 978-3-442-15459-3

www.goldmann-verlag.de

Für Georgette

Inhalt

Vorwort 9
Eine Vorwarnung 13

Teil 1
Erinnerungen, Erinnerungen 17

Teil 2
Am Brunnen der Erinnerung 37
1 Träume und Erinnerungen 39
2 Gedächtnis, Erinnerung und Vergessen 54
3 Die Seele der Erinnerungen 76

Teil 3
Kindheitserinnerungen lesen und verstehen 95
1 Die Nuklearität Mutter-Vater-Kind
in den Erinnerungen 97
2 Die wichtigsten anderen Bestandteile
von Erinnerungen 111
3 Verschiebung in den Erinnerungen 125
4 Beispiele für die Interpretation
von Kindheitserinnerungen 147

Teil 4
Verletzungen 165
1 Wahre Geschichte, falsche Geschichte 167
2 Erinnerung und Trauma 178
3 Erinnerung und Schuldgefühl 205
4 Erinnerungen haben eine therapeutische Funktion 221

Teil 5
Den Zugang zur eigenen Geschichte wiederfinden 231
1 Ihre drei Kindheitserinnerungen 233
2 Wie ein Vorhang, der sich öffnet 253

Anhang
Die Analyse von Kindheitserinnerungen
in der Psychotherapie 261

Dank 279
Praktische Hinweise 285

Vorwort

Dieses Buch folgt auf das 2004 erschienene Werk *Comment je me suis débarrassé de moi-même* (Wie ich mich von mir selbst befreite), in dem ich die Widerstände und die Abwehrmechanismen analysiert habe, die wir aufbauen, um uns vor Leid zu schützen. Ich habe darin dargelegt, wie wir durch unbewusste Programmierung und Denkbarrieren so weit kommen, dass wir Widerstand mit Persönlichkeit verwechseln. In diesem Buch werde ich auf die schwierige Frage des Lebens und der menschlichen Seele unter dem rein emotionalen Blickwinkel der Erinnerungen und ihrer Beziehung zur unmittelbaren, lebendigen Aktualität unseres Daseins eingehen.

Zahlreiche Autoren haben in den vergangenen Jahrzehnten über Kindheitserinnerungen geschrieben. Einer der berühmtesten von ihnen ist selbstverständlich Sigmund Freud. Doch die tiefgreifendsten und genialsten Forschungen in diesem Bereich haben wir meiner Ansicht nach mit Sicherheit Alfred Adler zu verdanken. Von diesem Autor stammen einige Deutungen von Erinnerungen, die in die Annalen eingegangen sind. Ich denke dabei besonders an sein Buch *Die Technik der Individualpsychologie*, das 1928 veröffentlicht wurde. Abgesehen von bestimmten Aspekten des Buchs von Alfred Adler gibt es meines Wissens kein Werk, das Erinnerungen so behandelt, wie ich sie hier darstellen werde.

Das vorliegende Buch ist Ergebnis meiner Beobachtung

von Erinnerungen mit Hilfe von Notizen, die ich in den letzten fünfundzwanzig Jahren gemacht habe, und der speziellen Art der Klassifikation, Analyse und Deutung von Erinnerungen, die ich entwickelt habe. Die vorgestellten klinischen Fälle entstammen meiner beruflichen Praxis. Wie gewöhnlich habe ich die Namen und Wohnorte der zitierten Personen geändert, um ihre Anonymität zu gewährleisten. Ich habe jeden, ob Freund oder Patient, um seine Einwilligung gebeten, als Fallbeispiel in diesem Buch aufzutauchen. Jedes Mal erhielt ich die gleiche Antwort: »Wenn meine Geschichte zu einem besseren Verständnis Ihrer Arbeit beitragen und anderen helfen kann, dann stimme ich gerne zu.« Ihnen allen sei schon an dieser Stelle gedankt.

Ob gut oder schlecht, unsere Erinnerungen sind untrennbar mit dem innersten Kern unserer Persönlichkeit verknüpft. Sie sind die Wächter über unseren inneren Tempel, so wie unsere Träume die Wächter unseres Schlafs sind, sagte Freud. Unsere Erinnerungen sprechen zu uns, doch worüber sprechen sie? Über das, was wir waren und was wir erlebt haben. Aber auch, und vielleicht in erster Linie, über die Art, wie wir es erlebt haben. Unsere Erinnerungen sprechen zu uns, aber wir hören ihnen nicht zu. Und wir hören ihnen nicht zu, weil wir genau wie bei den Träumen nicht wissen, wie wir mit ihnen umgehen sollen.

Ich möchte Ihnen in diesem Buch klarmachen, inwiefern unsere Erinnerungen in Einklang mit unserem aktuellen Lebensstil stehen und wie sie uns infolgedessen beeinflussen und möglicherweise unsere Entwicklung behindern können. Ich möchte Ihnen außerdem verdeutlichen, welche Beziehung zwischen der in unseren Erinnerungen gespeicherten Vergangenheit und dem besteht, was wir hier und jetzt erleben. Und schließlich möchte ich zeigen, inwiefern Erinnerungen unser Verhalten erklären und dadurch zu einem Instrument der Selbsterkenntnis und Selbstbefreiung werden können.

Ich werde oft über Familie, Eltern, Geschwister, Großeltern und alle diejenigen sprechen, die in einer Familienkonstellation auftreten. Vielleicht wird es Sie verwundern, dass ich in meinen Ausführungen nicht systematisch die spezifische Situation von Waisen berücksichtige. Tatsächlich wäre es ein Fehler, die Menschen nach ihrem familiären Schicksal zu kategorisieren, denn dann müsste man sie in Schablonen pressen, während ihre Lebenswege sich radikal unterscheiden können. Um ein Beispiel zu nehmen: Zwar ist es möglich, dass ein Waisenkind in der Obhut der öffentlichen Fürsorge von einer Einrichtung zur nächsten geschoben wird oder in eine wenig liebevolle oder gleichgültige Pflegefamilie gerät, doch ein anderes wächst vielleicht in einer liebevollen und warmherzigen Adoptivfamilie heran, in der es sich entfalten kann. Wir können also nicht alles in einen Topf werfen oder das Problem auf eine Frage des Familienstands reduzieren. Keinen Vater und keine Mutter zu haben bedeutet nicht notwendigerweise, dass man ohne Familie aufwächst. Es bedeutet auch nicht, dass man keine Kindheit erlebt, und noch weniger, dass man keine Erinnerung daran bewahrt hat. Wenn Sie ein Waisenkind waren, werden natürlich bestimmte Situationen, die in diesem Werk geschildert werden, nicht mit den Erfahrungen Ihrer Vergangenheit übereinstimmen. Dennoch zweifle ich nicht daran, dass Sie in der Lage sein werden, meine Ausführungen ohne große Mühen auf Ihre besondere Situation zu übertragen.

Erste Vorwarnung

Eine Vorwarnung

> Auf wenig ausgetretenen Pfaden ist man immer weniger allein, als man befürchtet.
>
> MARGUERITE YOURCENAR
> *Briefe an ihre Freunde …*

Werden Sie das Spiel mitspielen?

Bevor wir nun zur Sache kommen, möchte ich Ihnen ein kleines Experiment vorschlagen. Reizt Sie das? Zunächst einmal sollten Sie sich mit einem Blatt Papier und einem Stift bewaffnen. Nur zu, ich warte auf Sie. Sind Sie so weit? Ich möchte nun, dass Sie sich konzentrieren und eine Erinnerung aus Ihrer frühen Kindheit in sich aufsteigen lassen. So weit zurückliegend wie möglich. Wählen Sie nicht aus, üben Sie keine Zensur, versuchen Sie nicht, die eine der anderen vorzuziehen. Es spielt keine Rolle, ob es eine angenehme oder eine schlimme Erinnerung ist, eine wahre oder eine, die Ihre Eltern oder Verwandten Ihnen erzählt haben. Auch ob sie in die früheste Kindheit oder ein wenig später zurückreicht, ist nicht unbedingt ausschlaggebend. Wichtig ist, dass Sie sie aufschreiben, wie sie Ihnen in den Sinn kommt. Machen Sie nicht viele Worte. Versuchen Sie vor allem nicht, sie in hübsche Formulierungen oder schöne Sätze zu kleiden. Was zählt, ist die Spontaneität, mit der diese Erinnerung Ihnen einfällt. In Ordnung?

Ich möchte Sie nun bitten, die Operation zu wiederholen, das heißt, eine zweite Erinnerung niederzuschreiben. Wieder die früheste, die Ihnen einfällt. Es fällt Ihnen schon ein wenig leichter als beim ersten Mal? Das ist normal, Sie haben bereits Erfahrung gemacht.

Schreiben Sie nun noch eine dritte Erinnerung auf Ihr Blatt. Immer nach dem gleichen Prinzip. So weit zurückliegend wie möglich, nicht viel überlegen, keine Selbstzensur, wenig Worte und so weiter.

Nun ja, man weiß ja nie, ob wir später nicht noch eine vierte Erinnerung benötigen. Also nutzen wir die Gelegenheit, da Sie schon mal in Form sind.

Ich gebe zu, es ist nicht selbstverständlich, dass man sich so dazu verleiten lässt, Erinnerungen auf ein Stück Papier zu schreiben, wo man doch die Absicht hatte, in aller Ruhe ein Buch zu lesen. Im Übrigen wollten einige unter Ihnen vielleicht ja meinen Anweisungen nicht folgen, entweder aus Bequemlichkeit (na ja!), oder aus Misstrauen (ich will erst einmal wissen, worum es geht!) oder aus Ungeduld (ich hab keine Lust!). Das macht nichts. Sie wissen ja, Sie sind zu nichts verpflichtet. Andere haben es vielleicht nicht geschafft, auch nur eine einzige, in ihren Augen brauchbare Erinnerung zu Papier zu bringen, oder standen vor einem großen schwarzen Loch? Das ist nicht schlimm. Ich werde Ihnen später erklären, weshalb Sie sich so gefühlt haben.

Wenn Sie erst einmal vier Erinnerungen aufgeschrieben haben, dann können Sie nun auf jede einzelne zurückkommen und sie mit so vielen Details ausschmücken, wie Ihnen gut dünkt. Sie sollten allerdings zur Unterscheidung der Grunderinnerungen von den hinzugefügten Details Erstere unterstreichen oder eine andere Farbe oder eine andere Schrift benutzen. Das habe ich auch mit drei meiner eigenen Erinnerungen gemacht, auf die ich später noch zu sprechen komme.

Warum lasse ich Sie so unvorbereitet ins kalte Wasser springen? Es wäre Ihnen vielleicht lieber gewesen, ich hätte mit meinem Vorschlag bis zum Ende des Buchs gewartet? Nun, das geht nicht, denn Sie wissen ebenso gut wie ich, dass wir, wenn wir einen Test machen, gerne wissen wollen, worauf der Verfasser aus ist und was er uns beweisen will. Um unsere Unsicherheit zu verringern, versuchen wir die Antworten zu erraten, weil wir glauben, das Ergebnis dadurch beeinflussen zu können. Das genau wollte ich hier vermeiden. Ich wollte vermeiden, dass die Informationen, die Sie im Laufe dieses Buchs erhalten werden, Sie dazu bringen, Ihren Erinnerungen eine »objektive« Richtung zu geben und ihre Tragweite zu verfälschen. Obwohl ich mich letzten Endes frage, ob das am Ende wirklich wichtig wäre. Aber nun gut, zwei Vorsichtsmaßnahmen sind besser als eine …

Meine drei ersten Erinnerungen

Wie Sie habe auch ich – ohne zu tricksen – die drei frühesten Erinnerungen aufgeschrieben, die mir eingefallen sind. Ich habe sie spontan, in einem Zug, ohne nachzudenken, auszuwählen oder Zensur auszuüben niedergelegt. Meine Grunderinnerungen sind kursiv, die Details in Normalschrift wie der Fließtext geschrieben. Hier sind sie:

Früheste Erinnerung: *Ich sehe mich in einem Garten, der ein wenig verwildert wirkt, mit einem Schmetterlingsnetz aus leuchtendem Tüll in der Hand, ich versuche, Schmetterlinge zu fangen, die zwischen den hohen Gräsern fliegen.*

Wir sind in der Vendée, im Garten meines Onkels Jean und meiner Tante Jeanne. Hinten im Garten befindet sich ein Hühnerstall. Die Sonne scheint, ich trage eine kurze Hose. Das Schmetterlingsnetz besteht aus einem Eisenreifen, der in einem langen Holzstiel steckt. Ich weiß nicht mehr, ob der Tüll rot oder gelb ist, aber ich weiß, dass es eine leuchtende Farbe ist und dass er ein wenig steif ist, als wäre er gestärkt worden.

Die zweite Erinnerung, die mir einfiel, ist der Sturz meiner Schwester Annick auf der Treppe. Sie war auf den Rücken meines Bruders Yves geklettert, und beim Fallen bricht ihr ein oberer Eckzahn ab.

Das geschah im Haus, in dem wir während meiner frühen Kindheit wohnten. Soweit ich mich erinnere, war die Treppe ziemlich eng. Es gab keine Toilette im ersten Stock, und man musste ins Erdgeschoss hinuntergehen, das machte mir oft Angst, wenn ich nachts aufstehen musste.

Ich erinnere mich nicht selbst daran, aber man sagte mir, der Unfall käme daher, dass ich sie gekitzelt und dadurch aus dem Gleichgewicht gebracht hätte. Dieser abgebrochene Zahn sollte zur Tragödie meiner Schwester führen, die sich viele Jahre lang weigerte zu lächeln, wenn man sie fotografierte. Für mich wurde er wahrscheinlich zum Beginn einer langen Geschichte von Verantwortung und Schuldgefühlen.

Die dritte Erinnerung ist die an meine Mutter, die plötzlich auf dem Markt neben mir in Tränen ausbricht.

Die Markthalle befindet sich an der Place de la Libération in Nizza. Wir sind ganz allein. Ich bin ganz klein, sehr durcheinander und sage zu ihr: »Weine nicht, Mama …«

Fürs Erste wollen wir unser Experiment hier abbrechen. Selbstverständlich können Sie, wann immer Sie wollen, auf jede Ihrer Erinnerungen zurückkommen und sie im Lichte der Werkzeuge, die ich Ihnen während meiner Ausführungen liefern werde, wieder in Augenschein nehmen. Was die meinen angeht, so werde ich Ihnen später noch ein paar Dinge dazu sagen

Teil 1

Erinnerungen, Erinnerungen

Nicht was wir gelebt haben, ist das Leben,
sondern das, was wir erinnern und wie
wir es erinnern und davon erzählen.

GABRIEL GARCÍA MÁRQUEZ
Leben, um davon zu erzählen

Eine Welt voll unendlichem Reichtum

Vertrauen gegen Vertrauen, ich finde, dass ich in vielerlei Hinsicht einen wunderbaren Beruf ausübe. Die Menschen, die meinen Rat suchen, lassen mich eintreten in ihre Welt, und diese ist voll unendlichem Reichtum, ja voll großer Schönheit, selbst wenn höchst dramatische Ereignisse sie dazu bewogen haben, mich aufzusuchen. Hat man erst einmal das Vertrauen der Patienten gewonnen, dann ist es, als überließen sie Ihnen den Schlüssel zu ihrem Haus oder ihrer Wohnung, damit Sie ganz nach Belieben darin ein- und ausgehen können. Man muss allerdings einschränkend hinzufügen, dass der Psychotherapeut die Türen nicht aus krankhafter Neugier öffnet. Er steht im Dienste des Patienten.

Selbstverständlich entsteht diese Art von Vertrauen nicht von einem Augenblick auf den anderen. Das wäre weder für den Patienten gut noch für die Psychotherapie und auch nicht für den Psychotherapeuten, der deutlich erkennen würde, dass irgendetwas an der Übertragung nicht stimmt. Ein blinder Vertrauensvorschuss ist nie ein gutes Zeichen, so schmeichelhaft er für den Narzissmus des Psychotherapeuten auch sein mag. Vertrauen gründet darauf, was Sie als Spezialist, aber auch als Mensch von sich preisgeben. Es ist infolgedessen in hohem Maße »subjektiv«. Jeder Therapeut hat seine persönliche Art, die Basis für eine vertrauensvolle Beziehung herzustellen. Dazu gehört natürlich der äußere Rahmen seiner Praxis, das Gebäude, das Wartezimmer, der Raum, in dem er Sie empfängt. Dazu gehören weiterhin eine Atmosphäre des Mitgefühls und seine Art, in Kontakt zu Ihnen zu treten und Sie zu befragen. Dazu zählt schließlich, was er von seiner beruflichen Orientierung offenbart (zu welcher psychologischen oder psychoanalytischen Schule gehört er oder auf welche bezieht er sich?) und was er von seiner privaten Welt durchscheinen lässt (was steht im Mittelpunkt seines Interesses, was sind seine Vorlieben, was liest er?). Und endlich gehören dazu noch die Veröffentlichungen, an denen er arbeitet und deren Nutznießer Sie vielleicht einmal werden können, anders gesagt, das Bemühen um Weiterentwicklung, das er in seinem eigenen Leben an den Tag legt. Auf einem Kolloquium in Berlin hörte ich einmal, wie ein Redner sagte: »Man kann nur das von einem Psychotherapeuten lernen, was dieser selbst zu erkennen vermochte.« Diese Sentenz machte mir jäh bewusst, was mich als Psychotherapeut erwartete. Ich hörte in diesem Satz die Aufforderung an uns Studenten, uns nicht mit einer beratenden Tätigkeit zu begnügen und nie den Kontakt zur Forschung zu verlieren.

Ein Jugendirrtum

Erinnerungen gehören in diesen Lebenswelten, in die die Patienten die Psychotherapeuten eintreten lassen, zu den bewegendsten Momenten. Als ich noch ein psychotherapeutischer Anfänger war, war mir das nicht wirklich bewusst. Die erzählten Erinnerungen bildeten für mich einen Bestandteil der Anamnese, der zur Erstellung einer Diagnose oder gar zum Nachweis einer Neurose nützlich war. Das Geständnis ist mir unangenehm, doch ich glaube, dass ich damals nach einer Kindheitserinnerung im gleichen, etwas gelangweilten Tonfall fragte wie der Arzt, der seinen Patienten bittet, sich freizumachen. Dabei hatte ich doch gelesen, dass Alfred Adler seine neuen Patienten immer bat, ihm ihre früheste Erinnerung zu erzählen.[1] Das hätte meine Aufmerksamkeit für die Bedeutung von Erinnerung schärfen müssen. Aber nein, ich ging darüber hinweg. Erst allmählich, im Lauf der Monate, begann ich durch genaueres Hinhorchen, die Sprache der Erinnerungen wahrzunehmen und den ihr wesentlichen Charakter zu entdecken.

Während meiner Berliner Lehrjahre hörte ich mir wohl mindestens zweitausend, wenn nicht mehr, Erinnerungen von Patienten an. Was mir jedoch sehr half, mehr als das bloße Anhören, war, dass ich lernte, sie in Beziehung zum gesamten Leben der Person zu setzen und von hier aus zu interpretieren. Nach meiner Rückkehr nach Frankreich Anfang der achtziger Jahre verfeinerte ich meine Methode des Verstehens und der Interpretation von Kindheitserinnerungen, bis ich erkannte, dass ich ein ziemlich persönliches psychologisches und psychotherapeutisches Instrument entwickelt hatte.

1. »Ich würde nie einen Menschen untersuchen, ohne nach der ersten Erinnerung zu fragen.« *What Life Should Mean to You*, Capricorn Books, G. P. Putnam's Sons, New York 1958. Deutsch: *Wozu leben wir?* Fischer Taschenbuch Verlag, Frankfurt 1979, S. 67.

Die Kunst, Erinnerungen zu lesen

Das Lesen von Erinnerungen ist eine Kunst, die ebenso erlernt werden muss wie die Technik der Anamnese, der Sammlung von Informationen, die dem Arzt eine Diagnose ermöglicht. Die Fragen müssen sehr schnell in die richtige Richtung zielen, ohne den Patienten zu brüskieren oder zu verletzen, was sofort Widerstände aufbauen und den Fachmann in die Irre führen würde.

Ich erinnere mich, dass Professor Josef Rattner vom Institut für analytische Psychologie in Berlin diese Kunst gerne mit der eines Sherlock Holmes verglich, der mit einem Sigmund Freud und einem Mephistopheles gekreuzt war.

Mit Sherlock Holmes wegen seines außerordentlichen Sachverstands, den er für die spektakulärsten und überraschendsten Analysen heranzuziehen verstand. Auch wegen seines in aller Bescheidenheit kultivierten Talents der Schlussfolgerung (»Elementar, mein lieber Watson!«).

Mit Freud wegen seiner Konzeption der »gleichschwebenden Aufmerksamkeit«[2], das heißt der Fähigkeit, sich nicht nur auf den Diskurs des Symptoms zu konzentrieren, sondern das »Da-Sein« der Person als Ganzes wahrzunehmen und sich vollkommen auf das Zuhören einzulassen. Mit einem mephistophelischen Geist schließlich, um sich vor dem allgemeinen Hang zur Dichotomie zu hüten, der im Guten nur das Gute und im Bösen nur das Böse sieht, und akzeptieren zu lernen, dass man im

2 Diese Technik »besteht einfach darin, sich nichts besonders merken zu wollen und allem, was man zu hören bekommt, die nämliche ›gleichschwebende Aufmerksamkeit‹ … entgegenzubringen.« *Ratschläge für den Arzt bei der psychoanalytischen Behandlung*, Studienausgabe, Fischer Taschenbuch Verlag, Ergänzungsband, 1975, S. 171f.

einen das andere sieht, wie uns das Leben gelegentlich so gut vorzuführen versteht.

Ich persönlich würde zu diesem Trio noch den Blick des Phänomenologen hinzufügen.

Die Philosophie versteht unter Phänomen das unmittelbare und wahrnehmbare Ding, das unsere Aufmerksamkeit erfordert. Der phänomenologische Blick bedeutet folglich, dass wir unser Wissen und unsere möglichen Projektionen hintanstellen und einfach und *unvoreingenommen* anhören, was wir zu sehen und zu hören bekommen. Es geht dabei also nicht um erklären, sondern um verstehen[3].

Gestärkt durch diese vierfachen Vorsichtsmaßnahmen lernte ich im Lauf der Jahre, Erinnerungen mit anderen Augen zu betrachten, und ich muss sagen, dass ich reichlich dafür belohnt wurde. Allmählich gelang es mir, einen praktischen Ansatz zur Einschätzung von Erinnerungen zu entwickeln, der mir erlaubte, schnell zur zentralen Problematik eines Menschen vorzustoßen. Dieser war dann vielleicht überrascht über meine Interpretation und den Blickwinkel, unter dem ich seine Erinnerungen betrachtete, aber auch ich selbst stand oft fassungslos davor, was mich meine Vorsicht und Wachsamkeit gegenüber diesem gleichermaßen faszinierenden wie gefährlichen Werkzeug verdoppeln ließ. In rgelmäßigen Abständen rief ich mir Nietzsches Warnung in Erinnerung: »Die angeblichen ›kürzeren Wege‹ haben die Menschheit immer in große Gefahr gebracht; sie verlässt immer bei der frohen Botschaft, dass ein solcher kürzerer Weg gefunden sei,

3 Bekannt ist der berühmte Satz von Wilhelm Dilthey, mit dem er die Naturwissenschaften von den Geisteswissenschaften zu unterscheiden versucht: »Die Natur erklären wir, das Seelenleben verstehen wir.« W. Dilthey, *Einleitung in die Geisteswissenschaften*, Vandenhoeck & Ruprecht, Göttingen 1990.

ihren Weg – und verliert den Weg.«[4] So war ich auch nicht unglücklich, als 1990 ein Vortrag, den ich am Centre universitaire méditerranéen von Nizza über das Thema Erinnerung halten sollte, abgesagt wurde. Ich zog für mich daraus den Schluss, dass mein Ansatz zur Interpretation von Erinnerungen noch weiterer Ausarbeitung bedurfte. Die Zeit war noch nicht reif dafür.

Reichtum der Erinnerung

Kindheitserinnerungen sind, sofern sie nicht Spuren schrecklicher Erlebnisse tragen, außerordentlich intensive, strahlende affektive Nischen voll überraschendem Witz, Intelligenz, Zärtlichkeit und Schalkhaftigkeit. Das Leben teilt sich hier in seiner ganzen Schlichtheit mit. Auch in seiner ganzen Vielfalt. Das ist nur natürlich. Wie viele Leben stecken in einem? Drei, vier, fünf, zehn, noch mehr? Wenn ich mein Leben betrachte, komme ich auf elf. Das Haus meiner Kindheit, meinen ersten Umzug, die Grundschule, die Zeit in der katholischen Schule, das Internat, mein Leben als junger Mann, meine Berliner Zeit, mein Leben mit M. (eine Frau, mit der ich Anfang der siebziger Jahre zusammen war), meine Niederlassung als Therapeut in Nizza, mein Leben mit Frau und Sohn, mein Leben als Autor. Jedes dieser Leben hat dazu beigetragen, das Leben des Kindes, des jungen Mannes und dann des Mannes, der ich war, der ich bin, ein wenig zu verändern. Natürlich weiß ich nicht, wie viele Lebensabschnitte noch vor mir liegen, und, um die Wahrheit zu sagen, das kümmert mich auch nicht.

Man kann sich nur schwer vorstellen, welcher Reichtum den Erinnerungen innewohnt, die ein Psychotherapeut zu hören be-

4 Friedrich Nietzsche, *Morgenröte*, 1. Buch, § 55, Goldmann Verlag, München 1999.

kommt. Immer sind sie geprägt von Aufrichtigkeit, Tiefe und Gefühlen. Es sind Wunder an Goldschmiedekunst und Originalität, Geschichten, die so fein ziseliert sind wie Spitzen, denn sie werden mit dem Herzen erzählt. Mit einem Kinderherzen. Wenn es um Kindheitserinnerungen geht, dann geht es um das Kind, das in uns steckt. Dieses Kind, das wir mit allen Kräften zu verbergen suchen, nimmt uns an der Hand und führt uns in die Vergangenheit zurück: »Erinnerst du dich, sag?«, fragt das Kind. »Hör auf«, antwortet der Erwachsene, »das ist mir egal, das ist vorbei« (Erwachsene sind felsenfest davon überzeugt, dass sie Besseres zu tun haben, als sich an die *Dummheiten* der Vergangenheit zu erinnern). »Es ist dir egal? Das ist nicht einmal wahr«, fährt das Kind der Erinnerungen fort. »Wenn du nur wüsstest, wie du dich damit abschleppst!« Ob es uns gefällt oder nicht, wir verbringen unsere Zeit mit Gedanken an unsere Kindheit. Sie hält uns mit tausend unsichtbaren Banden fest. Und diese Bande sind unsere Erinnerungen.

Sie sind das unauslöschliche Kennzeichen unserer Individualität, unsere persönliche Signatur, der Beweis dafür, dass das, was wir erlebt haben, uns wirklich gehört hat und niemand anderem je gehören wird. Wir sind alles, woran wir uns erinnern, und wir sind alles, woran wir uns nicht erinnern, das heißt alles, was sich trotz allem in uns erinnert, denn unser emotionales Gedächtnis hat die damit verbundene Empfindung als Engramm gespeichert (ein *Engramm* ist ein Erlebniseindruck, der sich als Gedächtnisspur einprägt).

So verhält es sich mit den Kinderstreichen, mit den öffentlichen Geheimnissen und Liebschaften der Kindheit, mit kleinen Schwindeleien, die bis zum heutigen Tag nicht von den Eltern durchschaut wurden, mit Trotzreaktionen. Eine junge Frau erzählte mir vor kurzem unter schallendem Gelächter, wie sie ihre Eltern hinters Licht geführt hatte, als sie trotz deren Verbots ihren damaligen Freund ins Haus gelassen hatte, und wie es ihr gelungen war, ihn nach der unverhofften Rückkehr ihrer Mutter unbemerkt wieder hinauszulotsen. Ihr kamen die Tränen vor Lachen, während sie daran zurückdachte, wie sie ihn von einem Zimmer ins nächste bugsieren musste, bis er die Haustür erreichte, und zugleich ihre Mutter mit den absurdesten Fragen, um sie abzulenken, in die andere Hälfte des Hauses lockte.

Streiche, Liebeleien, Geheimnisse, Lügen ... auch überstandene Pseudogefahren gehören dazu. Wenn ich als Kind mit meinen Eltern durch die Straßen spazierte, dann erfand ich alle möglichen Arten von Spielen, die, mit heutigen Augen betrachtet, nichts anderes als abergläubische Rituale waren. Meine armen Eltern wussten nicht, welch schrecklichen Gefahren wir alle mit jedem Schritt auf dem Gehsteig entgingen. Der Einsatz war so tragisch wie klar. Wie bei Himmel und Hölle durfte mein Schuh unter keinen Umständen die Linien berühren, die im Zement des Gehsteigs sichtbar waren. Einmal drauftreten, und alles war verloren! Das mag Ihnen auf den ersten Blick leicht lösbar erscheinen. Vielleicht glauben Sie, es hätte genügt, in einem gleichmäßigen Rhythmus zu gehen? Aber dabei vergessen Sie all die zufälligen Widrigkeiten, die sich einem in den Weg stellen! Ein großer Hund trottet Ihnen entgegen, eine Gruppe Erwachsene kommt von vorne, rempelt Sie an, ein Kinderwagen rast auf Sie zu, und Sie, Sie müssen unablässig all diese Unwägbarkeiten im Auge behalten, Ihre Schritte kontrollieren, die Schrittlänge der vorhergehenden Schritte berücksichtigen, um die folgenden zu planen, einen Riesenschritt machen, um in die Mitte des nächsten Quadrats zu treffen und dann gelassener das darauffolgende ansteuern zu können. Das ist Kafka und Shakespeare zusammengenommen! Wenn die Vorschrift nicht befolgt wurde, drohten mir und meiner Familie die schrecklichsten Folgen: ein Autounfall, eine qualvolle Krankheit, der plötzliche Tod. Und wenn die gefürchtete Situation dann tatsächlich einmal eintrat und keine Geißel mich schlug, dann sagte ich mir, dass unsere Rettung nur der unermesslichen Nachsicht des lieben Gottes zu verdanken war.

Heute noch denke ich manchmal daran, wenn ich auf dem Bürgersteig gehe. Ich suche nach diesem köstlichen Gefühl der Gefährlichkeit, das ich damals empfand. Und ehrlich gesagt, wenn ich die Leute auf der Straße beobachte, sehe ich manchmal welche, die augenscheinlich mit dem gleichen Zögern ihre Schritte wählen.

Erinnerungen sind Ketten, die uns in einer bestimmten Wahrnehmung von uns selbst in Eisen legen, zugleich aber sind sie ein seltener und unschätzbarer Freiraum. Ein privater Raum, in den niemand ohne unsere Zustimmung eindringen kann. Was manche Eltern oder Partner mit inquisitorischen Neigungen, die selbst unsere Gedanken und Erinnerungen noch gerne kontrollieren würden, ziemlich verärgert: »Woran denkst du?« – »An nichts, an nichts …«, antwortet man, während man in seine Erinnerungen versunken ist. Kein Wort kommt einem über die Lippen. Man schwindelt höchstens, erzählt eine Belanglosigkeit, um die Sache so schnell wie möglich zu beenden …

Unsere Erinnerungen sind der spürbare Eindruck dessen, was wir erlebt haben

Unser ganzes Leben ist von Erinnerungen umgeben. Sie sind unsere innere Haut. Und dennoch sind wir weit davon entfernt, uns vorzustellen, was sich hinter dem Faktum des Erinnerns verbirgt. Einerseits, weil es sich um einen vermutlich viel zu banalen Akt handelt, und andererseits, weil er oft mit den Grenzen des Unbewussten flirtet. Tatsächlich haben wir im Alltagsleben nur selten Gelegenheit, bewusst unsere Erinnerungen wachzurufen. Ein Geruch, ein Bild, ein Klang, ein zufälliges Ereignis können möglicherweise so etwas wie eine Erinnerung lebendig werden lassen, doch dann muss man sie sich »ins Bewusstsein rufen«, sie aufsteigen und sich wirklich von ihr ergreifen lassen; das aber tun wir nicht – mangels Zeit oder weil die Situation gerade nicht dafür geeignet ist. (Ich persönlich kann mir nicht vorstellen, mich beim Einkaufen im Supermarkt oder wenn ich mit dem Auto in einem Stau stehe, solchen Prozessen zu überlassen.) Nur in einem gewissen Klima der Entspannung, des Sichgehenlassens oder der Verlassenheit (in einem Wartesaal, einem Bus oder Zug …) lassen wir unseren Erinnerungen freien Lauf, und das oft, ohne es zu merken. In einen Dämmerzustand versetzt, spielt unser Unbewusstes Versteck mit unserem Bewusstsein. Ach, dieser Geruch nach lauwarmem Kaffee … das ist wie zu Hause, wenn ich nach dem Sport heimkam und Mama auf mich wartete, um auf den Markt zu gehen … Kaum ins Bewusstsein gerückt, steigt diese Erinnerung auf und streift uns, wie der Fisch den Köder streift, ohne deshalb anzubeißen. Der Stöpsel unserer Erinnerung erzittert, zeigt sich flüchtig, zieht aber dennoch nicht weiter unsere Aufmerksamkeit auf sich. Zum Glück, denn wenn unsere Erinnerungen systematisch ins Bewusstsein rücken würden, gerieten wir unter Dauerbeschuss, würden gemartert und zu ihren Geißeln gemacht und könnten nicht mehr leben. Unser Unbewusstes ist klug. Es sortiert für uns. Der französische Philosoph Henri Bergson drückte es auf seine Weise aus: »Die Dinge gehen mehr so vor sich, als diene das Gehirn nur dazu, die Erinnerungen herbeizurufen, nicht aber dazu, sie aufzubewahren.« Und weiter unten: »Das ist die Rolle des Gehirns bei der Wirkungsweise des Gedächtnisses: Es ist nicht dazu da, das Vergangene aufzubewahren, sondern es zunächst zu verdecken und dann davon durchscheinen zu lassen, was praktisch nutzbar ist.«[5]

Unser Gehirn ruft die Erinnerung wach entsprechend dem, was wir, ob auf der Ebene des Bewusstseins oder des Unbewussten, als Ereignis oder Nicht-Ereignis erlebt haben. Der Grundsatz ähnelt der goldenen Regel des klassischen Theaters: ein Ort, eine Zeit, eine Handlung … und ich möchte hinzufügen: eine wiederbelebte Empfindung, so winzig sie auch sein mag. »Empfinden, dass man empfunden habe, heißt erinnern«[6], bemerkte Thomas Hobbes. Aber genügt das? Eine Aufzählung im Stil Jacques Préverts mag uns einen Abend lang amüsieren, doch ist sie weit davon entfernt, das Thema Erinnerung erschöpfend zu behandeln. Ich erinnere mich, dass ich im Théâtre de la Madeleine in Paris Samy Frey gesehen habe, der einen Text von Georges Perec mit dem passenden Titel: *Ich erinnere mich* rezitierte. Auf seinem Fahrrad ratterte der Schauspieler der Reihe nach die einhundertsechsundachtzig Erinnerungseindrücke herunter, die der Text enthält. Es begann mit: »Ich erinnere mich an die Abendessen am großen Tisch der Bäckerei. Milchsuppe im Winter, Weinsuppe im Sommer; ich erinnere mich an das Geschenk im Waschmittel Bonux, um das ich mich mit meiner Schwester stritt, sobald eine neue Packung gekauft worden war; ich erinnere mich an die in drei Teile geschnittenen Bananen, denn wir waren zu dritt«, und so weiter. Der Schauspieler zeigte eine überragende Leistung, und dennoch hatte die Darbietung meinem Gefühl nach etwas Menschenfremdes, ein wenig Kafkaeskes an sich. Das lag zweifellos an der beeindruckenden Zahl zitierter

5 Henri Bergson, *Die seelische Energie*. Diederichs Verlag Leipzig, 1928, S. 47 u. 52.

6 Zitiert von Ludwig Binswanger in: *Ausgewählte Werke, Bd. 3: Vorträge und Aufsätze*, Roland Asanger Verlag, Kröning 1994, S.60.

Erinnerungen und daran, dass wir Zuhörer, von seltenen Ausnahmen abgesehen, nicht die gleichen Dinge wie Perec erlebt hatten und uns infolgedessen nicht über die Gemeinsamkeit der Erinnerungen freuen konnten. Ich muss allerdings hinzufügen, dass das Publikum aus vollem Hals lachte, wenn er eine kollektive Erinnerung zum Ausdruck brachte[7].

In unseren Erinnerungen trifft alles Gute und Schlechte zusammen, das wir erlebt haben. Sie vereinen das Gute in sich, das schließlich aus erlebten oder erlittenen Schmerzen hervorgeht, so wie sie die Erinnerung an das Schlechte in jenen Situationen des Glücks bewahren, die wir aufgeben mussten und denen wir nachtrauern. Man kann die Menschen ausplündern, ihre Intimität verletzen, ihnen das Liebste rauben, sie vollkommen entblößt und mittellos zurücklassen: Ihre Erinnerungen kann man ihnen nicht rauben.

Erinnerungen sind Bestandteil unseres individuellen Unbewussten. Wie C. G. Jung sagte: »Das persönliche Unbewußte enthält verlorengegangene Erinnerungen, verdrängte (absichtlich vergessene), peinliche Vorstellungen, sogenannte unterschwellige (subliminale) Wahrnehmungen, d.h. Sinnesperzeptionen, welche nicht stark genug waren, um das Bewußtsein zu erreichen, und schließlich Inhalte, die noch nicht gedächtnisreif sind.« Und er führt genauer aus: »Bei diesen Phantasien, die nicht nur auf persönlichen Reminiszenzen beruhen, handelt es sich Manifestationen der tieferen Schichten des Unbewußten, wo die allgemein menschlichen, urtümlichen Bilder schlum-

7 Philippe Villemus gab 2004 ein Buch mit dem Titel *J'ai oublié* heraus, das ich für eine Art Variation über das gleiche Thema halte. Er beginnt mit: »Ich habe die Marke meiner ersten Stollenfußballschuhe vergessen, die meine Mutter mir nach mehrwöchigem Sparen gekauft hat« und endet mit dem 445. Vergessen: »Ich habe die Träume meiner Kindheit vergessen, aber nicht alle meiner Jugend.«

mern.«[8] Andere gehen noch weiter. Manche Anhänger des Schamanismus glauben, dass in jedem Menschen die Erinnerungen an alles fortleben, was er im Lauf der Evolution der Art gewesen ist, einschließlich dessen, was er seit seinem Ursprung gesehen und gegessen hat. Ich persönlich wage mich nicht so weit vor.

Die Gegenstände, die sie begleiten

Zu den konkretesten Gedächtnisstützen für Erinnerungen gehören die Gegenstände, die mit ihnen verbunden sind. Porzellan- oder Zinnteller, verzierte Pfeife, aus einem Brett ausgesägter Untersetzer, Plastikblume, graviertes Glas, Schneeball, T-Shirt, aber auch Postkarten, Bücher, Karten, Prospekte, nicht zu vergessen die Papiertischdecken des unvergesslichen kleinen Restaurants gegenüber dem Bürgermeisteramt, die man mit nach Hause nahm, als handle es sich um Reliquien … Und als ob das alles noch nicht genug wäre, konnte man dank des Fotoapparats die Kinder und Oma beim Essen vor der Kathedrale verewigen.

Sie glauben, ich übertreibe? Legen Sie dieses Buch beiseite und werfen Sie einen Blick auf Ihr *home sweet home*: Sie werden sehen, dass die Realität meine Schilderung übertrifft. Aber keine Sorge, auch ich bin nicht frei davon. Von meinem Schreibtisch aus sehe ich einen schwarzen Skarabäus aus Stein (mit Hieroglyphen, bitteschön!) direkt aus Ägypten, einen indianischen Traumfänger, den mir meine Schwester Annick aus Kanada mitgebracht hat, eine venezianische Vase, einen Fächer, den ich in der Fondation Maeght in Saint-Paul-de-Vence gekauft habe, ganz zu schweigen von einem wundervollen bayerischen Maßkrug, in dem Stifte, Füller, eine Schere (da fällt mir ein, dass

8 Carl Gustav Jung, *Über die Psychologe des Unbewussten*, Rascher Verlag, Zürich 1958, S. 110 u. 120.

ich sie im Skansen-Park in Stockholm gekauft habe) und andere Schreibutensilien stecken. Superpraktisch natürlich, dieser Maßkrug, aber so was von geschmacklos!

Ich finde ohnehin, dass Arztpraxen, Anwaltskanzleien, Notariate sowie Büros von Freiberuflern im Allgemeinen in dieser Hinsicht eine Goldgrube an Erinnerungen und Kitschobjekten sind. Auch für das wenig geübte Auge liegt dank dieser ausgestellten Erinnerungen gewissermaßen das ganze Leben des Spezialisten wie ein offenes Buch da. Ich sage nicht, dass andere Berufsgruppen, Versicherungs-, Bank- oder Verwaltungsangestellte, davon frei sind, aber sie sind im Allgemeinen durch ihre direkten oder indirekten Vorgesetzten zu einer gewissen Zurückhaltung gezwungen.

Haben Sie eine Vorstellung von der Vielzahl von Erinnerungsstücken, die jeder von uns im Lauf seines Lebens ansammelt? Kennen Sie den Umsatz, den eine schlichte kleine Bude unterhalb des Eiffelturms oder vor der Kathedrale in Straßburg macht? Und die Gewinne, die der Souvenirmarkt in einem Land wie Frankreich abwirft? Bestimmt belaufen sie sich auf Milliarden von Euros. Warum? Weil wir emotional bewegt sind und diesen Augenblick verewigen wollen. Der Gedanke, dass unsere außergewöhnlichsten Erinnerungen an das Gewöhnliche, Triviale und Mittelmäßige grenzen, das in so vielen industriell gefertigten Produkten steckt, ist ein wenig unangenehm. Der Souvenirmarkt ist das Reich des Kitsches. Was aber ist Kitsch? Nichts anderes eben als der charakteristische Ausdruck einer emotionalen Überbesetzung. Es ist der gleichsam unbewusste Teil unserer Gefühlswelt, der sich an einen Gegenstand heftet. So trivial diese Gegenstände sein mögen, sie sind für uns unverzichtbar, denn sie sind ein sichtbarer Maßstab dessen, was wir erlebt haben. Sie legen Zeugnis ab von unserem Leben, unserer Existenz, unseren Erlebnissen. Im Guten wie im Schlechten.

Ich weiß beispielsweise, dass ich in einer Schublade einen Metallstift aufbewahrt habe, den ein Chirurg aus meinem gebrochenen Handgelenk entfernt hatte, nachdem es wieder verheilt war. Wozu bewahre ich acht Jahre später noch diesen Metallstift auf? Bestimmt hat er irgendeine Bedeutung, aber ich wüsste nicht recht, welche.

Ob sichtbar oder unsichtbar, äußerlich oder innerlich, Verkörperung vollendeter Schönheit oder schlimmsten Kitsches, wir alle haben unsere Reliquien, unsere Fetische und unsere Schätze, nicht zu vergessen unsere Auszeichnungen, unsere Urnen und unsere Gräber. Sie verkörpern die Gewissheit, dass wir wirklich gelebt haben, und sie untermauern die Wichtigkeit dieses Lebens. Darin liegt ihre Legitimität, und darüber gibt es nichts zu diskutieren.

Es gibt Erinnerung und Erinnerung

Die Gegenstände unserer Erinnerungen scheren sich nicht um Ästhetik, sie sind vor allem Ausdruck dessen, was uns am Herzen liegt. Und wenn das Herz seinen Ausdruck findet, dann tut es das ohne Umschweife und Schnörkel. Auch ohne Gesetz. Die Erinnerungen, über die ich hier spreche, haben nichts mit den Anekdoten gemein, die man sich unter Freunden erzählt. Diese sind Geschichten mit gutem oder schlechtem Ausgang, während jene den geheimen Tiefen der Seele und des Geistes, der Psyche und des Herzens entspringen.

Genau darum geht es mir hier. Ich bin mir beim Schreiben dieses Buchs wohl bewusst, dass ich Sie dazu bringen werde, an sehr alte, tief verschüttete Dinge zu rühren. Sehr heikle auch. An großartige, ergreifende Dinge von strahlender Schönheit, vielleicht aber auch an traurige oder furchterregende, unglückliche oder schreckensvolle Dinge, die Sie vielleicht sehr tief vergraben haben, um sie nicht mehr aufgreifen oder daran denken zu müssen; Dinge, die Sie zusammen mit den abgedroschenen Melodien, die Sie nicht mehr hören konnten, verbannt haben; Dinge, die Sie verletzt und gequält, die Sie in einem Schwebezustand gehalten haben, als hingen Sie an einem Faden. Denn all das und noch mehr steckt in unseren Erinnerungen.

Kindheitserinnerungen lassen niemanden gleichgültig

Kaum wirft man das Thema Erinnerungen auf, gibt jeder seinen Kommentar dazu ab. Der eine sagt, dass er ganz viele hat, der andere, dass er keine hat, der dritte, dass das keine Rolle spielt, der vierte, dass es sehr wohl eine Rolle spielt und so weiter. Es gibt Themen, die anscheinend jedermann berühren. Es ist nicht unbedingt so, dass alle dazu einer Meinung sind, zumindest aber liefern sie Gesprächsstoff. Wenn Sie eingeladen sind und die Unterhaltung stockt, dann müssen Sie Ihre Gesprächspartner nur auf das Thema Kindheitserinnerungen bringen, und Sie werden sehen, dass das Gespräch unverzüglich auflebt. Kindheitserinnerungen lassen niemanden gleichgültig, weil sie das Rechnungsbuch (Sie wissen schon, dieses dicke Heft, in dem man täglich Einnahmen und Ausgaben aufschreibt) dessen sind, was wir erlebt haben. Allerdings ein etwas eigenartiges Buch insofern, als es nicht getreulich *alles* aufzeichnet, was wir erlebt haben, sondern nur das – manchmal zu getreulich –, *was uns wichtig erscheint* von dem, was wir erlebt haben. Ich erinnere mich an eine Dame, die sich unter Tränen an einen schrecklichen Streit zwischen ihren Eltern erinnerte, in dessen Verlauf ihr Vater aufgebracht ausgerufen hatte: »Meine Tochter ist mir so egal wie nur was, verstehst du? Egal!« Diese Worte, die jeder von uns, wie Sie und ich wissen, in einem Zustand hochgradiger Erregung ausrufen könnte, ohne sich die geringsten Gedanken über ihre Bedeutung zu machen, hatten diese Dame dennoch zutiefst, gewissermaßen endgültig getroffen und sie daraus schließen lassen, dass ihr Vater sie nicht liebte. Alle Liebe und Zuneigung, die er ihr ansonsten bezeugte, konnten nie diese verbale Guillotine aus der Welt schaffen, die in einem Augenblick der Erregung auf sie herabgefallen war. Zahllose Sitzungen waren notwendig, um das Vaterbild wiederherzustellen, das durch diese unglückliche Bemerkung, die einem Vater entschlüpft war, so dramatisch beschädigt worden war. Er war vermutlich außer sich gewesen, weil seine Frau ihn gegen seinen Willen aufhalten wollte.

Wir führen peinlich genau Buch über unsere affektive Vergangenheit, aber wir sind schlechte Buchhalter, denn wir lassen die Erinnerungen aufsteigen, die uns wichtig sind, und »vergessen«, wenn es uns zupasskommt, die, die wir loswerden wollen. Nietzsche, Philosoph, aber auch ein großer Psychologe, erinnert uns daran: »›Das habe ich getan‹, sagt mein Gedächtnis. ›Das kann ich nicht getan haben‹, sagt mein Stolz und bleibt unerbittlich. Endlich – gibt das Gedächtnis nach.«[9] Ja, unsere Erinnerung gibt nach, wenn wir nicht zu sehr darunter leiden wollen.

Jeder hat seine eigene Art, Erinnerungen zu katalogisieren. Wenn wir gute Gründe haben, uns an etwas zu erinnern, dann liegt das daran, dass es uns wichtig zu sein scheint. Doch es gibt viele andere Situationen, Erfahrungen und Ereignisse, an die wir uns erinnern, obwohl sie wirklich nur eine anekdotische, um nicht zu sagen, minimale Bedeutung haben. Doch genau das, was für das Bewusstsein *unwichtig* ist, kann für das Unbewusste äußerst *wichtig* sein, wie es bei Träumen der Fall ist.

9 Friedrich Nietzsche, *Jenseits von Gut und Böse,* Aphorismus Nummer 68, Anaconda Verlag, Köln 2006.

Teil 2

Am Brunnen der Erinnerung

1

Träume und Erinnerungen

> Wie wundervoll sind diese Wesen,
> Die, was nicht deutbar, dennoch deuten,
> Was nie geschrieben wurde, lesen,
> Verworrenes beherrschend binden
> Und Wege noch im Ewig-Dunkeln finden.
>
> HUGO VON HOFMANNSTHAL
> »Der Tod« in *Der Tor und der Tod*

Freuds Vermächtnis

Unzählige Fachleute haben sich bereits mit dem Gedächtnis beschäftigt. Viel seltener sind meines Wissens diejenigen, die sich mit den Erinnerungen und ihrer dynamischen Struktur befasst haben. Wahrscheinlich deshalb, weil unsere Erinnerungen mit der durch und durch subjektiven Welt der Gefühle, Empfindungen und Erfahrungen verknüpft sind. Man sieht darin eher eine Domäne des poetischen und literarischen Ausdrucks als einen wissenschaftlichen Untersuchungsgegenstand. Gewiss, die Psychoanalytiker scheuen nicht davor zurück, Erinnerungen unter die Lupe zu nehmen, man muss allerdings einräumen, dass sie sich geringerer Beliebtheit erfreuen als die Träume. Das kann man ihnen nicht verdenken. Träume haben die Menschen seit jeher fasziniert. Ob Könige oder Sklaven, immer haben sie versucht, ihren Sinn zu ergründen, und manchmal sogar, daraus die Zukunft abzulesen. Wer wollte nicht gerne um die Zukunft wissen? Doch die Sprache der Träume ist so abenteuerlich, so verwirrend, so abhängig von Deutungen, dass viele sich lieber den Sternen zuwenden, die sich paradoxerweise seit uralter Zeit als sehr auskunftsfreudig erwiesen haben, insbesondere wenn es darum ging, die Zukunft vorauszusagen und das Schicksal zu beeinflussen. Vorausgesetzt, man glaubt daran, natürlich. Und man musste auf Sigmund Freud und seine revolutionäre *Traumdeutung*[10] warten, die 1900 veröffentlicht wurde, damit der Traum aus »vor-wissenschaftlichen Zeiten« heraustrat, wie er selbst einleitend in dem Aufsatz *Über den Traum*[11] schrieb, und wir über eine erste wissenschaftliche Annäherung an Träume verfügten, die diese Bezeichnung verdient. Das bedeutet nicht, dass zuvor nichts getan wurde. In dieser Hinsicht hat die Bibliographie, die Freud an das Ende seines Werks gestellt hat, einige Überraschungen zu bieten. Von den *Oneirocriticae* von Ahmad Ibn Sirin aus dem Jahr 1603 bis zum Werk von M. Wulff mit dem Titel *Ein interessanter Zusammenhang von Traum, Symbolhandlung und Krankheitssymptom* aus dem Jahr 1913 zeigt Freud auf dreiundzwanzig Seiten bibliographischer Verweise die Dimension des wissenschaftlichen Interesses für das Verständnis der Träume auf und stellt zudem, sofern dies nötig ist, seine wissenschaftliche Strenge unter Beweis[12].

10 Sigmund Freud, *Die Traumdeutung*, Studienausgabe, Bd. II, Fischer Taschenbuch Verlag, Frankfurt, 2001.

11 »In den Zeiten, die wir vorwissenschaftliche nennen dürfen, waren die Menschen um die Erklärung des Traumes nicht verlegen. Wenn sie ihn nach dem Erwachen erinnerten, galt er ihnen als eine entweder gnädige oder feindselige Kundgebung höherer, dämonischer und göttlicher Mächte.« Sigmund Freud, *Über den Traum*, Fischer Taschenbuch Verlag, Frankfurt 1971, S. 11.

12 Eine weitere sehr umfangreiche Bibliographie bezüglich der Träume habe ich in einem im Internet veröffentlichten Buchauszug mit dem Titel *Histoire des recherches sur le rêve : un inédit de 1801 fait la jonction entre la conception ancienne et moderne du rêve* von Professor Yeho-

Einer der bedeutendsten Beiträge Freuds zum Verständnis des Traums ist seine Unterscheidung zwischen dem *manifesten* Trauminhalt und dem *latenten* Traumgedanken. Um es einfach auszudrücken, der manifeste Trauminhalt ist das, was man erklären oder erzählen kann (beispielsweise das Kind, das keine Nachspeise bekommt und dann von einem Lebkuchenhaus mit Schokolade träumt). Der latente Traumgedanke ist das, was vom Unbewussten bearbeitet wurde (Freud nennt das die Traumarbeit) und nicht zu entschlüsseln ist, außer wenn man ihn interpretieren kann, wie er selbst es so gut verstand. Stefan Zweig erklärt in seinem Buch über Sigmund Freud: »Zwei Schichten also sind sorgfältig zu unterscheiden: das, was der Traum ›erdichtet‹ hat, um zu verschleiern, die sogenannte ›Traumarbeit‹, und das, was er an wahrhaftigen Erlebniselementen hinter diesen bunten Schleiern verbirgt: den ›Trauminhalt‹.«[13]

Sigmund Freud hat sich wiederholt zur Frage der Erinnerungen geäußert, die er für sehr wichtig hielt. Seine Überlegungen befassten sich unter anderem mit den von ihm so genannten »Deckerinnerungen«. Eine Arbeit aus dem Jahr 1899 aufgreifend, schreibt er, »dass die frühesten Kindheitserinnerungen einer Person häufig bewahrt zu haben scheinen, was gleichgültig und nebensächlich ist«[14], dahinter verdeckt sind andere, wichtigere Dinge. Er notiert: »Sie sind der Ersatz in der Reproduktion für andere, wirklich bedeutsame Eindrücke, deren Erinnerung sich durch psychische Analyse aus ihnen entwickeln läßt, deren direkte Reproduktion aber durch einen Wi-

shua Rahamin Dufour gefunden (http://www.modia.org/publications/desjardins.html).

13 Stefan Zweig, *Die Heilung durch den Geist*, Insel Verlag, Leipzig, 1931, S. 383.

14 Sigmund Freud, *Zur Psychopathologie des Alltagslebens,* Fischer Taschenbuch Verlag, Frankfurt 1969, S. 45ff.

derstand gehindert ist.« Zur Verdeutlichung vergleicht er die Deckerinnerungen mit dem Vergessen von Namen: »Beim Namenvergessen *wissen* wir, dass die Ersatznamen falsch sind; bei den Deckerinnerungen *verwundern* wir uns, dass wir sie überhaupt besitzen.«

Alfred Adlers Ansicht

Für Alfred Adler haben Träume nicht die gleiche Bedeutung wie für Sigmund Freud. Während Letzterer darin die Erfüllung eines verdrängten Wunsches sieht, sieht Adler in ihnen eine Möglichkeit, auf einfache Weise Lösungen für unsere Probleme zu finden. »Wir sehen bereits, daß die Menschen überzeugt waren, die Träume böten ihnen Lösungen für ihre Schwierigkeiten an. Wir können daraus folgern, daß der Zweck des Menschen beim Träumen ist, Führung für die Zukunft, Lösungen für seine Schwierigkeiten zu suchen.«[15] Seiner Ansicht nach gründet die Existenzberechtigung des Traums auf dem Ansprechen von Emotionen (»Der Zweck des Traums muß in den Gefühlen liegen, die er hervorruft.«). Vor allem aber geht er davon aus, »dass die Träume einen Versuch darstellen, eine Brücke zwischen dem Lebensstil eines Individuums und seinen unbewältigten Schwierigkeiten zu bauen. Der Lebensstil ist der Herr der Träume. Er wird immer die Gefühle erregen, die der Schläfer braucht.«

Es ist nicht meine Absicht, mich hier zwischen diesen beiden Pionieren der Psychoanalyse zu entscheiden, auch wenn ich mich in meiner Arbeit eher in der Adlerschen als in der Freudschen Tradition sehe.

15 Alfred Adler, *Träume,* in: *Wozu leben wir?* Fischer Taschenbuch Verlag, Frankfurt 1979, S.82, S. 87.

In *Wozu leben wir?* hat Adler ein Kapitel den frühesten Kindheitserinnerungen gewidmet, das so wichtig ist, dass wir ein wenig dabei verweilen werden. Zudem finden sich darin zahlreiche Elemente, die Ausgangspunkt und Richtlinien für meine Forschungen wurden. Zehn davon möchte ich besonders hervorheben und im Einzelnen kommentieren.

Es besteht ein Zusammenhang zwischen den frühesten Erinnerungen und dem allgemeinen Lebensstil einer Person

In der Adlerschen Psychologie bezeichnet der Lebensstil die mehr oder minder mutige Art, wie wir uns dem Leben stellen, wie wir unsere Minderwertigkeitsgefühle kompensieren und uns in Hinblick auf unser Streben nach Bestätigung in Szene setzen, wie und mit welchem Grad von Kooperation oder Rivalität wir anderen begegnen, wie wir unsere Position gegenüber der Gemeinschaft definieren und unseren Platz finden in der Liebe, in der Arbeit und gegenüber den anderen Menschen, kurzum, gegenüber dem, was Adler als »Lebensaufgaben« definiert.

Die Gleichsetzung zwischen den frühesten Erinnerungen und dem Lebensstil eines Menschen erklärt sich daraus, dass die Persönlichkeit eine Einheit bildet, auch wenn sie aus vielen Facetten besteht. Und sie verhält sich auf allen Ebenen als solche. Genauso wie ein Patient früher oder später das, was er außerhalb erlebt, in die Praxis des Psychoanalytikers einbringt und versucht, es mit ihm noch einmal zu erleben (Wut, Schmollen, Aggressivität, Gleichgültigkeit, Verführung, Erpressung, Bedürfnis nach Belohnung …), genauso bringt er mit seinen frühesten Erinnerungen die Tonalität oder die Färbung ihres Lebensstils mit ein.

Erinnerungen haben den gleichen Zweck wie Träume

Erinnerungen sind ein Produkt unseres psychischen Apparats. In ihnen schlagen sich Gedanken, Gefühle und Empfindungen nieder, die wir in uns gespeichert haben. Sie können unseren verschütteten Wünschen entspringen, wie Freud schrieb, oder haben mit unseren Ängsten, Erwartungen und Hoffnungen zu tun. Für mich besitzen unsere Erinnerungen genauso wie unsere Träume einen manifesten und einen latenten Inhalt.

- Der *manifeste* Inhalt der Erinnerung entspringt der Beziehung zwischen unserem Bewusstsein und der Realität (eine Sache lässt mich durch Gedankenverkettung oder -assoziation an eine andere denken). Es gibt immer einen manifesten Inhalt in einer Erinnerung, weil ein aktuelles Ereignis, ob zufällig oder absichtlich herbeigeführt, stark oder schwach wahrnehmbar, sie ausgelöst hat.
- Der *latente* Inhalt der Erinnerung wurzelt darin, dass wir unbewusst nach einem bestimmten Typus von Erinnerung suchen, um auf eine bestimmte Wahrnehmung oder Emotion zu reagieren, der nicht ins Raster der erwarteten Interpretation passt, sondern einer vorgegebenen inneren Ökonomie entspricht. Aus ebendiesem Grund ist es so gut wie unmöglich, diesen latenten Inhalt spontan aufzudecken. Bis jetzt waren nur erfahrene Fachleute in der Lage, ihn zu enthüllen, zu übersetzen und zu deuten. Und selbst dann war diese Interpretation mangels eines geeigneten Instrumentariums oft noch ungeschickt und schwammig. Wie Sie später noch sehen werden, stehen uns heute Instrumente zur Verfügung, die diese Deutung weitaus einfacher machen.

Erinnerungen haben einen Bezug zur aktuellen Situation

Es ist das Verdienst Alfred Adlers, dass er diese Tatsache vor allen anderen verstanden hat. Doch wie so oft finden – allzu? – klar formulierte Erkenntnisse wenig Gehör. So haben die meisten Fachleute die Erinnerungen als aussagekräftige Indikatoren außer Acht gelassen, weil sie ihren Wert in analytischer oder psychoanalytischer Hinsicht nicht begriffen haben.

Wir rufen nicht diese oder jene Erinnerung wach, weil wir an die Vergangenheit denken, sondern vielmehr, weil wir mit der Gegenwart beschäftigt sind. Es ist folglich höchst interessant, genauer zu untersuchen, welche Art von Erinnerung wir *wachrufen*, denn das erlaubt uns Rückschlüsse auf unser gegenwärtiges Erleben. Wie Jean-Yves und Marc Tadié in ihrem Buch *Im Gedächtnispalast*[16] es ausdrücken: »Nie rufen wir uns eine Erinnerung ins Gedächtnis, wie wir eine Information aus dem Computer abrufen – per Tastendruck; stets rekonstruieren wir unter dem Einfluß des Kontextes, in dem sich die Gedächtnisspeicherung vollzogen hat, und unter dem unseres gegenwärtigen Kontextes.« Was diese beiden Autoren gut erkannt haben, ist die Dimension der Wieder-Erschaffung durch das Zusammenwirken eines äußeren Umstands (etwas passiert mir) und einer Emotion (das löst ein bestimmtes Gefühl in mir aus). Die ganze menschliche Dialektik ist darin enthalten: Außenwelt und Innenwelt, Konditionierung und Reaktivität, Programmierung und Neuschöpfung. Wir kommen noch darauf zurück.

Was die Verbindung zwischen Erinnerung und erlebter Situation angeht, so möchte ich hinzufügen, dass man unterscheiden muss zwischen einer Erinnerung, die sich spontan und frei einstellt (in einem Gespräch unter Freunden, die schöne gemein-

16 Jean-Yves und Marc Tadié, *Im Gedächtnispalast*, Klett-Cotta, Stuttgart 2003, S. 168.

same Erlebnisse Revue passieren lassen), und einer Erinnerung, zu der man aufgefordert wird (Ihr Sohn bittet Sie beispielsweise, ihm eine Erinnerung zu erzählen). Während die Ersteren sich aus einer Dynamik speisen, die im Wesentlichen den manifesten Inhalt widerspiegelt, werfen Letztere nicht ein Licht auf den Seelenzustand der Person und ihre Situation, sondern auch und vor allem auf die *Art,* wie sie diese erlebt. Auch auf diesen Punkt werde ich im dritten Teil, Kapitel eins, »Eine ungewohnte Situation der Auswahl«, noch genauer eingehen.

Erinnerungen entwickeln sich entsprechend dem Lebensstil der Person

Eine Frau sucht mich auf, weil sie sich deprimiert fühlt. Sie ist unzufrieden mit ihrem Leben, hat das Gefühl, in endlose Abhängigkeitsprobleme verstrickt zu sein, kann nicht nein sagen, fühlt sich unwohl in ihrem Körper und leidet beinahe permanent unter Gliederschmerzen. Nachdem sie sehr erfolgreich an sich gearbeitet hat, sagt sie mit ihrem breiten südlichen Akzent und einem strahlenden Lächeln zu mir: »Ich sehe die Dinge nicht mehr so, wie ich sie in den letzten Jahren betrachtet habe. Meine Wahrnehmung der Dinge hat sich verändert. Ich empfinde sie nicht mehr auf dieselbe Weise. Ich habe einige Koffer abgestellt: Es ist weniger schwer jetzt. Ich fühle mich beschwingt; alles ist klar geworden. Früher war ich wie ein Schwamm, ich habe alle Probleme aufgesaugt. Heute sage ich die Dinge, wie sie sind, und versuche nicht mehr, anstelle der anderen zu handeln. Das Seltsamste ist, dass sogar die Vergangenheit sich verändert hat …« Natürlich hat sich ihre Vergangenheit nicht verändert, wohl aber ihre Wahrnehmung derselben. Nachdem ihr Lebensstil sich weiterentwickelt hat, ist sie fähig, andere Arten von Erinnerungen und andere Gefühle aus ihrer Vergangenheit wachzurufen, die mehr mit der positiven Wahrnehmung des Lebens übereinstimmen, das sie heute führt.

So wie man sagen könnte: »Sag mir, mit wem du verkehrst, und ich sage dir, wer du bist«, so entwickeln sich unsere Erinnerungen in Einklang mit der fortschreitenden Bewusstwerdung unserer selbst. Das ist besonders auffällig bei Menschen, die behaupten, sie hätten nur sehr spärliche Erinnerungen an ihre frühe oder spätere Kindheit. Die Psychotherapeuten wissen das, denn sie müssen dieses langsame Aufsteigen an die Oberfläche bei Patienten steuern, von denen man sagen könnte, dass ihnen die Luft zum Leben fehlte. Die einzelnen Aufstiegsstufen erreichen sie dabei nicht immer ohne Schmerzen, Emotionen oder Spannungen. Was für eine Freude aber, wenn es so weit ist: wenn eine, dann zwei, drei, zehn Erinnerungen sich einstellen wie Briefe, die zu lange postlagernd aufbewahrt wurden.

Das Alter und die Art der ersten Erinnerung offenbaren die grundlegende Einstellung des Menschen zum Leben

Alter und Art der ersten Erinnerung offenbaren, wie der Mensch von seinem Leben als Ganzem Besitz ergriffen hat und in welchem Maße er es in der Hand hat. Allerdings ist das Alter der Erinnerung nicht immer aufschlussreich, und wenn jemand unter Ihnen keine prägnanten Erinnerungen an die Zeit vor dem Alter von acht oder zehn Jahren hat, dann sollte er daraus nicht schließen, dass dieses Faktum ein Hinderungsgrund sei. Erinnerungen gleichen Fischen: Manche schwimmen dicht unter der Oberfläche und sind gut sichtbar, andere bleiben in der Tiefe. Sie sind zwar nicht sofort sichtbar, aber nichtsdestoweniger vorhanden.

Kindheitserinnerungen liefern verlässliche Hinweise auf die Beziehungen des Kindes zu seiner Mutter, seinem Vater und den anderen Familienangehörigen

Wir haben es hier mit einem Element zu tun, das mir als grundlegend, um nicht zu sagen ausschlaggebend für die Interpretation von Erinnerungen erscheint. Zumindest in meinem persönlichen Verständnis einer dynamischen Struktur von Erinnerungen. Wenn wir mit Erinnerungen aus frühester Kindheit zu tun haben, dann stoßen wir dabei auf Elemente des Lebensstils, die geeignet sind, uns einen sehr großen Teil der Problematik der Persönlichkeit verständlich zu machen, und zwar ihre konstruktiven wie auch ihre schwierigen oder gar neurotischen Aspekte (schon Freud sah den Ursprung der Neurosen in den Traumata der Kindheit). Wenn wir uns bewusst Erinnerungen aus der frühesten Kindheit ins Gedächtnis rufen wollen, dann assoziieren wir damit zuerst – logischerweise, wenn ich so sagen darf – Erinnerungen an das intimste Heim oder Nest unserer Kindheit (damit meine ich in der Reihenfolge ihrer Bedeutung: Baby, Mama, Papa, Brüder und Schwestern). Wenn unsere Kindheit jedoch kein langer, ruhiger Fluss war, dann suchen wir möglicherweise woanders als dort, wo wir logischerweise hätten suchen sollen. Wenn es zutrifft, dass unsere Kindheitserinnerungen uns über die Beziehungen zu unseren nächsten Familienangehörigen (unseren *relatives*, wie die Angelsachsen sagen) aufklären, dann tun sie das logischerweise in jeder Hinsicht, das heißt sowohl durch das, was gegenwärtig, halb gegenwärtig (beispielsweise auf dem Umweg einer Symbolisierung) oder abwesend ist. Die ganze Kunst der Interpretation einer Erinnerung besteht eben darin, die Bedeutungen zu finden und darzulegen, die sich aus dieser Gegenwart, Halbgegenwart oder Abwesenheit ergeben.

Viele Menschen achten nicht auf ihre Erinnerungen und betrachten sie als schlichte Tatsachen; sie sind sich ihres verborgenen Sinns nicht bewusst.

Wie Träume, Versprecher und Fehlleistungen sind auch Erinnerungen weit davon entfernt, schlichte Tatsachen zu sein. Dass sie gewöhnlichen Sterblichen nicht viel sagen, liegt daran, dass diese sie nicht wahrzunehmen und zu entschlüsseln verstehen.

Adler formulierte das unmissverständlich: »Kaum jemand versteht eine erste Erinnerung, und die meisten Menschen können deshalb ihre Lebensabsichten, ihre Beziehungen zu anderen und ihre Anschauungen über die Umwelt völlig sachlich und ohne alle Hemmungen durch den Spiegel ihrer ersten Erinnerungen offenbaren.« Das ist auch heute noch wahr.

Wir unterziehen uns nichts anderem als einem Training in der Kunst des »Erratens«

Erraten. Wenn Adler nicht immer so viel Gehör fand, wie er verdient hätte, dann liegt das vielleicht auch an solchen Begriffen.

Die Interpretation der Erinnerungen – und Adler war paradoxerweise der Erste, der dies bewies – hat nichts mit einem Ratespiel zu tun. Es handelt sich in der Tat um eine Kunst, die sich jedoch auf eine Methode stützt (*hodos* bedeutet auf Griechisch »Weg«).

Es geht darum wahrzunehmen, was ein Detail verraten kann, wenn man es in einen Bezug zum Ganzen bringt, und umgekehrt, inwiefern das Ganze uns über dieses oder jenes Detail aufklären kann. In der Philosophie nennt man das einen hermeneutischen Zirkel. Zusammenfassend würde ich also sagen, dass die Interpretation von Erinnerungen sowohl auf einer Kunst wie auch auf einem methodischen Vorgehen basiert.[17]

Erinnerungen ermöglichen die Stabilisierung affektiver Zustände

Ich möchte sogar sagen, dass sie die Tendenz haben, sich darüberzulegen. Man sucht in den Erinnerungen nach der gleichen Stimmung, in der man sich gerade befindet. Einer melancholischen Phase entsprechen melancholische Erinnerungen, einer Phase unternehmerischer Stimmung entsprechen Erinnerungen an Aktivitäten und so weiter. Dieser stabilisierende Effekt ist insofern interessant, als er zeigt, dass unser psychischer Apparat dynamische Ressourcen enthält, die sein Gleichgewicht herstellen. Wie Sie sehen, beschränkt sich unser Gehirn bei weitem nicht auf die Rolle eines Supercomputers, es kann sich auch sich selbst gegenüber intelligent verhalten!

Das Leben ist eine Ausweitung der familiären Erfahrungen

Nach Alfred Adler entwickelt das Kind zwischen drei und fünf Jahren in Abhängigkeit von bestimmten Parametern (Anwesen-

17 Ich vermute, dass das den Übersetzer und Kommentator der französischen Ausgabe *Wozu leben wir?* zu folgender Anmerkung veranlasst hat: »Die verblüffende Leichtigkeit, mit der Alfred Adler zu raten scheint, rührt nicht aus der unzulässigen Verallgemeinerung eines Interpretationsrasters, das ein für alle Mal festliegt, sondern aus der erworbenen klinischen Erfahrung, die es ihm erlaubte, den Gesamtrahmen eines Falls zu umreißen und jedes Detail, dessen Sinn mit dem des Kontexts übereinstimmte, darin einzufügen. Es handelt sich um eine Methode […] bei der die Einzelheiten nur in der Gegenüberstellung mit allen anderen Merkmalen eine verlässliche Aussagekraft gewinnen.«

heit oder Abwesenheit von Mutter oder Vater, Stellung in der Geschwisterhierarchie oder in der Familienkonstellation, Gesundheitsprobleme, Lebensmut oder Verzagtheit, Entwicklung seines sozialen Gefühls, Minderwertigkeitsgefühl etc.) einen bestimmten Lebensstil. Ich nenne das gelegentlich scherzhaft unser »Geschäftskapital«. Wenn nichts diesen Lebensstil in Frage stellt, dann kann das Kind ihn als Erwachsener viele Jahre, ja sein ganzes Leben lang weiter praktizieren. Manche Leute haben daraus den Schluss gezogen, dass alles sich während dieser Jahre entscheiden könnte. Ich meine nicht, dass man so weit gehen muss[18]. Es ist sehr wichtig, sich vor Augen zu halten, dass in der menschlichen Psyche nichts je in irgendeiner Hinsicht oder zu irgendeinem Zeitpunkt endgültig entschieden ist. Die Fehler auf dem Weg können immer wiedergutgemacht oder durch neue Einstellungen oder neue Entschlüsse ausgeglichen werden.

Die Kindheit ist der Prototyp des Erwachsenenlebens. Es kommt darin zu einer Fülle von Erfahrungen und Begegnungen, die sich gleichermaßen aus Enttäuschungen und Niederlagen wie aus Erfolgen und geglückten Momenten zusammensetzen. Dieser Prototyp erfährt im Lauf der Zeit genau wie der eines Autos Veränderungen, Abwandlungen, Transformationen, Zusätze, Verbesserungen und Regulierungen, aus denen sich allmählich eine unverwechselbare Persönlichkeit herauskristallisiert und schließlich festigt, die in vielen Punkten den anderen gleicht und dennoch vollkommen andersartig ist. Auf dem Humus des genetischen Erbes drücken im Lauf der Zeit all die familiären, später sozialen und immer zugleich auch individuellen Erfahrungen, die am Ende den erwachsenen Menschen ausmachen, einer besonderen und absolut individuellen Knos-

18 In meinem Buch *Parents/enfants: pourquoi ça bloque?* bin ich dieser Frage genauer auf den Grund gegangen (Dangles, Saint-Jean-de-Braye, 1996).

pe ihren Stempel auf. Wenn der Mensch diesen Prozess unter günstigen Bedingungen durchläuft, dann wird er seinen Platz in der menschlichen Gesellschaft finden und sich bemühen, mit den anderen in Gemeinschaft zu kooperieren, und zugleich seine Selbstachtung bewahren. Wenn dieser Weg im Gegenteil mit vielerlei Hindernissen übersät ist, dann wird der Mensch nur schwer seinen Platz in der Gemeinschaft finden und baut ein Persönlichkeitsdefizit auf, das er auf die eine oder andere Art zu kompensieren versucht. Selbstachtung, wie die *National Association for Self Esteem* sie definiert[19], entsteht aus Sicherheit, Identität, Zugehörigkeit, Entschlossenheit und Kompetenz. Zuerst braucht das Kind *Sicherheit,* äußere und innere Sicherheit. Das ist eine gute identitätsstiftende Basis, um sich zu erkennen und wiederzuerkennen („Ich bin einmalig und anders«). Nun kann es sich mit einer positiven Grundhaltung den anderen zuwenden (Gefühl der *Zugehörigkeit* zu einer Gemeinschaft: »Ich bin wichtig für andere«) und sein Gefühl der *Entschlossenheit* festigen, ausgehend von Zielen und Projekten, die Grund zur Hoffnung und dem Leben einen Sinn geben. Daraus entsteht sein Gefühl der *Kompetenz*: Anhand von Herausforderungen, denen es gewachsen ist, lernt das Kind, seine Begabungen zu erkennen, und wird sich seines persönlichen Werts bewusst. Die familiären, sozialen und individuellen Erfahrungen unserer Kindheit sind der Nährboden, in dem unsere Erinnerungen wurzeln und auf dem sie sich artikulieren.

Unsere Stellung als Erwachsener verlangt von uns, dass wir mit dem Leben in seiner Gesamtheit umgehen können, das heißt Gegenwart und Zukunft, aber auch die Vergangenheit integrie-

19 Hier eine sehr gute Internetseite aus Québec, auf der Sie Genaueres über den Prozess erfahren können, der für die Entwicklung von Selbstachtung in einer Schule eingeleitet werden muss: www2.csmb.qc.ca/estimedesoi.

ren können. Von unserer Fähigkeit, sie zu interpretieren, hängt es ab, wie wir sie verarbeiten und integrieren können.

Die Themen, die ich ausgewählt und entwickelt habe, mussten äußerst präzise und genau eingegrenzt sein, um die von mir selbst gewählte Fragestellung nicht zu sprengen: Inwiefern beherrschen uns unsere Erinnerungen? Die neuen Aspekte in meinem Ansatz für die Arbeit mit Erinnerungen zwangen mich ohnehin zu größtmöglicher methodischer Strenge, und es schien mir von zentraler Bedeutung, die Erkenntnisse unserer berühmten Vorgänger zu dieser Frage darzustellen. Interpretieren bedeutet das Bemühen, einen Sinn zu finden und zugleich zu übersetzen, doch dieser Akt bleibt zwangsläufig seinem Wesen nach subjektiv. *Traduttore, traditore* sagen die Italiener (Übersetzer ist gleich Verräter), und es ist wahr, dass eine Interpretation, egal welcher Art, immer die Gefahr des Verrats in sich trägt. So findet man neben hervorragenden wissenschaftlichen Werken auch Bücher, die man als bizarr, um nicht zu sagen gefährlich bezeichnen kann. Die Interpretation muss im Reich der Erinnerung wie in anderen Bereichen den Charakter einer Analyse bewahren und darf nicht in »Prophezeiung« abgleiten.

2

Gedächtnis, Erinnerung und Vergessen

Das Vergessen ist nicht die Symmetrie des Gedächtnisses.

PAUL RICOEUR
Gespräch mit Jean Blain

Was unser Gedächtnis angeht, so sind wir nicht alle gleich. Manche verfügen über ein sagenhaftes Gedächtnis, während es anderen schon schwerfällt, ihre Ideen und ihre Erinnerungen in eine sinnvolle Ordnung zu bringen. Freud gehörte seinem eigenen Bekunden nach zur ersten Gruppe: »In meiner Schulknabenzeit war es mir selbstverständlich, die Seite des Buches, die ich gelesen hatte, auswendig hersagen zu können, und kurz vor der Universität war ich imstande, populäre Vorträge wissenschaftlichen Inhalts unmittelbar nachher fast wortgetreu niederzuschreiben.«[20] Man kommt nicht umhin festzustellen, dass nur wenige Menschen über so außergewöhnliche Fähigkeiten verfügen.

Warum hat man normalerweise keine Erinnerungen an die ersten zwei oder drei Lebensjahre?

In einem Artikel mit dem Titel »Die Gedächtnisse des Säuglings« (beachten Sie den Plural), der in der Nummer 31 der

20 Sigmund Freud, *Zur Psychopathologie des Alltagslebens*, ebenda, Kap. 7, S. 117.

Zeitschrift *Pour la science* erschien, wies der Autor auf ein Paradox hin. Warum, so fragte er, gibt es beim Kind eine *frühkindliche Amnesie* (Freud), die verhindert, dass es sich als Erwachsener an die ersten zwei oder drei Lebensjahre erinnern kann, wo doch der Säugling über ein außergewöhnliches mnestisches (das Gedächtnis betreffendes) System verfügt und seine frühen Erfahrungen dazu dienen, dieses zu verstärken? Bei der Untersuchung des Langzeitgedächtnisses von Säuglingen kamen die Forscher zu dem Schluss, dass zwar die zerebralen Strukturen, die für die verschiedenen Arten von Gedächtnis unerlässlich sind, bereits beim Neugeborenen vorhanden sind und teilweise funktionieren, sein mnestisches System hingegen noch unreif ist. Zumal es den Ereignissen der frühesten Kindheit an Abrufsignalen fehlt, die es dem Säugling ermöglichen würden, die Erinnerung konkreter in seinem Gedächtnis zu verankern, wie es beispielsweise ein Gegenstand kann. Das Fehlen eines Zugangs zur Erinnerung und die Unreife des Gedächtnissystems sind demzufolge also die beiden Gründe für die frühkindliche Amnesie.

Doch nicht alle Untersuchungen kommen zum gleichen Schluss. An Säuglingen wurde eine Vielzahl sehr interessanter Versuche zum Thema Lernen und Erinnerungsleistungen durchgeführt, um mit Hilfe von Rasseln, Mobiles, Glockenspielen ihr Gedächtnis zu testen. So erklärten Carolyn Rovee-Collier und Scott A. Adler in einem Artikel mit dem Titel »Les Souvenirs des nourrissons« in einer Untersuchung über die Lokalisierung von auditiven Reizen: »Die Ergebnisse zeigen, dass bestimmte Erfahrungen, die in die vorsprachliche Phase der Kinder zurückreichen, über eine Zeitdauer von bis zu zwei Jahren gespeichert werden.« Und weiter unten heißt es: »Die Gedächtnisleistungen von Säuglingen und Kleinkindern sind in der Tat weitaus komplexer, als bisher angenommen wurde, und unterscheiden sich nicht grundlegend von den Gedächtnisleistungen älterer Kinder oder normaler Erwachsener.« In Hinblick auf die frühkindliche Amnesie kommen sie zu dem Schluss: »Die Unfähigkeit der Erwachsenen, sich an ihre frühkindlichen Erfahrungen zu erinnern, kann nicht auf eine Insuffizienz des Gedächtnisses bei Säuglingen und Kleinkindern zurückgeführt werden. [...] Die Erinnerungen des Säuglings können bis weit nach dem Spracherwerb gespeichert werden, womit die Hypothese der frühkindlichen Amnesie ausgeschlossen werden muss.«[21] Ein Aus für die Freudsche Hypothese der frühkindlichen Amnesie.

Es gibt keine Regeln für unsere frühesten Erinnerungen. Die meisten unter uns erinnern sich zwar an nichts vor dem Alter von vier und fünf Jahren, manche jedoch haben genaue und »unbestreitbare« Erinnerungen aus dem Alter von eineinhalb oder zwei Jahren gespeichert. Das irritiert im Übrigen oft die Eltern, die nicht glauben wollen, dass das Kind sich die Erinnerung an so weit zurückliegende Ereignisse bewahrt haben kann, und behaupten, dass es Gespräche darüber gehört haben muss und sich an diese erinnert. Der Betreffende empfindet das oft als verletzend, denn zum einen wird ihm damit mehr oder minder unterstellt, er sei ein Lügner, und zum anderen erlebt er es tendenziell als Verleugnung der eigenen Person.

Wir sind alle grundverschieden, und unser Gedächtnis ist einmalig. Manche von uns sind die reinsten Gedächtniswunder, andere können viel weiter zurückdenken. Woran liegt das? Im Augenblick bleibt das noch ein Rätsel für uns.

21 Carolyn Rovee-Collier, Scott A. Adler, Les souvenirs des nourrisons in: *La Recherche* (Paris), Sondernummer: »La Memoire« (267), 1994, S. 740.

Warum lässt das Gedächtnis mit dem Alter nach?

Während das menschliche Gedächtnis jahrzehntelang ein vernachlässigter Forschungsgegenstand war, ist das heute nicht mehr so. In seiner Einleitung zu der Sonderausgabe von *La Recherche*, die dem Gedächtnis gewidmet war[22], schrieb Professor Édouard Zarifian: »Vor zwanzig Jahren gab es in Frankreich kein Geld für Alzheimerforschung. Vor fünfzehn Jahren war das Thema in den Familien tabu. Vor neun Jahren tauchten in den Apotheken die ersten Medikamente auf (das Tactrine). Heute melden sich Angehörigenvereine zu Wort, Patienten erheben ihre Stimme, die ökonomische Belastung wurde berechnet, und die Versorgung der Pflegebedürftigen ist ein politisches Ziel geworden. Schweigen, Scham, Resignation und Schicksalsergebenheit sind nicht mehr üblich.« Wie so oft in der Medizin entwickelt sich das Wissen ausgehend von einer Krankheit. Die Alzheimerkrankheit ist eine davon. Die Forschungen über das Gehirn und das Gedächtnis haben einen großen Aufschwung genommen. Es vergeht keine Woche, ohne dass in so angesehenen wissenschaftlichen Zeitschriften wie *Nature* oder *La Recherche* neue Fortschritte verkündet werden. Die Fortschritte werden nicht im Jahres-, sondern im Monats- oder gar Wochenrhythmus sichtbar. Das Gleiche gilt für die Neurowissenschaften und die bildgebenden Verfahren der Medizin, die uns ein immer besseres Verständnis der zerebralen Mechanismen und ihrer Pathologien ermöglichen. Diesen Fortschritten ist es zu verdanken, dass das *Dogma*, demzufolge die Anzahl der Neuronen beim Menschen ein für alle Mal feststeht und die Neuronen sich nicht erneuern, im November 1998 durch ein amerikanisch-schwe-

22 *La Recherche*, »Alzheimer: cerveau sans mémoire«, Sonderausgabe Nr. 10, Januar 2003.

disches Team in Frage gestellt werden konnte[23]. Die Forscher wiesen nach, dass bestimmte Gehirnareale sehr wohl unter bestimmten Bedingungen fähig sind, sich zu regenerieren. Man kann sich vorstellen, wie hilfreich eine solche Eigenschaft im Kampf gegen die neurodegenerativen Krankheiten wie Alzheimer, Parkinson, multiple Sklerose oder kindliche Dystonie sein könnte.

Das Problem des fortschreitenden Gedächtnisverlustes betrifft alle älter werdenden Erwachsenen. Und es rückt umso deutlicher in den Mittelpunkt, als die Lebenserwartung unaufhörlich steigt, was unzählige Menschen, die eine beginnende Alzheimererkrankung fürchten, in die Arztpraxen treibt. Was sagt die Wissenschaft zu diesem Thema?

Die Ansichten über diese Frage gehen auseinander. Im Allgemeinen besteht unter den Forschern Einigkeit darüber, dass die neuronalen Fähigkeiten mit dem Alter nachlassen. Jean-Yves und Marc Tadié führen aus, dass die Atrophie (das Schrumpfen) der Frontallappen, das bei der Magnetresonanz-Tomographie sichtbar wird, einhergeht mit Problemen, die Quelle von Informationen und Erinnerungen wiederzufinden[24].

Man weiß aber im Übrigen, dass die Anzahl der Neuronen beim Menschen nicht ein für alle Mal feststeht und dass die Nervenzellen des Gehirns sich erneuern können. Wir verlieren unsere Neuronen also ein bisschen so, wie wir unsere Haare verlieren, was vollkommen relativ und in jedem Fall bei jedem Menschen anders ist. Wenn also Sigmund Freud im Kapitel *Vergessen von Eindrücken und Vorsätzen* schreibt: »Die Verfügung über den Gedächtnisschatz ist seither bei mir immer schlechter

23 Quelle: http://lefigaro.fr/sciences/20020718.FIG0089.htm.
24 Jean-Yves und Marc Tadié , *Im Gedächtnispalast*, ebenda.

geworden«[25], dann muss man seine Worte meiner Ansicht nach relativieren und bedenken, dass sein Gedächtnis dennoch bis zu seinen letzten Tagen bemerkenswert war.

Das Gedächtnis ist, wie man weiß, individuell bedingt, aber auch eine Frage des persönlichen Einsatzes und Trainings. Anders gesagt, es hängt zu einem großen Teil von unserer Lebenseinstellung und unseren Anforderungen an uns selbst ab. Und genau da dürfte der Schuh am meisten drücken. Wenn wir älter werden und in Rente gehen, dann bedeutet das einen Abbruch der verschiedenen Aktivitäten, die unsere Wachsamkeit und Aufmerksamkeit gefordert hatten, oder sie verschwinden ganz. Der Alltag wird immer gleichförmiger, und unser Gedächtnis wird entsprechend immer weniger gefordert. Das trifft umso mehr zu, als die Lebenserwartung unaufhörlich steigt und man heute nach der Erfindung des »dritten Alters« bereits beim vierten oder gar fünften angelangt ist[26].

Die Psychologie hat endlich verstanden, dass hier seitens der alternden Bevölkerung ein echtes Bedürfnis besteht, ihr Gedächtnis nicht verdämmern zu lassen. Manche Therapeuten haben Gedächtnisgruppen gegründet, deren Teilnehmer mnemotechnische Übungen durchführen, die ihr Gedächtnis fordern und lebendig erhalten sollen.[27]

25 Sigmund Freud, *Zur Psychopathologie des Alltagslebens*, ebenda Kap. 7, S. 117.

26 ATD *Quart Monde* meldet in seinem Bericht vom Juni 2005 (Nr. 340), dass die Lebenserwartung von Frauen in Frankreich 83,8 Jahre beträgt und die von Männern 76,7 Jahre.

27 Zum Beispiel: *Le Centre de développement de l'efficacité mentale* in Paris.

Langzeitgedächtnis und Kurzzeitgedächtnis

Mit dem Alter schwindet das Gedächtnis, aber die Erinnerung bleibt, heißt das Sprichwort. Warum bleibt die Erinnerung? Ich war gewiss einer der Ersten in Frankreich, die in einem Altersheim auf der Grundlage der damals von mir so benannten »dynamischen Gerontologie« gearbeitet haben. Diese dynamische Gerontologie war nicht mehr und nicht weniger als eine Gruppentherapie für alte Menschen. Mit einigen Anpassungen selbstverständlich, aber ohne grundlegenden Unterschied zu sonstigen Erwachsenengruppen. Wir diskutierten zusammen über eine besondere theoretische Frage, und dann versuchte ich die Teilnehmer dazu zu bewegen, ihre Probleme in Worte zu fassen. Ich weiß nicht, ob Sie sich vorstellen können, was dabei herauskommt, wenn Sie die Dynamik einer Gruppe von etwa fünfzehn Personen, Frauen und Männern, steuern müssen, die zwischen achtundsiebzig und achtundneunzig Jahre alt sind und oft aus einem äußerst unterschiedlichen, um nicht zu sagen, gegensätzlichen Milieu stammen. Das waren außergewöhnliche Jahre für mich. Und sehr lehrreich. Man kann einen alten Menschen weder moralisch noch psychologisch oder philosophisch manipulieren. Man muss absolut wahrhaftig bleiben, denn er hat seinen eigenen Kopf und lässt sich nichts weismachen, sofern er nicht an einer speziellen Krankheit leidet. Die schönste Belohnung, die mir zuteilwurde, war, wenn diese Menschen nach der Gruppensitzung zu mir sagten: »Wir haben wieder viel gelernt heute, Monsieur Patrick.« Mir ist bewusst, wie fortschrittlich das Altersheim war, das mir damals vertraut hatte, aber vor allem, wie viel Arbeit noch zu tun ist, um die dynamische Gerontologie in die Wochenprogramme aller Altersheime einzuführen.

Was mich am meisten bei diesen älteren Menschen frappierte,

war die Diskrepanz zwischen ihrem Langzeit- und ihrem Kurzzeitgedächtnis. Sie konnten Unmengen präziser Fakten über die Geschichte Frankreichs, Geographie, Literatur oder Mathematik erzählen, aber es fiel ihnen oft unsäglich schwer zu sagen, was sie am Vormittag gemacht oder was sie gegessen hatten. Dieses Problem ist unter Gerontologen wohlbekannt, und sie versuchen es durch Medikamente zu lösen, die die Gedächtnisleistung verbessern sollen. Forschungslabors experimentieren in zahlreiche Richtungen, und die Medikamente der vierten Generation scheinen immer noch vielversprechender zu sein. Professor Hervé Allain, Neuropharmakologe an der Universität von Rennes, schrieb in einem Artikel vom Februar 1999 mit dem Titel »Les médicaments et la mémoire humaine« (Medikamente und menschliches Gedächtnis): »Da eine Vielzahl von Veränderungen des zentralen Nervensystems, die mit dem physiologischen Alter oder der Demenz verbunden sind, mit einem Verlust an Neuronen einhergehen, könnte der Einsatz von Wachstumsfaktoren zur Prävention oder Verzögerung des Zelltods einen erheblichen Einfluss auf die Erhaltung des Gedächtnisses und anderer kognitiver Funktionen haben. Die Entdeckung von Medikamenten, die in Gedächtnisprozesse eingreifen, erscheint daher als *die* Herausforderung der modernen Neuropharmakologie.« Und das beschränkt sich nicht auf die Ebene der zulässigen Arzneien. Auch Nahrungsergänzungsmittel sind gefragt. In den letzten Jahren entwickelte sich ein beachtlicher Markt für diverse *Wundermittel,* die unser nachlassendes Gedächtnis stärken sollen. Der Markt für Gedächtnissteigerungsmittel in den Vereinigten Staaten soll einen Umsatz von zehn Milliarden Dollar erreichen, von denen 350 Millionen allein auf den Gingko biloba entfallen (einen Baum, dessen Blätter und Blüten verwendet werden). In der chinesischen Medizin ist er seit viertausend Jahren bekannt. Seine Wirkungsweise bleibt weiter ein Rätsel, aber man ist sich einig, dass er das Kreislaufsystem beeinflusst. Er vermindert die durch Oxidation verursachten Schädigungen unserer Gewebe und unserer grauen Hirnmasse, indem er Arterien und Kapillargefäße erweitert.

Von den *brain-gums* getauften Kaugummis, die zur Vorbeugung gegen Gedächtnisverlust oder mentale Störungen ein Potenzierungsmittel namens Phosphatidylserin (kurz PS) in unsere Neuronen diffundieren sollen, bis zu den berühmten Omega-3-Fettsäuren, für die man immer neue Indikationen, insbesondere für das Gehirn (Gedächtnis, Aufmerksamkeitsdefizite, Hyperaktivität, aber auch manisch-depressive Psychosen, Demenz, Alzheimerkrankheit...) entdeckt – immer öfter machen die Präparate, die unserem Gedächtnis zu Hilfe kommen sollen, Schlagzeilen in den Medien. David Servan-Schreiber zitiert in seinem Buch *Die Neue Medizin der Emotionen*[28] den Fall eines jungen Mannes (Keith), dessen Depression die Ärzte nicht heilen konnten und dem man als letztes Mittel eine Behandlung mit gereinigtem Fischöl vorschlug, deren Erfolg durch Scanner-Untersuchungen kontrolliert wurde. Er schreibt: »Als er neun Monate später die Untersuchungen wiederholte, konnte er feststellen, dass der Gehirnstoffwechsel des jungen Mannes sich von Grund auf verändert hatte: Die Membranen der Neuronen hatten sich nicht nur verstärkt, sie wiesen auch keine Anzeichen eines Abbaus mehr auf [...] Die Struktur des Gehirns seines Patienten als solche hatte sich verändert.«

Wenn bei alten Menschen oft eine Kluft besteht zwischen Langzeit- und Kurzzeitgedächtnis, so verhält es sich bei Erwachsenen »in der Mitte des Lebens« oft anders. Besonders wenn man sie mit einer Frage überrumpelt. Freud ist diesem Problem in

28 David Servan-Schreiber, *Die Neue Medizin der Emotionen*, Goldmann Verlag, München 2006, S. 165.

den ersten Kapiteln seiner *Psychopathologie des Alltagslebens*[29] nachgegangen. Auch ich selbst musste schon diese peinliche Erfahrung machen.

Es war vor ungefähr fünfzehn Jahren beim Festival von Avignon. Meine Frau und ich waren am 13. Juli angekommen, und wir gingen die zum Festivalbüro führende Hauptstraße entlang, als ein Fernsehteam, das uns entgegenkam, stehen blieb und mich fragte, ob ich die erste Strophe der *Marseillaise* singen könnte. Erraten Sie, wie es weiterging? Ich sagte natürlich ja. Alle Umstehenden mussten zurücktreten, das Mikrophon und die Kamera wurden eingestellt, und ich legte los mit meiner kleinen Melodie, die ich natürlich auswendig kannte. »Allons enfants de la patrie, le jour de gloire est arrivé …« Plötzlich hatte ich einen Aussetzer. »Liberté, liberté chérie …« Nein, so hieß es bestimmt nicht. Wie aber hieß es sonst? »Contre nous de la tyrannie, l'étendard …«. Ja, selbstverständlich. Aber es war zu spät. Vor lauter Aufregung hatte mein Gedächtnis ausgesetzt. Natürlich wollte das Fernsehteam genau das filmen. Alle lachten herzlich, und man ging auseinander. Aber mein Lachen gefror, als ich zwei Tage später erfuhr, dass ich in den Nachrichten gezeigt worden war und Hunderttausende von Menschen gesehen hatten, wie erbärmlich ich meine verstümmelte Marseillaise daherstotterte. So ist es mit dem Gedächtnis. Wenn man es spontan befragt, dann gehorcht es uns; wenn man es hingegen drängt, dann versagt es.

29 Sigmund Freud, *Zur Psychopathologie des Alltagslebens,* ebenda, Kapitel 1 bis 4.

Eine riesige Wachsplatte …

Zu den Fragen, die die Forschung seit Jahren bewegen, gehört nicht nur, wie das Gedächtnis Engramme im Gehirn hinterlässt, sondern auch, wie und weshalb wir das eine vergessen, etwas anderes hingegen nicht. Manche glauben mit Henri Bergson, dass wir nichts vergessen und dass alles, was wir in unserem Bewusstsein gespeichert haben, auf ewig darin aufbewahrt bleibt. Andere verfolgen einen grundlegend anderen Ansatz. Earl Miller, ein Forscher am Massachusetts Institute of Technology, der beim Jahreskongress der American Association for the Advancement of Science von Boston einen Vortrag über den frontalen Cortex und das vergleichende Denken hielt, vertrat die Ansicht, dass unsere gesamte Gehirnkapazität nicht ausreichen würde, um jeden Augenblick unseres Lebens im Gedächtnis zu bewahren und dass unser Gehirn folglich im Lauf der Evolution lernen musste, die Gemeinsamkeiten der verschiedenen erlebten Episoden herauszuarbeiten und sie dann nach Maßgabe ihrer Nützlichkeit und ihrer lebenswichtigen Funktionen in Kategorien zu klassifizieren. Seiner Meinung nach wendet unser Gehirn also Regeln an, die uns helfen, neue Situationen zu bewältigen, so wie ein Tier lernen muss, die Lebewesen und Objekte seiner Umwelt zu unterscheiden, wiederzuerkennen, und zu klassifizieren. Diese Eigenschaft erleichtert dem Gehirn die Gedächtnisarbeit, denn es muss nicht die Gesamtheit aller vergangenen Erfahrungen speichern, sondern nur das, was für sein Überleben entscheidend ist.

Doch so rational und einleuchtend diese Hypothese auch scheint, für den Augenblick ist nichts davon wissenschaftlich bewiesen. Was spricht gegen die Vorstellung, das Gehirn könnte wie ein Computer die Informationen, die uns unsere verschiedenen Wahrnehmungen liefern, *zippen* (komprimieren zum Zweck des Archivierens), um sie besser zu speichern? Ich fühle mich Bergsons Ansicht näher als der von Earl Miller. Meiner Meinung nach gleicht das zerebrale System einer riesigen Wachsplatte, auf der unsere Emotionen eingraviert werden. Je nachdem, wie wichtig, unwichtig oder gravierend das erlebte oder empfundene Ereignis war, umso leichter oder schwerer lastet die Spitze unseres existenziellen Cursors darauf und ritzt eine tiefe Rille von unregelmäßiger Intensität auf dieser Platte ein. Eine beinahe unsichtbare Rille im Fall eines bedeutungslosen Ereignisses, eine sehr tiefe Rille im Fall einer wundervollen existenziellen Erfahrung und eine Schramme oder einen Riss im Fall eines massiv traumatisierenden Erlebnisses. So haben die Erinnerungen an die Schirmpinien unter einem blauem Himmel, die ich von meiner ersten Reise nach Korsika bewahrt habe, in mir eine Erinnerungsspur hinterlassen (der Beweis ist, dass ich Ihnen gerade davon erzähle), doch es handelt sich dabei um eine Spur, die ich als »ästhetische« bezeichnen würde. Dagegen hat der Faustschlag auf die Nase, den ich im Alter von sieben Jahren bei einem unfairen Kampf mit einem Freund erhielt, eine Spur hinterlassen, die alles andere als »ästhetisch«, sondern vielmehr extrem »sensitiv« ist (ein Faustschlag auf die Nase löst einen Tränenreiz aus, der dazu führt, dass Ihre Augen auch dann zu weinen beginnen, wenn der Schmerz sich in Grenzen hält, was die empfundene Demütigung verdoppelt: erstens wegen des hinterhältigen Schlags und zweitens wegen der Tränen). Doch weder die Schirmpinien auf Korsika noch der Faustschlag auf die Nase kamen je auch nur annähernd an den tiefen Eindruck heran, den der erste wirkliche Kuss hinterlassen hat, den ich eines Abends auf der Promenade des Anglais in Nizza mit einer gewissen Corinne ausgetauscht habe.

Unsere persönliche emotionale Wahrnehmung der Dinge in

Übereinstimmung mit der Persönlichkeit, die wir im Lauf unseres Lebens und unserer Begegnungen entwickelt haben (Erfahrungen, die wir erlebt, aktiv herbeigeführt oder erlitten haben, Erfolge und Misserfolge) ist es, die dann bewirkt, dass wir etwas als flüchtigen Eindruck oder als prägende Erfahrung erleben.

Hier endet mein Vergleich mit der Wachsplatte. Denn unsere Erinnerungen sind weder Register noch Kataloge noch Sammelalben für Briefmarken oder Fotos. Sie sind nicht inaktiv, sie schwimmen in unserer emotionalen Welt und bleiben unser ganzes Leben lang potenziell dynamisch, ähnlich einem Vulkan, der im Innern der Erde noch nicht erloschen ist. Jede erlebte emotionale Situation wird dauernd in Bezug gesetzt und angepasst an die Gesamtheit unserer Empfindungen und der potenziellen Erinnerungen, die sich daraus ableiten. Während ich dies niederschreibe, kommt mir plötzlich das Drama des großen Staudammbruchs vom Malpasset in Fréjus 1959 in Erinnerung, obwohl ich persönlich nicht von dieser Katastrophe betroffen war; ich war damals zwölf Jahre alt. Warum dieser Gedanke? Über eine Assoziationskette (Vulkan → Feuer → Gefahr → Wasser → Gefahr → Staudamm → Fréjus)? Das ist gut möglich. Zumindest zeigt mir dieses Beispiel, dass die Erinnerungen, die in mir leben, genau in diesem Augenblick, da ich zu Ihnen spreche, sehr lebendig sind.

Alles kann Erinnerung sein

Alles, was sich im Umkreis unserer Existenz oder in unserer Reichweite abspielt, kann als solches eingeprägt und gespeichert werden. Zunächst betrifft das alles, was mit unseren Sinneswahrnehmungen zu tun hat (Geruch, Sehen, Berühren, Geschmack, Gehör). Ich persönlich habe nie mehr den Geschmack der ersten Tafel Schokolade wiedergefunden, die ich bei einem Ferienaufenthalt in der Schweiz in der Nähe von Maloya gekauft habe. Ich nehme an, dass die Qualität der Schokolade das Ihre dazu beigetragen hat, aber dieses »nährende« Gefühl hat wohl auch in gewisser Hinsicht dic Abwesenheit meiner Mutter kompensiert … Weiter betrifft es alles, was mit der Welt unserer Empfindungen und Gefühle zu tun hat: Ich erinnere mich, wie viel Freude mir die Vorstellung bereitete, meiner Mutter ein Geschenk zum Muttertag zu machen (es handelte sich um ein rotes Filzetui mit einem Spiegel darin). Und schließlich alles, was zugleich mit dem einen *und* dem anderen zu tun hat. Ich kann mich an den süßen Duft der Gartenrosen erinnern, aber ich kann mich auch und genauer an den Duft der Rosen aus dem Garten meiner Kindheit erinnern. Ich erinnere mich zum Beispiel, dass sie dicker als meine Wangen waren und dass ich mit Vergnügen mein ganzes Gesicht in sie hineintauchte.

Natürlich haben wir den Eindruck, und oft trifft das auch zu, dass ein Ereignis umso eher einen Ehrenplatz in unseren Erinnerungen einnimmt, je durchschlagender seine Wirkung war. Doch unsere Erinnerungen beschränken sich bei weitem nicht auf prägende Erlebnisse. Sie können sich auch an Dinge heften, die auf den ersten Blick sehr neutral (ich erinnere mich an die Tür des Wandschranks im Eingang) oder statisch erscheinen (unser Briefkasten war immer kaputt). Auch wenn sie belanglos wirken, haben diese Erinnerungen ihre Daseinsberechtigung, sie rufen etwas in uns wach. Und wenn sie auf Anhieb nichtssagend erscheinen, dann erweisen sie sich oft als sehr aussagekräftig, wenn man sie zu anderen Elementen des Lebens in Beziehung setzt.

Wir wissen nie genau, was uns eine Erinnerung sagt, die so

wenig vermittelt. Man ist versucht zu glauben, dass sie »an uns vorbei« redet, tatsächlich aber verhält es sich eher umgekehrt. Wir sind unfähig, sie zu verstehen. Wir begehen einen Wahrnehmungs- und Interpretationsfehler, ein bisschen, als ob wir bei der Polizei eine Aussage über einen flüchtigen Dieb machen müssen. Der eine Zeuge beschreibt ihn so, der andere wieder anders und so weiter.

Zusammenfassend kann also alles, was unsere Wachsplatte registriert hat, ob es sich um ein leichtes Streifen, eine Schramme oder einen Riss handelt, zur Erinnerung werden. Es genügt, dass das Ereignis oder einfach die Sache durch die Erfahrung eines anderen Ereignisses oder einer Sache wiederbelebt wird. Egal, ob dieses oder diese einen direkten Bezug zu der Erinnerung hat oder nicht (dann handelt es sich um das, was wir zuvor als den latenten Erinnerungsinhalt bezeichnet haben).

Alle unsere Erinnerungen (wachgerufene oder vergessene) laufen auf ein einziges Zentrum zu: unsere eigene Persönlichkeit. Sie ist es, die das Erlebte erlebt hat, und sie ist es, die sich erinnert. Alles führt uns zu ihr, zu ihrer Einheit zurück.

Aber unser Unbewusstes ist nicht immer damit einverstanden, dass unsere Erinnerungen als solche lebendig bleiben; es kann auch ein Spielverderber sein. Beispielsweise indem es uns dazu bringt, sie zu verdrängen. Oder sie von vorne bis hinten zu erfinden.

Verschüttete, verdrängte und erfundene Erinnerungen

Unsere Erinnerungen hängen wie unser Gedächtnis sehr stark davon ab, wie viel Interesse wir dafür aufbringen. Wenn wir uns nur wenig um sie kümmern oder wenn wir aus verschiedenen Gründen dazu gebracht werden, sie massiv zu verdrängen, dann kann unser bewusstes Leben sich nicht so reich entfalten, wie wir eigentlich erwarten dürften. Analog dem Ausspruch: »Kultur ist das, was übrig bleibt, wenn man alles vergessen hat«, möchte ich sagen: Psychisches Gleichgewicht ist das, was übrig bleibt, wenn man zu allem wieder Zugang gefunden hat. Den Zugang zu einer dunklen Vergangenheit freilegen, schwierige und schmerzhafte Dinge aufarbeiten, das sind Aufgaben, vor denen man zurückschreckt. Diejenigen, die mein Buch *Comment je me suis débarrassé de moi-même* (Wie ich mich von mir selbst befreite) gelesen haben, erinnern sich, dass das auch für mich kein Kinderspiel war.

Alles kann Erinnerung sein, aber jede Erinnerung kann vergessen werden. Unter »vergessen« dürfen wir freilich nicht ausgelöscht, endgültig verloren verstehen, sondern vielmehr irgendwo in den Mäandern unseres Gedächtnisses abhandengekommen. Dieses Abhandenkommen kann *zufällig* sein, wenn wir keinen besonderen Bedarf für diese Art von Erinnerung haben (die Farbe des Pferds von Heinrich IV. bedeutet mir letzten Endes herzlich wenig). Es kann aber auch von unserem Unbewussten *provoziert* sein. In diesem Fall spricht man von *Verdrängung*. Wir haben es hier unter anderem mit den von Freud so genannten Deckerinnerungen zu tun, Erinnerungsbruchstücken, die eine andere Erinnerung in tieferen Schichten kaschieren sollen, in denen ein verdrängter Inhalt enthalten ist.

Manche Menschen, die meine Praxis aufsuchen oder die mir auf Seminaren begegnen, erzählen mir, sie hätten praktisch keine Erinnerung, die weiter als bis in das Alter von acht oder zehn, manchmal sogar zwölf Jahren zurückreicht. Es ist, als ob ein schwarzer Schleier sich über einen Teil ihrer Kindheit gelegt hätte, den sie nicht lüften können. Das ist oft ein schmerzhaftes Gefühl für sie, denn sie erleben es, als wären sie eines Teils ihrer Kindheit und damit ihres eigenen Lebens beraubt.

Freud hat diese Tatsache, Sie erinnern sich, bewundernswert zum Ausdruck gebracht: Die vergessenen Erinnerungen sind nicht verloren. Oft ereignen sich die Dinge, die jemanden zum Verschwindenlassen von Erinnerungen bewegen, in Phasen, die in psychischer, emotionaler oder sogar physischer Hinsicht belastend, angstauslösend, ja wirklich gefährlich waren. Das ist der Grund, weshalb die Erinnerungen nicht ihren Platz in der Gegenwart finden können. Der Betreffende hat das Gefühl, dass all seine alptraumhaften Erinnerungen an die Oberfläche steigen und wie ein Tornado sein Bewusstseinsfeld zerstören werden, wenn er erst einmal die Ventile öffnet.

Für Freud war die frühkindliche Amnesie nichts Naturgegebenes. Wir »sollten uns geradezu verwundern, dass das Gedächtnis späterer Jahre von diesen seelischen Vorgängen in der Regel so wenig bewahrt hat, zumal da wir allen Grund zur Annahme haben, dass diese selben vergessenen Kindheitsleistungen nicht etwa spurlos an der Person abgeglitten sind, sondern einen für alle späteren Zeiten bestimmenden Einfluß ausgeübt haben«[30]. Er erklärt, und in diesem Punkt ist er mit Adler einig, dass im Lauf des späteren Lebens machtvolle Kräfte die Fähigkeit, Kindheitserinnerungen wachzurufen, beeinflussen und entstellen und dass dieselben Kräfte uns das Verständnis unserer Kindheit so erschweren. »Man wird so von verschiedenen Seiten her zu der Vermutung gedrängt, dass wir in den sogenannten frühesten Kindheitserinnerungen nicht die wirkliche Erinnerungsspur, sondern eine spätere Bearbeitung derselben besitzen, eine Bearbeitung, welche die Einflüsse mannigfacher späterer psychischer Mächte erfahren haben mag.«

Indem Freud von »sogenannten frühesten Kindheitserinnerungen« spricht, stellt er ihre Authentizität in Frage. Die Frage

30 Sigmund Freud, *Zur Psychopathologie des Alltagslebens*, op. cit. S.48f.

ist interessant: Sind unsere Erinnerungen wahr, oder erfinden wir sie? Wenn sie den Filter unserer Wahrnehmungen passieren – was offensichtlich der Fall ist –, dann kann man nicht umhin, sie als subjektiv zu bezeichnen. Infolgedessen sind sie, auch wenn sie wahr für uns sind, das noch lange nicht für die Außenwelt. Davon kann man sich schnell überzeugen, wenn man seine Geschwister ein Kindheitserlebnis erzählen lässt. Man wird dann alsbald feststellen, dass die Geschichten oft vollkommen unterschiedlich, ja diametral entgegengesetzt sind. Manchmal wird sogar die Realität der einen oder anderen Episode insgesamt in Frage gestellt (»Aber nein, was erzählst du da, wir haben nie bei Onkel Alfred gewohnt!«)

Die Frage nach der Wahrhaftigkeit von Erinnerungen ist Menschen, die in psychotherapeutischer Behandlung sind, oft unangenehm, vor allem, wenn es sich um Erinnerungen handelt, in denen einem anderen Schuld zugewiesen wird. Sie empfinden eine gewisse Scham, jemanden zu beschuldigen, der sich nicht verteidigen kann. In diesem Fall erkläre ich ihnen, dass Psychotherapeuten wissen, dass sie nie die genaue Wahrheit zu hören bekommen, sondern eine bestimmte Wahrnehmung von Wahrheit. Das Wichtige an den geäußerten Erinnerungen ist in der Tat nicht die Wahrheit, sondern eben die Wahrnehmung, die der Patient von der Situation oder den Umständen hatte, die ihm wieder eingefallen sind, Freud nannte das die »spätere Bearbeitung der wirklichen Erinnerungsspuren«. Es ist wichtig, das im Folgenden im Gedächtnis zu behalten.

Auch wiedergefundene Erinnerungen

Es ist eine extrem starke und manchmal auch schmerzhafte Erfahrung, wenn Erinnerungen wieder in unser Gedächtnis aufsteigen. Ein junger Mann schrieb in einem Diskussionsforum: »Ich habe sehr schlechte Erinnerungen an meine Kindheit, die ich nicht mitzuteilen wage, Dinge, die mich wirklich fürs Leben geprägt haben. Und das ist nicht alles. Aber was soll ich bloß tun, denn ich spüre, dass ich mich darin verheddere …«

Manchmal müssen verschüttete Erinnerungen erst wieder zu Bewusstsein gebracht werden, damit man sie anschließend endgültig ad acta legen kann. Das genau ist ein Ziel der Psychotherapie. Zu den neuen psychotherapeutischen Ansätzen gehört die sogenannte »virtuelle Methode«. Diese Methode wurde im April 2005 bei den *Septièmes Rencontres internationales de la réalité virtuelle* (Siebtes internationales Treffen der virtuellen Realität) in Laval vorgestellt. Das Prinzip besteht darin, so erklärt die Psychologin Brenda Wiederhold, Leiterin des Zentrums für virtuelle Realität in San Diego (Kalifornien), dass man den Kranken allmählich in eine virtuelle Umwelt versenkt, die der ursprünglichen Stresssituation entspricht, bis es ihm gelingt, seine Angst, seine Erinnerungen oder seine Emotionen zu beherrschen. Der Patient wird mit einem Helm und Handschuhen ausgestattet, die mit einem Computer verbunden sind, und anschließend in völliger Sicherheit mit den Szenen konfrontiert, die ihn traumatisieren, ohne dass er die Praxis seines Psychologen verlässt, der über seine Reaktionen wacht und ihn bei seinem Vorgehen anleitet. Professor Skip Rizzo, der an der Universität von Südkalifornien in Los Angeles über kognitive Störungen besonders der Veteranen aus dem Vietnam- und Irakkrieg forscht, warnt allerdings: »Die erzielten Ergebnisse sind sehr ermutigend, aber man muss sich immer vor Augen halten, dass diese Technik nichts als ein Werkzeug ist. Sie wird nie für sich allein genommen die Kompetenzen eines Arztes oder Psychologen ersetzen.«[31]

So schmerzhaft, ja extrem schockierend traumatische Erinnerungen sein können, wenn sie an die Oberfläche steigen, so ungeheuer groß kann auf der anderen Seite die Erleichterung über ihre Überwindung sein. In einem Kapitel mit dem Titel »Einer sinnlosen Erfahrung einen Sinn verleihen« schreibt der Arzt und Kinderpsychiater Antoine Guédeney: »Die Resilienz ist geknüpft an die Fähigkeit, einer sinnlosen Erfahrung einen Sinn zu verleihen, eine zusammenhängende Geschichte daraus zu machen. Eine Geschichte ist für jemanden bestimmt, um eine Beziehung herzustellen und dafür, dass sie gehört und verstanden wird, selbst um den Preis oder dank eines Missverständnisses.«[32]

Die wiedergefundenen traumatischen Erinnerungen (ich denke dabei besonders an Fälle von Inzest oder sexuellen Gewalttaten, aber auch an Gewalttaten wie Raub oder erlebte physische Gewalt) müssen so offengelegt und aufgenommen werden, dass sie anschließend endgültig als Erinnerungen abgelegt werden können. Marie-Thérèse, eine der Ersten, die mich vor beinahe dreißig Jahren konsultierte, hatte mir geschrieben: »Ich habe verstanden, dass man seinen Schmerz opfern muss, dass man akzeptieren muss, sich davon zu trennen und ihn dem anderen zu schenken, dem Psychologen, der einem gegenübersitzt,

31 Quelle: http://www.tregouet.org/article.php3?id_article=388.

32 Antoine Guédeney, in: *Ces enfants qui tiennent le coup*, »Donner un sens à une expérience insensée«, Hommes et Perspectives, Revigny-sur-Ornain 1998, S. 22f.
Unter *Resilienz* versteht man die psychische Widerstandskraft, dank der selbst Opfer schlimmster Traumata die Kraft finden, ihre Verletzungen zu überwinden (Anm. d.Ü.).

und dass man ihn eines Tages endgültig in seiner Praxis zurücklassen muss.«

Wiedergefundene Erinnerungen können sich auch auf glückliche Ereignisse beziehen. Im Lauf des Lebens stößt man auf eine Vielzahl von Erinnerungen, wenn man über sich selbst nachdenkt, sei es im Rahmen einer Psychotherapie oder einfach weil das Leben uns dazu bringt (ich denke dabei besonders an alles, was die Geburt eines Kindes in Ihnen wachrufen kann). Eine Kinderszene, ein Lachanfall, ein Bild aus dem Kindergarten oder der Grundschule lässt eine persönliche Erinnerung in Ihnen aufsteigen, und vielleicht streift Sie ein Hauch von Sehnsucht, und Sie müssen tief durchatmen, um der Gefühlswoge, die Sie plötzlich überflutet, Herr zu werden. Ja, dieser Geruch nach feuchter Wäsche, die mit einem Tuch gedämpft wurde, weckt vielleicht wieder die Erinnerung in Ihnen, dass Sie es liebten, wenn Ihre Mutter Sie mit dem heißen Bügeleisen ein Taschentuch bügeln ließ. Auch das ist das Leben, in all seiner Schlichtheit. In all seiner Schönheit wohl auch. Kindheitserinnerungen ziehen sehr ernste, sehr wissenschaftliche Überlegungen nach sich, aber sie inspirieren Sie auch zur Poesie, ja zum Kitsch. Man kann übergangslos von Freud zu Proust und weiter zu Sissi, der österreichischen Kaiserin, wechseln.

Paul Ricoeur erklärte: »Ich bin zu einer Sicht des Vergessens gelangt, die zwei Seiten hat. Zum einen gibt es das endgültige Vergessen. Es ist das Vergessen der Auslöschung, der Auslöschung aller Spuren im Gehirn. Jede Erinnerungsspur kann zerstört werden. Wir machen jedoch auch die umgekehrte Erfahrung: Die Rückkehr mancher Erinnerungen zeigt uns, dass wir weniger vergessen, als man denkt. Plötzlich findet man ganze Zonen von Kindheitsbildern wieder. Ich sehe das Feld des Vergessens als eine Art Wettstreit zwischen einem Vergessen als

Auslöschung und einem anderen, das ich als ›verwahrendes Vergessen‹ bezeichne.«

Wozu dient das Vergessen einer Erinnerung letzten Endes? Die Antwort ist mehr als einfach: sie zu vergessen eben. Anders gesagt, wenn ich sie vergesse, dann habe ich gute Gründe dafür. Wozu ist es gut, sich an eine Erinnerung wieder zu erinnern? Um sich zu erinnern. Genau. Ich könnte wie Marie Cardinal in ihrem Buch *Schattenmund*[33] sagen, dass jedes Vergessen ein Schloss ist, aber im vorliegenden Fall öffnen diese Schlösser nicht unbedingt die Türen, die man erwarten würde. Es mag vielleicht so aussehen, als scherzte ich, tatsächlich aber meine ich das ernst. Zwischen Vergessen und Erinnern besteht eine dialektische Beziehung. Beim genaueren Betrachten dieser Dialektik wurde mir bewusst, dass sie nicht nur »lebendig« ist, sondern dass ihr auch eine regelrechte dynamische Struktur zugrunde liegt[34]. Diese dynamische Struktur wurde meines Wissens noch nie wirklich systematisch so analysiert, wie ich es nun mit Ihnen zu tun beabsichtige.

33 Marie Cardinal, *Schattenmund*, Rogner und Bernhard, Hamburg 1977.

34 Das Wort Dialektik muss hier in seiner zeitgenössischen Bedeutung verstanden werden. Mein kleines Philosophielexikon *Les Termes philosophiques* (Marabout, Paris 1990) sagt dazu: »Man spricht von Dialektik, um Gedankensysteme zu bezeichnen, in denen mehrere Elemente in Beziehung zueinander stehen.«

3
Die Seele der Erinnerungen

> Die Kindheit ist der Boden,
> auf dem wir unser ganzes Leben lang gehen.
>
> LYA LUFT
> *Gezeiten des Glücks*

Unsere verschütteten Erinnerungen haben eine Kinderseele

Das Seltsame an unseren Erinnerungen ist, dass sie sich in unserem Kopf einprägen, in unserem Herzen aber erhalten bleiben.

Von ein paar Ausnahmen abgesehen gibt das Herz ihren Takt vor, inszeniert sie, dirigiert sie, reguliert ihre Lautstärke. Das Herz ist es auch, das sie, falls erforderlich oder im Notfall, zum Schweigen bringt. Dieses Herz, auch das ist seltsam, ist nicht das Herz eines Erwachsenen, sondern das eines Kindes. Es ist ein Kinderherz, denn das Herz hat von seinen ersten Schlägen an oder, falls Sie das vorziehen, von seinen ersten Gefühlsregungen an das Protokoll unseres persönlichen Empfindens aufgezeichnet und ausgearbeitet und so unsere allerersten Wahrnehmungen und Empfindungen in Gefühle und Ansichten übersetzt.

Unsere Erinnerungen kümmern sich nicht um unser bürgerliches Lebensalter. C. G. Jung[35] weist uns darauf hin: »Im Erwachsenen steckt nämlich ein Kind, ein ewiges Kind, ein immer noch Werdendes, nie Fertiges, das beständiger Pflege, Aufmerksamkeit und Erziehung bedürfe.« Von diesem immer im Werden begriffenen, nie fertigen Kind gehen die mit unseren Erinnerungen verknüpften Emotionen aus, und paradoxerweise sind sie zugleich an dieses Kind gerichtet.

Warten Sie, lassen Sie uns gemeinsam einen Versuch machen. Schließen Sie die Augen und versuchen Sie, eine Erinnerung wachzurufen. Ich mache das Gleiche. Was mir spontan einfällt, ist eine Erinnerung, in der ich mich auf dem rechten Weg im Garten meiner frühen Kindheit sehe (es gab also auch einen linken Weg, komisch, daran konnte ich mich gar nicht erinnern ...), er ist aus Erde, ein blühender Baum steht da. Es ist der Weg, der zum Portal führt. Warum habe ich diese Erinnerung wachgerufen? Tatsächlich wird mir bewusst, dass ich ein wenig geschummelt habe, denn ich habe bewusst nach einer Kindheitserinnerung gesucht. Ich fange noch einmal an. Dieses Mal taucht der Blick einer jungen Frau vor mir auf, die mir sehr viel bedeutet hat. Sie hatte einen erstaunlichen Blick, sehr sanft.

Wie Sie sehen, stehen meine beiden Erinnerungen in direkter Verbindung zu meiner Gefühlswelt. Und ich nehme an, dass es bei Ihnen genauso ist. Saint-Exupéry hat uns schon gewarnt: »Man sieht nur mit dem Herzen gut.«[36]

35 Carl Gustav Jung, Über die Entwicklung der Persönlichkeit, In: Gesammelte Werke, Bd. 17, Walter-Verlag, Düsseldorf, S.193 (§ 286).

36 Antoine de Saint-Exupéry, *Der kleine Prinz*, Karl Rauch Verlag, Düsseldorf 1950.

Die Mutter-Kind-Dyade[37]

Der erste Beziehungsprototyp des Kindes geht von der Mutter aus. Der erste große Andere (mit einem großen A), hätte Jacques Lacan gesagt.

Diese Urbeziehung hat im Allgemeinen weit vor der Empfängnis ihres Kindes für die Mutter begonnen, sei es, weil sie »immer schon« ein Kind haben wollte, sei es, weil sie sich vor dieser Möglichkeit gefürchtet hat (denn sie hatte Angst vor den Geburtswehen, sie fühlte sich Kindern gegenüber allgemein unwohl, oder sie war ganz einfach entschlossen, keine zu bekommen). Dann kamen die Schwangerschaft und die ersten Unpässlichkeiten (Übelkeit, spannende Brüste ...), die allerdings alsbald durch die ersten konkreten Wahrnehmungen der Lebensäußerungen des Babys kompensiert werden, das sich hinter der schützenden *Membran* des mütterlichen Bauchs bewegt, strampelt, mit den Füßen tritt oder mit den Händen boxt. Während das Baby bis dahin nur in der Phantasie oder Vorstellung existierte, wird es von dem Augenblick an, da es sich zu bewegen beginnt, zur konkreten Gestalt, und zwar umso mehr, als es vielleicht dank einer Ultraschalluntersuchung des Arztes gesehen – und sogar *fotografiert* – wurde.

Vom vierten, fünften Monat an bis zum Tag vor der Entbindung kommunizieren Mutter und Kind miteinander, jeder auf seine Weise. Diese Kommunikation ist keineswegs Spinnerei, sondern konkrete Realität. Unter den Forschern, die dieser Frage nachgegangen sind, ist der Holländer Franz Veldman in seinen Untersuchungen mit am weitesten gegangen. Franz Veld-

37 In der Psychologie bezeichnet man als Dyade ein Paar von zwei Subjekten in Interaktion. Wenn ich im Folgenden von einer Triade spreche, dann ist damit das Trio Mutter-Vater-Kind gemeint.

man definiert die Haptonomie als die Wissenschaft von der Affektivität, das heißt die Wissenschaft von den menschlichen Interaktionen und Gefühlsbeziehungen. Zu den herausragendsten Verfechtern der perinatalen Haptonomie in Frankreich zählt Catherine Dolto-Tolitch. Man muss einmal mitbekommen, wie Veldman und Dolto-Tolitch Eltern darin anleiten, durch Berührung mit ihrem Kind zu »spielen« und es sogar *intra muros* zu wiegen. Durch diese Dreierbeziehung fühlen die Eltern sich *affektiv bestätigt* und in ihrer Grundsicherheit bestärkt. Wie Catherine Dolto-Tolitch es so schön formuliert: »Das öffnet das Herz, und das ändert alles.«

Bis jetzt gibt es keine wissenschaftlich gesicherten Erkenntnisse über die Fähigkeit des Babys, während des intrauterinen Lebens Erinnerungen zu speichern. Man darf allerdings davon ausgehen, dass es eine Menge Dinge empfindet und dass seine Empfindungen in seinem Gehirn Gedächtnisspuren hinterlassen. »Ach! Wenn das Baby sich nur erinnern könnte! Wenn es seine Metamorphosen, das Gewimmel seiner Zellen in der Intimität seines Körpergewebes beschreiben könnte, wenn es sagen könnte, was es empfunden hat, wenn es sich die Geburt des Lebens ins Gedächtnis rufen könnte ...!«, ruft Dominique Simonnet in ihrem Buch *Vivent les bébés!*[38] aus. Bedauerlicherweise bleiben die ersten neun Monate seiner Existenz im Dunkel seines Gedächtnisses begraben. Wenn es das Licht der Welt erblickt, erlischt die Erinnerung an seinen Aufenthalt in der Uterushöhle ...« Hingegen kann es von nun an seine Mutter kennen lernen. Von außen. Dieses *Kennenlernen* geschieht natürlich von Haut zu Haut in den ersten körperlichen Kontakten, aber

38 Dominique Simonnet, *Vivent les bébés! Ce que savent les petits hommes*, Kap. 3, »La naissance des sens«, Le Seuil, »Points actuels«, Paris 1983, S. 54.

auch im Austausch der Blicke. Der wahrscheinlich von beiden Seiten so sehnlich erwarteten Blicke.

»Wenn ein Baby geboren wird«, erklärt die Kinderärztin Edwige Antier beim 6. Kongress für Maternologie, »dann schreit es, um zu atmen, und dann öffnet es die Augen. Sein Blick ist sehr eigenartig, sehr tief. Tatsächlich aber sucht es zu begreifen, wer es ist, denn es weiß nicht, wer es ist. In diesem riesigen Universum ist es wie im Nebel verloren. Und was es zum Leben bringt, ist der Moment, da es dem Blick seiner Mutter begegnet, der ihm ein intensives Gefühl und Einverständnis schenkt. Bei der Geburt ist Einverständnis rein emotional. Der Blick ist genauso wichtig wie Sauerstoff … Dem Blick seiner Mutter zu begegnen heißt leben, heißt existieren.«

Ich teile Edwige Antiers Ansicht. Die intensive Emotion dieses Blicks, dessen Engramm unser Gehirn als Urreferenz bewahrt, versuchen wir während unserer ganzen Kindheit zu finden, zu kultivieren und mit Leben zu erfüllen. Was gäbe man nicht alles, um geliebt zu werden! Später, viele Jahre später, wird dieses intensive Gefühl uns bis in unser Erwachsenenleben folgen und sich in Erinnerung bringen, wenn wir die Erinnerungen an das, was wir als Kinder erlebt haben, in uns aufsteigen lassen.

Nach seiner Geburt und in den folgenden Monaten nimmt das Baby also weiter unzählige Eindrücke seiner Mutter auf, und allmählich setzt es sie zusammen, und es setzt *sich* zusammen. Zuerst vermittelt über sie, in einer symbiotischen Beziehung, dann immer unabhängiger von ihrem Bild. Diese Phase entspricht dem, was Jacques Lacan als Spiegelstadium bezeichnet hat. Dieses Stadium ist wichtig, denn es bringt das Kind dazu, seine körperliche Einheit wahrzunehmen. Mit achtzehn Monaten etwa wird ihm bewusst, dass es von seiner Mutter verschieden ist, aber auch, dass es sie braucht. Später, mit dreißig Monaten erkennt es sich im Spiegel. Doch so befreiend dieser Prozess der Individuation sein mag, das Kind wird für immer die Spuren der symbiotischen Beziehung zu seiner Mutter bewahren. Und während es älter wird, wird diese Beziehung, die sich alltäglich im Kontakt und in Erfahrungen niederschlägt, seine Geschichte und manchmal auch sein Schicksal prägen.

Die Vater-Kind-Dyade

Was den Vater und seine Beziehung zum Baby angeht, so muss man zugeben, dass man ihm lange Zeit nur eine mehr als nebensächliche Rolle zugestanden hat. Ich möchte fast sagen, eine Zuschauerrolle. Entsprechend den elementarsten Klischees beschränkte sich diese Rolle im Wesentlichen darauf, die Stimmungswechsel und die plötzlichen Gelüste seiner Frau zu ertragen und sie zu umsorgen. Wenn er sich für das interessierte, was sich *im Innern* ihres Bauchs abspielte, dann geschah das eher scherzhaft (»Sag mal, da rührt sich aber was, da drinnen!«) als aus einer Haltung des aufgeklärten Vaters heraus.

Es ist zwar »in« geworden, dass Väter bei der Geburt ihres Kindes anwesend sind, dennoch scheint mir, dass auch heute noch viele Ärzte und Eltern die Rolle des Vaters unterschätzen. Denn *auch er* ist ein großer Anderer. Wenn auch auf seine Weise. Und auch wenn seine Stimme neun Monate lang kein Mitspracherecht hat, so wird sie trotz allem doch *vernommen*.

Die von Franz Veldman und Catherine Dolto-Tolitch geschilderten Beobachtungen über die Beziehung, die zwischen dem Vater und dem Kind im Bauch der Mutter entstehen können, zeigen, wie aktiv, lebendig und – reaktionsfähig der Fötus ist. Auch Didier Dumas hat sich mit dieser Frage befasst:

»Wenn der Vater«, so schreibt er, »den Bauch seiner Frau streichelt oder mit ihr spricht, dann spürt das Kind das durch die Vibrationen, die durch das Streicheln oder die väterliche Stimme hervorgerufen werden, schon bevor es über einen funktionierenden Gehörapparat verfügt, indem es die Vibrationen registriert, die dadurch in der Gebärmutterwand ausgelöst werden.« Seiner Ansicht nach hört der Fötus nicht nur die Stimme des Vaters, er ist sogar tendenziell auf der Suche danach.[39] Aus genau diesem Grund legt die Haptonomie so viel Wert darauf, dass der Vater nicht nur bei der Geburt anwesend ist, sondern aktiv daran *teilnimmt*.

Wie Sie sehen, beschränkt sich die Rolle des Vaters keinesfalls auf das Umsorgen von Madame während dieser heiklen Phase. Die Bedeutung des Vaters, der nicht nur seine Frau während der Schwangerschaft begleitet, sondern seinen eigenen Teil zur Beziehung während des intrauterinen Lebens ebenso wie nach der Geburt des Kindes beiträgt, steht heute außer Frage, auch wenn manche noch nicht die ganze Tragweite dessen erfassen. Er kommt nicht an zweiter Stelle, er ist auch ein erster großer Anderer. Diese gefühlsmäßige Triade ist von zentraler Bedeutung, denn sie bezieht den Vater direkter ein als je zuvor, was die Geburt des Babys und sein Sicherheitsgefühl betrifft. Er wird unmittelbar einbezogen in den Verlauf der Schwangerschaft, die Geburt und das Leben des Kindes. Indem man den Vater endlich direkter mit einbezieht, wagt man die Vermutung – und äußert sie auch –, dass man durch seinen Ausschluss das Kind in einer Zweierbeziehung mit seiner Mutter einschließt, die möglicherweise »erstickend« sein kann. Die neuen Väter sind also mehr als eine banale Mode, die ein paar Psycho-Zeitschriften auf der Suche nach medialen Neuigkeiten in die Welt

39 Didier Dumas, *Et l'enfant créa le père*, Kap. 1. Hachette littéraire, Paris 2000, S. 18.

gesetzt haben. Vielmehr handelt es sich um eine wichtige soziologische und psychologische Entwicklung, deren Wirkungen sich im kollektiven Bewusstsein niedergeschlagen haben.

Die Triade Mutter-Vater-Kind

Wenn schon die Mutter-Kind-Beziehung und die Vater-Kind-Beziehung alles andere als einfach sind, dann werden die Dinge nicht gerade einfacher, wenn alle drei unter einen Hut gebracht werden sollen. Die zwischenmenschlichen Beziehungen, die auf dem familiären Hintergrund geknüpft werden, sind auch das Produkt von Grenzen, Widerständen oder Schwierigkeiten, ganz zu schweigen von den restriktiven Rollen, die die Gesellschaft jedem von vornherein zuweist.

Die Mutter und die Last der Ungerechtigkeit

Wenngleich die Mutter einerseits froh ist, dass das Kind einen Vater hat und dass sie nach außen das Bild einer glücklichen Familie darstellen kann, so reagiert sie auf die Tatsache, dass dieser seinen Platz fordert, oft mit recht widerstreitenden Gefühlen. Warum soll er in den Genuss eines so ungeheuren Privilegs kommen, er, der doch nichts gemacht hat, außer der Schwangerschaft zuzuschauen? Hat er das Kind ausgetragen? Hat er die kleinen und großen Unpässlichkeiten ertragen? Hat er die mit der Geburt verbundenen Ängste und Schmerzen durchlitten? Und jetzt, wo das Ganze sich auszuzahlen beginnt, soll sie zu gleichen Hälften mit ihm teilen? Sagen wir es frei heraus, in der Mehrzahl der Fälle werden die Dinge nicht so klar geäußert. Die Frau übernimmt also *de facto* den Hauptanteil der Beziehung zum Baby (sie zumindest weiß jedenfalls, was zu tun ist …) Er hingegen begnügt sich, halb verärgert, halb beruhigt über seinen Ausschluss, mit der Versorgerrolle. Und weil es von der Genügsamkeit zur Freude nur ein kleiner Schritt ist, dauert es nicht lange, bis er ihn tut: Je weniger man ihn belästigt, umso besser fühlt er sich. Was Christiane Olivier zu dem Satz veranlasste: »In der Tat ist sehr häufig die Hartnäckigkeit, mit der die Frau das Kind für sich beansprucht, ebenso groß wie die Weigerung des Mannes, sich um das Kind zu kümmern.«[40]

Der Vater und die kollateralen Frustrationen

Selbst wenn der Mann glücklich ist und stolz auf seine Vaterschaft, kann es ihm schwerfallen, die durch die Geburt entstandene neue Situation zu akzeptieren. Während er bis dahin seine Frau ausschließlich für sich hatte und über seine Zeit verfügen konnte, muss er nun beides mit dem Neugeborenen teilen. Natürlich wird die Mehrheit der Männer das entrüstet von sich weisen. Es fällt schwer zuzugeben, dass man auf das eigene Kind eifersüchtig ist! Tatsächlich aber ist es genau das, was passiert. In seinem subjektiven Erleben wird ihm die ganze Aufmerksamkeit, die sich zuvor auf ihn konzentrierte, geraubt und auf das Kind umgeleitet. Und sehr schnell vermischen sich in seinem Kopf die Notwendigkeit, ein kleines Kind zu versorgen, und der Liebesentzug seiner Frau ihm gegenüber. Mehr braucht es nicht, damit er sich verlassen fühlt. Vor allem, wenn seine Frau dazu tendiert, die Beziehung zum Kind übermäßig zu besetzen, entweder weil sie ihre Ängste im Zusammenhang mit ihren neuen Aufgaben als Mutter kompensieren will oder weil sie der Liebe zu ihrem Baby freien Lauf lässt. Wenn Sie dann noch die *kollateralen Frustrationen* hinnehmen, mit denen der Mann

40 Christiane Olivier, *Jokastes Kinder. Die Psyche der Frau im Schatten der Mutter,* Econ Taschenbuch Verlag, München 2000.

sich konfrontiert sieht (nicht mehr ausgehen können, wann man will, nicht mehr spontan eine Aktivität beschließen, nicht mehr Sex haben, wie man will, wann man will, wo man will, sich verpflichtet fühlen, früh nach Hause zu kommen, nicht mehr bei Freunden bleiben können ...), dann haben Sie das vollendete Bild eines Mannes vor sich, der sich verlassen, frustriert und eifersüchtig fühlt und infolgedessen den innerlichen Rückzug antritt.

Das Kind: ein Ödipus, sonst nichts!

Man kann sich gut vorstellen, wie die Einflüsse, Zwänge und Projektionen im Verhältnis der Eltern zueinander das Kind belasten (ob es sich um Bekundungen von Liebe, Zuneigung und Zärtlichkeit oder um Gefühle der Frustration, Ungerechtigkeit oder Rivalität handelt). Sie wirken sowohl auf der bewussten Ebene (man braucht nicht das Unbewusste zu bemühen, um zu sehen, dass die Mutter einen Wutanfall bekommt oder dass der Vater beleidigt ist oder umgekehrt) wie auch auf der unbewussten (was wird gesagt und was wird nicht gesagt, ist aber trotzdem zu hören? Und wie wird es im Unbewussten des Kindes gehört und interpretiert?).

Die Psychoanalyse lehrt uns, dass das Kind von Geburt an mehrere Phasen durchläuft (die orale, sadistisch-orale, anale, sadistisch-anale, phallische Phase, Latenzperiode, genitale Phase). All diese Stadien markieren die Entwicklung des Kindes von der Geburt bis zum Ausklang der Pubertät. Die Phase, die die Mutter-Vater-Kind-Triade am direktesten betrifft, ist die phallische Phase. Was weiß man darüber, außer dass die Psychoanalyse sie zwischen drei und fünf Jahren ansiedelt? Die Ansichten darüber gehen auseinander. Freud glaubte zuerst, dass der kleine Junge im Verlauf der phallischen Phase einen »Penisstolz«

und das kleine Mädchen einen »Penisneid« entwickeln würde. Andere nach ihm lehnten eine derart auf die Anatomie fixierte Beschreibung ab und waren der Ansicht, es handle sich weniger um Stolz oder Neid auf den Penis als um den Glauben an ein Machtsymbol. Was die Psychologen den »Phallus« nennen, entspricht mehr dem »Phantasma des Penis« als dem Penis selbst. Wie dem auch sei, für Freud findet die phallische Phase ihren Abschluss im von ihm so genannten Ödipuskomplex. Sehr vereinfacht könnte man sagen, dass das Kind sich während dieser Periode zum gegengeschlechtlichen Elternteil hingezogen fühlt und dem gleichgeschlechtlichen gegenüber eifersüchtige Feindseligkeit empfindet. Der kleine Junge identifiziert sich mit dem Vater, fürchtet ihn aber zugleich, denn er erlebt ihn als sehr mächtig und fähig, ihn zu kastrieren. Der Vater ist der, der die Befriedigung des sexuellen Begehrens verbietet (Inzestverbot). Das kleine Mädchen verliebt sich in seinen Vater und erlebt seine Mutter als Rivalin, empfindet jedoch keine Kastrationsangst, weil es denkt, es besäße kein Sexualorgan.

Der Psychoanalytiker Juan David Nasio vertritt einen anderen Ansatz, den ich sehr interessant finde. In einem Artikel mit dem Titel: »L'Oedipe: un mythe indispensable«[41], führt Nasio aus, dass der Penis nicht der Phallus ist. Der Phallus ist der Name, mit dem das *Phantasma des Penis* bezeichnet wird. »Jeder besitzt einen Phallus, das Mädchen wie der Junge«, erklärt er. »Jedes phantasmatische Objekt mit einem hohen affektiven Wert ist dafür geeignet. Das kann der Penis oder die Klitoris sein, der Vater oder die Mutter, aber auch ein Haus oder sogar eine Karriere.« Genau hier weicht Nasios Konzept von dem Freuds ab. Für Letzteren hat der Kastrationskomplex des kleinen Mädchens seinen Ursprung in der Erkenntnis, dass der Jun-

41 Juan David Nasio, »*L'Oedipe: un mythe indispensable*«, in: *Journal des psychologues*, September 1994.

ge einen Penis besitzt und es selbst nicht. Nasio hingegen meint, das Entscheidende sei nicht die Tatsache, dass es keinen Penis an ihrem Körper besitzt, sondern »dass es keinen Realitätsbeweis hat, der ihm bestätigt, die Macht des Phallus zu besitzen. Was es haben will, ist weniger der Penis selbst als etwas, das ihm erlaubt, seine Illusion diesbezüglich aufrechtzuerhalten.« Daraus entwickeln sich Desillusionierung, Wehmut und Groll der Mutter gegenüber, die sie nicht auf den Verlust dieser Illusion vorbereitet hat. Während die Angst des Jungen eine Kastrationsangst ist, hat das Mädchen Angst, »die Liebe des geliebten Objekts zu verlieren«.

Die Liebe der Mutter, die Liebe des Vaters und die Liebe des Kindes zu seinen Eltern sind, wie Sie sehen, mit schwer zu umschiffenden Klippen durchsetzt, und die Wege, die dorthin führen, sind voller Mysterien und Fallstricke, auch wenn sie viele Verheißungen bereithalten. Vom heutigen Standpunkt aus gesehen gleicht das alles einer Initiation. Einem Weg, der uns zur Konstruktion unseres Innern führt und es uns ermöglicht, uns zu strukturieren und uns als Individuum zu definieren; zugleich aber auch einem Weg zum Leben in der Außenwelt, denn alle diese Erfahrungen und Prüfungen haben das Ziel, uns zu Persönlichkeiten zu formen, die fähig sind, ein Leben als Erwachsene zu führen und am Leben der Gemeinschaft teilzuhaben.

Die Rolle der Geschwister im Leben des Kindes und in den Erinnerungen

Die Geschwister sind der zweite große Pol der innerfamiliären Beziehungen, und die damit verknüpften Erinnerungen spiegeln die Fülle der Kommunikation innerhalb der Familie wider. In diesem Sinn gehören sie uneingeschränkt zu den Basisinformationen, mit denen ich mich befasse, wenn ich eine Person nach ihren Erinnerungen aus früher Kindheit frage. Wir müssen hier kurz verweilen, auch wenn viele unter Ihnen, die Einzelkinder waren, sich nun nicht betroffen fühlen.

Die Position, die wir in der Geschwisterkonstellation eingenommen haben, spielt eine zentrale Rolle in der Wahrnehmung, die wir von unserer Kindheit haben, und in den Erinnerungen, die wir daran bewahrt haben. Tatsächlich unterscheidet sich die Wahrnehmung der Welt vollkommen, je nachdem, ob man ein Einzelkind, ein ältestes, jüngeres oder jüngstes Kind war, ob man als Mädchen oder Junge geboren wird und ob man einen älteren oder jüngeren Bruder beziehungsweise eine ältere oder jüngere Schwester hatte. Man könnte daher mit Pierre Dac in Anlehnung an einen Satz von Michelet sagen: »Was die Geschwister anbelangt, ist alles in allem und umgekehrt.« Edelste wie abscheulichste Gefühle, zärtlichste Zuneigung wie erbittertste Konkurrenz, Solidarität wie Verrat. Die biblische Episode von Kain und Abel und der Zorn des Letzteren, als er sah, dass Gott die Geschenke seines Bruders vorzog, sind wohlbekannt, und Sie erinnern sich sicher, dass Kain am Ende seinen Bruder tötet. Auch wenn Beziehungen zwischen Brüdern – zum Glück – nur selten ein so dramatisches Ende nehmen, können alle Eltern mit zwei oder mehr Kindern mindestens mit einer oder zwei Geschichten aufwarten, in denen eines ihrer Kinder sich liebend gerne des anderen entledigt hätte. Man kann noch so sehr versuchen, seine Kinder in Harmonie und Gleichberechtigung zu erziehen, ihre Verschiedenartigkeit tritt immer zutage und führt zu Konflikten und Unverständnis. Unterschiede auf der einen Seite, Gefühle auf der anderen, das sind die zwei Pendel der Beziehungen zwischen Geschwistern.

Die Unterschiede

Man kann das Herz einer Mutter vervielfachen, aber nicht teilen. Was das Herz der Kinder angeht, so würde ich keine derartige Behauptung wagen. Die Spannung, die aus ihrer Verschiedenartigkeit resultiert, macht ihr Zusammenleben unweigerlich kompliziert, um nicht zu sagen schwierig.

- Da wären zunächst die Unterschiede aufgrund des Geschlechts, mit der ganzen zugehörigen Bandbreite ödipaler Besetzungen (Beziehung der Mädchen zum Vater, der Jungen zur Mutter). Weiterhin geschlechtsspezifische Wahrnehmungen von Lebenssituationen, wie sie bei Mädchen und Jungen auftreten. Außerdem Unterschiede zwischen den Geschlechtern in den sozialen und religiösen Vorstellungen der Eltern und in der Wahl der Erziehung, die sie dem einen und dem anderen angedeihen lassen. Es wäre in der Tat eine Illusion zu glauben, dass Eltern Mädchen und Jungen »auf-die-gleiche-Weise« erziehen könnten. Und selbst wenn das der Fall wäre, dann würden Schule und soziales Umfeld alles daran setzen, um ihnen diese Unterschiede einzutrichtern.
- Unterschiede im Alter sodann, mit den daraus folgenden Unterschieden in der Reife und damit im Handlungsspielraum zwischen den Kindern; daraus entwickeln sich bei den Nachgeborenen Gefühle der Einschränkung und der Kleinheit, bei den Älteren das Gefühl, angekettet zu sein, und bei beiden das Gefühl, ungerecht behandelt zu werden.
- Unterschiede in den Interessensgebieten, die Kleinen wollen immer bei allem mitmachen, was die Großen tun, und diese wiederum wollen sie nicht an ihren Aktivitäten teilhaben lassen, um sich nicht selbst kleiner zu fühlen (wenn alle das Gleiche tun, zählt es nichts mehr).

- Schließlich, ganz einfach, Unterschiede im Charakter. Der Charakter ist eine wundervolle menschliche Alchemie aus vielen Bestandteilen: unserem genetischen Erbe, Merkmalen, die sich aus unserer Stellung in der Geschwisterreihe und unserer familiären Konstellation ergeben, unserer physischen und mentalen Konstitution, unserer Erziehung, unserer Sicht des Lebens und schließlich unserem Schicksal.

All diese Unterschiede bringen eine Vielzahl von Affekten hervor, das heißt negative Gefühlen wie Eifersucht, Rivalität, Konkurrenz, Egoismus, die Tendenz, sich ins rechte Licht zu rücken ,und so weiter, die unsere Beziehungen zu anderen prägen werden und sich selbstverständlich auch in der Orientierung unserer Erinnerungen niederschlagen.

Die Gefühle

Zum Glück gedeihen neben diesen Affekten auch die edelsten menschlichen Gefühle, und oft sucht man bei einer großen Schwester oder einem großen Bruder das Verständnis, die Zärtlichkeit, die Zuneigung, die Bewunderung, das Verständnis und die Solidarität, die unsere Eltern uns aus Mangel an Zeit, Muße oder Fähigkeit nicht geben konnten, weil sie selbst zu sehr mit ihren existenziellen oder psychischen Problemen beschäftigt waren. Bruder und Schwester (Bruder oder Schwester) sein bedeutet, dass man permanent, beinahe jeden Augenblick des Tages und der Nacht zusammen ist, besonders wenn man das gleiche Zimmer teilt. Kindheitserinnerungen sind voll von diesen Zeugnissen eines zu zweit oder zu mehreren geteilten Lebens, einer Intimität der Beziehung, die sich aus Erfahrungen, Entdeckungen, Geheimnissen, Geständnissen, Initiationsspielen im Stil von tapferer Prinz oder holde Prinzessin und gemeinsamen jugendlichen Verirrungen speist. Und wenn man sich manchmal gegenseitig kaum noch erträgt, dann liegt das weniger an mangelnder Zuneigung als an mangelndem Abstand, an dem Handicap, dass man zwar privilegierter-, aber auch der erzwungenermaßen Zeuge des Lebens des anderen ist. Kinder müssten sich manchmal, ebenso wie Erwachsene im Übrigen, entfernen können, um besser wieder zusammenzufinden.

Kindheitserinnerungen an die Brüder und Schwestern offenbaren nicht nur die Art der Beziehung, die der Betreffende zu ihnen unterhalten hat, sie liefern zudem wertvolle Hinweise auf die Atmosphäre, in der die ganze Familie gelebt hat, und auf die Allianzen oder Feindschaften, die zwischen den einen und/oder den anderen bestanden.

Die Rolle der Großeltern und der erweiterten[42] Familie im Leben des Kindes und in den Erinnerungen

Die Großeltern und die erweiterte Familie (Onkeln, Tanten, Neffen, Cousins und Cousinen etc.) sind der dritte und letzte große Pol der innerfamiliären Beziehungen, und die Erinnerungen, die ihnen gelten, sind in der Regel voller Zärtlichkeit und Komplizenschaft, was im Übrigen Strenge, ja Härte nicht ausschließt.

Diese Momente mit den Großeltern werden mir oft wie kost-

42 Meine Formulierung ist nicht ganz korrekt, denn die Großeltern gehören normalerweise zur erweiterten Familie dazu. Jacques Miermont schrieb in *Le Dictionnaire des thérapies familiales. Théories et pratiques*, Payot, Paris 1987: »Als erweiterte Familie bezeichnet man Familienmitglieder wie Großeltern, Onkeln, Tanten, Neffen etc.« Mir lag daran, sie zu unterscheiden, denn die Großeltern spielen eine besondere Rolle in den Kindheitserinnerungen, was für die übrigen Mitglieder der erweiterten Familie nicht unbedingt gilt.

bare Augenblicke präsentiert, die das Leben der Betreffenden für immer geprägt haben. Meine Großeltern sind alle vor meiner Geburt gestorben. Ich empfand folglich immer eine mit etwas Neid gemischte Bewunderung für meine Freunde, deren Großeltern noch am Leben waren und die sich mehr oder minder intensiv, von nah oder fern, so gut um sie zu kümmern verstanden. Ach, diese Großeltern, wie heißgeliebt sie sind! Man muss sagen, dass Kinder es bei ihnen immer gut haben. Mit einer Großmutter oder einem Großvater kann man alles machen. Man kann schummeln, ungehorsam sein, den Clown spielen, Dummheiten machen, bocken, lügen oder ungerecht sein, man weiß, dass sie einen trotzdem lieben. Es ist ganz einfach, bei ihnen sind selbst unsere Fehler noch positive Eigenschaften. Sie sehen Sie nicht an, sie hören Ihnen nicht zu: Sie saugen Sie auf![43] Das heißt auch, dass die Erinnerungen an Momente und Erlebnisse mit den Großeltern (ich spreche hier von Großeltern, aber es kann sich ebenso gut um eine andere Person aus der »erweiterten Familie« handeln, zu der man eine besonders enge Beziehung hatte) außerordentlich ausgleichende und stabilisierende Elemente in der Gefühlswelt des Kindes darstellen, vor allem dann, wenn seine Eltern sich als abwesend, gleichgültig oder innerlich unbeteiligt erweisen.

Manche Großeltern allerdings steuern blind in die entgegengesetzte Richtung und verstehen ihre Rolle vollkommen falsch. Dann herrschen nichts als Kleinlichkeit, Willkür, Ungerechtigkeit und Verrat, vor allem, wenn sie es sich nicht verkneifen können, bestimmte Enkelkinder zu bevorzugen. Was für eine

43 Wir wollen festhalten, dass man aus ebendiesem Grund Erinnerungen an Erlebnisse mit den Großeltern nicht mit Erinnerungen an Erlebnisse mit den Eltern vergleichen sollte, denn sie sind ihrem Wesen nach anders. Während Erstere eher das Lustprinzip vertreten, sind Letztere mehr für das Realitätsprinzip verantwortlich.

schreckliche Trostlosigkeit verbreiten diese Großeltern, die unfähig sind, mit offenen Armen die bedingungslose Liebe zu empfangen, die jedes Kind den Menschen zu schenken bereit ist, an denen es hängt. Aber ich will einmal annehmen, dass es sich hier nur um eine Ausnahme handelt, die die Regel bestätigt.

Die Großeltern tauchen fast immer, zum einen oder anderen Zeitpunkt, in den Kindheitserinnerungen auf, und auch sie zeugen von der Ausgeglichenheit der Beziehungen und vom sozialen Gefühl, das der Betreffende anderen gegenüber entwickelt hat.

Kinder in Patchwork-Familien

Auch wenn sogenannte Patchwork-Familien »klassischerweise« nicht zur engen oder erweiterten Familie gehören, muss ich hier ein paar Worte über die Beziehungen innerhalb solcher Familien sagen, denn unsere Erinnerungen tragen oft ihre Spuren. Eine unangenehme oder schmerzhafte Spur, wenn auf Seiten des neuen Elternteils oder seiner Kinder Bosheit, Willkür und Bevorzugung im Haus geherrscht haben; eine wundervolle und fruchtbare Spur, wenn im Gegenteil, oft schon vom jüngsten Alter an, schöne Samen darin gepflanzt wurden, die eine liebevolle und respektvolle familiäre Atmosphäre geschaffen haben. Im letzten Fall kann man keine grundlegenden Unterschiede in der Qualität der Erinnerungen zwischen der klassischen Familie und der Patchwork-Familie erkennen, weil darin, und es ist wichtig, das hier zu unterstreichen, immer die Seele des Kindes in uns zum Ausdruck kommt.

Natürlich ist jede familiäre Situation anders. Manche von Ihnen haben infolge des Todes eines Elternteils in einer Patchwork-Familie gelebt, andere nach einer Trennung oder Scheidung. Manche haben seit frühester Kindheit in dieser neu zusammengesetzten Familie gelebt, andere erst in der Pubertät. Manche mussten lernen, mit Brüdern und Schwestern zusammenzuleben, die eigentlich nicht ihre eigenen waren, andere blieben Einzelkinder, weil der neue Elternteil keine eigenen Kinder hatte.

Wie auch immer Ihre eigene Situation ausgesehen haben mag, wenn Sie in einer Patchwork-Familie gelebt haben, dann haben Sie sie mit Ihrer Sensibilität und Ihrer Persönlichkeit erlebt, und das ist es, was zählt.

Lya Luft hat wirklich Recht: Die Kindheit ist unzweifelhaft der Boden, auf dem wir unser ganzes Leben lang gehen. Dieser Boden trägt die Abdrücke aller Empfindungen, Gefühle und aller Entwicklungen, die wir seit dem Beginn unseres Lebens erfahren haben. Die Kindheit ist unser Boden, und unsere Erinnerungen sind sein Pflaster. Manchmal ist dieser gepflasterte Boden glatt und glänzend, ein anderes Mal eher glitschig, wieder ein anderes Mal uneben und chaotisch, ja unbegehbar. Genau das erzählen uns unsere Erinnerungen. Aber wie erzählen sie es uns?

Teil 3

Kindheitserinnerungen lesen und verstehen

1

Die Nuklearität Mutter-Vater-Kind in den Erinnerungen

Wir sollten nie vergessen, dass die Bedeutung der Dinge, die man gehört hat, sich oft erst später offenbart.

SIGMUND FREUD
Ratschläge für den Arzt bei der psychotherapeutischen Behandlung

Erzähl mir etwas Aufregendes aus deinem Leben

Als ich in Berlin lebte, rief ich, wenn ein Gespräch zu erlahmen begann, meine Freunde oder Bekannten gerne wach, indem ich sie ohne Vorwarnung bat, mir eine Geschichte aus ihrem Leben zu erzählen. Das brachte meinen Gesprächspartner oder meine Gesprächspartnerin manchmal etwas aus der Fassung, denn wenn man überrascht ist, weiß man nie so recht, was man sagen soll. Gleichzeitig aber stellte ich jedes Mal wieder erstaunt fest, mit welcher Leichtigkeit Menschen, nachdem sie ihre Überraschung erst einmal überwunden haben, ihre Vergangenheit offenbaren, wenn man sie dazu auffordert. Und so entwickelte sich aus dem anfänglichen spaßigen Einfall fast immer ein spannendes oder tiefgreifendes Gespräch über die eine oder andere Begebenheit aus dem früheren Leben.

Wenn man über seine Erinnerungen spricht, darf man sich außerdem, und das ist ein nicht zu unterschätzender Vorteil, selbst in den höchsten Tönen loben, ohne deshalb eingebildet zu erscheinen. Das kann man hinnehmen, weil es sich um alte Geschichten handelt.[44]

Eine ungewohnte Situation der Auswahl

Wenn man einen Menschen nach Kindheitserinnerungen fragt und auf der frühen Kindheit besteht, dann wird er mit einer aus dreierlei Gründen vollkommen ungewohnten Auswahlsituation konfrontiert.

- Der erste ist, dass ein sehr großer Unterschied besteht zwischen den Erinnerungen, die uns spontan einfallen, wenn wir unseren Gedanken freien Lauf lassen, und denen, nach denen man absichtlich sucht, wenn man sich bemüht, sie für jemand anderen ins Gedächtnis zurückzurufen. Im ersten Fall passieren die Erinnerungen den Filter Ihres Bewusstseins, denn Sie haben Zeit und Muße, darüber nachzudenken, sie zu sortieren und bestimmte Erinnerungen zu Ungunsten von anderen auszuwählen. Im zweiten Fall dominiert die Zweiersituation, und Ihr Unbewusstes wird die Hauptauswahl der Erinnerungen treffen.[45] Sie können sich nun natürlich fragen, wie das Experiment, um das ich Sie zu Beginn dieses Buchs hinsichtlich Ihrer eigenen Erinnerungen

44 Tatsächlich besteht hier eine große Ähnlichkeit zu den Gefühlen, die Menschen zu Beginn einer Psychotherapie schildern. Es ist ein seltsames Gefühl, so ins Gebet genommen zu werden. Niemand steht gerne im Mittelpunkt der Aufmerksamkeit und des Gesprächs; Man befürchtet Übertreibungen, allzu pauschale Urteile, Entgleisungen, Denunziationen … Was für ein Glück aber ist es zugleich, mit jemandem über sich zu sprechen, von dem man sicher sein kann, dass er zuhört und dass er Sie sogar versteht!

45 Bildgebende Verfahren der Medizin würden bestimmt zeigen, dass dabei zwei unterschiedliche Gehirnregionen aktiviert werden.

bat, darin einzuordnen ist. Sagen wir, dass wir uns in diesem Fall zwischen beiden Varianten bewegen. Wenn Sie mitgespielt und spontan Ihre Erinnerungen aufgeschrieben haben, dann denke ich, dass sie größtenteils von Ihrem Unbewussten diktiert worden sind. Wenn Sie dagegen das Spiel steuern wollten, dann hat Ihr Bewusstsein die Oberhand gewonnen, und die Interpretation Ihrer Erinnerungen wird wohl ein wenig verfälscht sein.

- Der zweite Grund liegt in der unterschiedlichen Wahrnehmung, je nachdem, ob man allein seinen Erinnerungen nachhängt oder ob man von jemand anderem *befragt* wird. Erinnern Sie sich an meine Geschichte von der *Marseillaise*? Wenn ich sie in meinem Kopf vor mich hin summe, während ich mit irgendeiner Belanglosigkeit beschäftigt bin, dann kommt mir der Text ganz von allein in den Sinn. Wenn mich dagegen jemand bittet, die erste Strophe zu singen, besonders wenn dieser jemand eine Art Autorität für mich verkörpert (und das Fernsehen ist eine, das kann ich Ihnen versichern), dann bringe ich höchstwahrscheinlich alles durcheinander, weil meine Emotionen ins Spiel kommen. Wenn uns jemand bittet, ihm eine Kindheitserinnerung zu erzählen, dann befinden wir uns in einer sehr ähnlichen Situation. Weil wir diese Aufforderung als Beziehungsmoment erleben, stecken wir mitten in einer zwischenmenschlichen Erfahrung und empfinden infolgedessen eine Art *Abhängigkeit* (ich spüre, dass du etwas von mir erwartest).
- Der dritte Grund ist, dass in dieser Bitte etwas liegt, das einem Prozess hypnotischer Suggestion ähnelt. Wenn ich jemanden bitte, sich zu erinnern, dann nehme ich die Position eines Fragestellers ein und bringe meine Gesprächspartner damit in die Position eines Befragten. Das schafft ein Klima der Suggestion. Dieser hypnotische Prozess wird noch ver-

stärkt durch die Tatsache, dass das Wort »Kindheit« an sich schon einen Komplex besonderer Erinnerungen wachruft, die auf unseren Sinnen, Empfindungen, Gefühlen und affektiven Gedanken beruhen.

Dieser dreifache Effekt 1) des Abrufens einer Erinnerung durch einen Gesprächspartner, 2) der Intersubjektivität und 3) der Suggestion wird unsere Gedanken logischerweise in die Richtung dessen lenken, was uns am stärksten in unserer frühen Kindheit geprägt hat, das heißt in die Richtung jener Beziehungen, die wir im Lauf unserer frühen und späteren Kindheit aufgebaut haben, als Erstes und allem voran die zu unserer Mutter und unserem Vater.

Die Nuklearität Mutter-Vater-Kind (Basis-Nuklearität)

Im klassischen Fall wird eine Person, wenn Sie sie bitten, Ihnen Erinnerungen aus ihrer frühen Kindheit zu erzählen, tendenziell zuerst in der Mutter-Kind-Dyade danach suchen, dann in der Vater-Kind-Dyade, dann bei den Geschwistern. Das nenne ich die *klassische oder Basis-Nuklearität.* Im zweiten Schritt kommt die erweiterte Familie hinzu (Onkeln, Tanten, Cousins und Cousinen, Patentante, Patenonkel, Großeltern usw.), später weitere Personen von außen (Nachbarn, Ladenbesitzer, Briefträger, Rektorin etc). Je weiter die Entwicklung des Kindes fortschreitet, umso mehr wird sie sich auf die gesamte Gemeinschaft ausdehnen, in die das Kind eingebettet ist, dann auf seine soziale und religiöse Kultur, schließlich auf die Welt.

Die Basis-Nuklearität kann in den Erinnerungen in konventioneller Reihenfolge auftauchen (Mutter, Vater, Geschwister etc.), oder, im Gegenteil, ungeordnet (Geschwister, Vater, Mutter), oder sie kann ganz fehlen. Im Folgenden will ich Ihnen zu jedem Fall ein Beispiel geben. Zur Verdeutlichung habe ich die Person kursiv gekennzeichnet.

Erinnerungen in der klassischen Reihenfolge

Es handelt sich um eine junge Frau von fünfundzwanzig Jahren.

Erste Erinnerung: Ich war drei Jahre alt, und meine *Mutter* hatte einen Kindersitz für mich an ihrem Fahrrad befestigt und nahm mich mit zum Einkaufen.

Zweite Erinnerung: Ich war acht, ich sehe meinen *Vater* vor mir, er war Küster. Ein Zirkus bezog gegenüber Quartier. Ich sehe mich vor dem Kirchenportal.

Dritte Erinnerung: Ich war drei. *Meine Schwester* war in die Schule gebracht worden, und ich hatte getobt, weil ich auch mitgehen wollte, aber ich war noch nicht alt genug dafür.

Man sieht hier den klassischen Fall der Entwicklung von Erinnerungen. 1) Mama, 2) Papa, 3) meine Schwester.

Nun drei Erinnerungen, die diese Reihenfolge nicht einhalten.

Ungeordnete Erinnerungen

Es handelt sich um einen jungen Mann zwischen zwanzig und fünfundzwanzig Jahren.

Erste Erinnerung: Ich bin fünf oder sechs Jahre alt. Ich spiele im Pausenhof mit *meinem Bruder*, der zwei Jahre älter ist als ich, wir rufen uns über die Mauer hinweg etwas zu.

Zweite Erinnerung: Ich bin etwa vier Jahre alt. Ich hatte große Angst vor Impfungen. *Meine Mutter* hatte mich in die Rue de la République mitgenommen.

Dritte Erinnerung: Ich weiß nicht, wie alt ich war, aber ich sehe mich in meinem Käfigbett stehen (tatsächlich meint er Gitterbett, aber es ist interessant, dass er sein Bett so bezeichnet), es ist Morgen, ich warte, bis *man* mich holen kommt, und versuche zugleich, aus eigener Kraft herauszuklettern.

In diesem Beispiel erscheint zuerst der Bruder, dann die Mutter, dann »man«, was die Mutter oder der Vater sein kann.

Hier nun drei Beispiele, in denen die klassische Reihenfolge nicht vorkommt.

Erinnerungen, in denen die klassische Reihenfolge nicht vorkommt

Es handelt sich um einen jungen Mann um die Dreißig.

Erste Erinnerung: Ich war etwa sieben Jahre alt, ich spielte Räuber und Gendarm mit *einem Freund* in der Bretagne. Jedes Mal war ich der Gendarm; ich verlor immer, ich weiß nicht, warum.

Zweite Erinnerung: Ich war in Cannes, es regnete, *eine Dame* passte auf mich auf, sie hatte mich zu einer Freundin mitgenommen.

Dritte Erinnerung: Bei *meiner Großmutter* in Paris, alle Zimmer gingen auf die Terrasse hinaus. *Meine kleine Schwester* war sehr wütend, sie schlug mit der Faust auf den Boden, meine Großmutter packte sie am Hintern und schloss sie in ihrem Zimmer ein, doch meine Schwester kam ins Wohnzimmer zurück und tobte weiter.

Wie Sie sehen, tauchen in dieser Erinnerungsreihe weder Mutter noch Vater auf. In der ersten Erinnerung ist von einem Freund die Rede, in der zweiten von einer Dame, in der dritten von der Großmutter und der kleinen Schwester.

Im Fall der ersten Reihe von Erinnerungen könnte man sagen, dass die Betroffene eine *klassische* Kindheit erlebte und auch heute noch in gewisser Weise darin eingebettet ist. Zur Erklärung: Auch wenn das in unserer heutigen Zeit, in der die weiblichen und männlichen Rollen massiv in Bewegung geraten sind, nicht mehr ganz gültig erscheint, so bleibt das Bild der Mutter noch immer stark von ihrer affektiven und nährenden Dimension geprägt. Sie ist es, die, wie es so schön heißt, das Kind in ihrem Schoß empfangen und seine weitere Entwicklung ermöglicht hat, die sich hauptsächlich um seine Pflege und Versorgung kümmert und die es ernährt. Das mag wie eine Karikatur und vollkommen konventionell erscheinen, aber man braucht nur Zeitschriften durchzublättern, die sich der Mutter-Kind-Beziehung widmen, und die darin enthaltenen Werbeanzeigen zu lesen, um sich davon zu überzeugen, dass das alles auch heute noch voll gültig ist. Der Vater hingegen erscheint als Repräsentant *schützender Kraft und Sicherheit*. Ihm obliegt traditionell die Aufrechterhaltung der Ordnung und die Verteidigung bei Gefahren. Während die Mutter die Vermittlerin der inneren Welt ist, ist der Vater der Vermittler der äußeren. Die Mutter symbolisiert Zuneigung und nährende Instanz, während der Vater die schützende Instanz und das Gesetz verkörpert. Anders gesagt, handelt es sich hier nicht um eine Realität der Rollen von Vater und Mutter, sondern um die phantasierte Vision beider Rollen.

Wenn jemand nacheinander die Mutter und den Vater in den drei Kindheitserinnerungen aufführt, dann kann man daraus schließen, dass sie eine ziemlich wichtige Rolle im Leben dieses Menschen gespielt haben. Was immer man unter »wichtig« verstehen mag. Diese Erinnerung kann positiv und tröstlich sein (»Meine Mutter hatte einen Kindersitz für mich an ihrem Fahrrad befestigt«), oder sie kann negativ und beängstigend sein (»Meine Mutter ging mit mir zum Arzt, um mich impfen zu lassen, ich hatte panische Angst davor«). Wenn wir Erinnerungen hören, müssen wir uns davor hüten, sofort Schlüsse daraus zu ziehen (wenn das so ist, dann bedeutet es *also* das). Es gibt nie ein endgültiges »also« bei der Deutung von Erinnerungen. Man muss seinen Blickwinkel jederzeit verändern können, wenn ein neues Element es erfordert.

Die Tatsache, dass die Eltern nicht in den Erinnerungen auftauchen (wie im Fall der dritten Serie), ist kein Synonym für Katastrophen, psychische Probleme oder gravierende Komplikationen. Vielmehr handelt es sich einfach um einen Hinweis, der Informationen über die Beziehungen zur Mutter oder zum Vater enthält; er kann einen seit langem bekannten Konflikt (»Ja, zwischen meiner Mutter und mir herrschte immer eine große Gleichgültigkeit«) oder einen unerwarteten (»Ach ja, dabei habe ich doch eine hervorragende Beziehung zu meinen beiden Eltern!«) offenlegen. Man muss diese Erkenntnisse immer in Bezug zu anderen setzen. Denken Sie an die drei Erinnerungen meiner eigenen Kindheit zurück: Die erste betraf weder meine Mutter noch meinen Vater, sondern einen Garten in der Vendée und ein Schmetterlingsnetz, in der zweiten war von meinen Brüdern und Schwestern die Rede, und erst in der dritten ging es um meine Mutter. Ich komme später noch darauf zurück.

Schließlich können unsere Eltern auch symbolisch repräsentiert sein. Das Haus kann zum Beispiel den Bauch der Mutter, die Nahrung, ihre nährende Brust symbolisieren. Wenn wir eine Erinnerung aus der frühesten Kindheit wachrufen, dann sprechen wir den affektiven Bereich des Menschen an, der in Beziehung zur Zärtlichkeit der Mutter (»Nichts ist wertvoller als eine gute Mutter«) und zum Schutz des Vaters steht (»Mein Papa ist der Stärkste auf der Welt«).

Corinne »gibt Männern den Laufpass«

Corinne sucht mich auf, weil sie ein Problem mit Männern hat. Nach einigen Wochen wird sie unerträglich und *gibt ihnen den Laufpass,* so erzählt sie mir. Sie möchte wissen, warum. Als ich sie bitte, mir eine Erinnerung an ihre frühe Kindheit zu erzählen, zeigt sie sich geschockt.

»Uff! Ich habe nur sehr wenige«, sagt sie zu mir ... Dann, nach einem Moment des Nachdenkens: »Jetzt fällt mir eine ein. Ich bin ungefähr fünf Jahre alt. Ich bin in einer Wohnung, in der ich mit meiner Mutter lebe. Wir lebten allein dort. Sie ließ mich wie eine Verrückte tanzen.«

»Eine zweite?«

Sie zögert, sieht mich prüfend an, versucht zu erraten, worauf ich hinauswill.

»Mit sechs Jahren, ein Bad. In derselben Wohnung, mein kleiner Bruder wurde gebadet. Ich bin sechs Jahre älter als er. Man hat ihn gebadet, aus dem Wasser gehoben, gewickelt. Es war ein schöner Moment...«

»Eine dritte?«

»In der Familie meines Stiefvaters. Ein Haus mit Tieren. Es ist eine Erinnerung, in der ich mich meinem Stiefvater nahe fühle. Ich weiß nicht, weshalb, aber dort fühlte ich mich ihm nahe. Ich erinnere mich an ein Bild, ich bin hinter ihm und lege ihm die Hände auf die Schultern.«

Auf den ersten Blick scheint die Basis-Nuklearität ihrer Erinnerungen recht gefestigt zu sein. In der ersten Erinnerung: eine Wohnung (Nest), eine Mama (Liebe), die sie tanzen lässt (spielerisch-dynamischer Aspekt des Lebens). Affektive und nährende Sicherheit ist eindeutig vorhanden.

In der zweiten beschreibt sie einen anderen Augenblick der Intimität, den sie mit ihrer Mutter und ihrem Bruder teilt. Man badet ihn, trocknet ab, man wickelt, kurz, man spielt zusammen Mutter und Kind. Auch dort kommen mütterliche Sicherheit und Ruhe voll zum Ausdruck. Gut, der Vater taucht nicht auf. Darauf hätte man allerdings angesichts der Fragestellung, deretwegen Corinne zu mir gekommen ist, wetten können. Wie dem auch sei, man kann sich fragen, wo er ist.

Dritte Erinnerung: Wir erfahren, dass es einen Stiefvater gibt; erst einmal also keinen Vater. Doch es handelt sich um eine positive Erinnerung voller Nähe und Zärtlichkeit. (Corinnes Ausstrahlung entspricht dem, was sie in ihren Erinnerungen zum Ausdruck bringt. Sie ist eine hübsche junge Frau mit braunen Haaren, zierlich, fast schon kantig, mit sehr feinen Gesichtszügen und einer sehr wohlklingenden und leicht schleppenden Stimme.) Zugleich aber haben wir gehört, dass Corinne sagte: »Ich weiß nicht, weshalb, aber dort fühlte ich mich ihm nahe.« Man muss kein Sherlock Holmes sein, um zu erraten, dass das wahrscheinlich eine der seltenen Situationen (oder die einzige) war, in der sie diese Nähe spürte. Weshalb hat sie sich nicht mehr auf diese Beziehung eingelassen? Im weiteren Verlauf der Behandlung erfahre ich, dass sie mit vierzehn Jahren, nach einem Ausreißversuch mit einer Freundin, ihren (richtigen) Vater kennen gelernt hat. Einen Vater, den es immer gab, der in derselben Region wie sie wohnte, aber im Verborgenen lebte. »Es gibt Sachen, die ich nicht verarbeitet habe«, sagt sie zu mir. »Seit meiner frühen Jugend war ich total unglücklich, dabei hatte ich keinen Grund dazu.« Vielleicht doch am Ende? Und sei es nur wegen ihrer Beziehung zu ihrem abwesenden Vater. Corinne erzählt mir, dass sie sich eine Unmenge von Sachen ausgemalt hat, die nie jemand richtigstellte. Sie hatte sich anders gefühlt, ungeliebt, als gehörte sie nicht zu dieser Familie, als könnte sie immer nur alle enttäuschen. Als sie erwachsen war, glaubte sie weiter an dieses Bild und verhielt sich so, dass es Realität wurde.

Ich persönlich glaube, dass sie unbewusst auf ihren Vater wartete und gleichzeitig ihren Stiefvater ablehnte, weil ihr nie jemand die Wahrheit über die unmittelbare Nähe ihres Vaters gesagt hatte. Weil sie keine ödipale Vater-Tochter-Beziehung aufgebaut hat, hat sie kein Modell für eine dauerhafte Beziehung, daher kann sie keine Bindung zu Männern eingehen und gibt ihnen den Laufpass. Corinne kann Mutter-Kind spielen, aber sie kann nicht die Frau eines Mannes sein ... Wie es bei dieser Art von Fragestellungen oft der Fall ist, hat uns der Rückgriff auf die drei Erinnerungen erlaubt, sehr schnell zum Zentrum des Problems vorzustoßen und es klar und verständlich zu formulieren.

Henri ist ein wenig sadistisch gegenüber anderen, besonders gegenüber Frauen

Henri hat vor nicht allzu langer Zeit eine junge Frau kennen gelernt, und sie sind seit drei Monaten zusammen. Er sucht mich auf, so erklärt er, weil er nicht die gleichen Fehler begehen will wie bei seiner Exfrau, von der er seit zwei Jahren geschieden ist. Ihm ist bewusst, dass er eine verdeckt aggressive Haltung gegenüber anderen, vor allem Frauen hat und insbesondere gegenüber der Frau, mit der er zusammenlebt. Um sich in den Vordergrund zu rücken, so sagt er mir, macht er andere herunter, setzt sie herab, macht sie verächtlich. »Es ist eine nicht sehr sympathische und ein wenig sadistische Tendenz«, so schließt er. Er möchte endlich verstehen, warum er diese Macke hat. Nachdem ich mir noch einige andere Schwierigkeiten habe schildern lassen, mit denen er zu kämpfen hat, besonders mit seinen Kindern, fordere ich ihn auf, mir eine Erinnerung zu erzählen.

Er kann sich nicht genau auf den Zeitpunkt seiner ersten Erinnerung besinnen, sie spielt zwischen acht und zwölf Jahren.

»Eine Prügelei mit meinem Bruder. Wir waren im Wohnzimmer, ich habe ihn in einen Judogriff genommen, und er ist ordentlich durchs Zimmer gesegelt. Er ist gut gelandet.«

»Zweite Erinnerung?«

»Ich liebte kleine Spielzeugautos. Sie [seine Eltern] brachten mir von jeder Reise eines mit. Tatsächlich aber war es mein Vater, der es mitbrachte, es war mein Vater.«

»Dritte Erinnerung?«

»Wir hatten immer Dienstmädchen zu Hause, obwohl meine Mutter lange Zeit nicht gearbeitet hat. Mein Vater war sehr präsent. Wenn etwas war, ging ich zu ihm, nicht zu meiner Mutter.«

Auf gut Glück bat ich ihn um eine vierte Erinnerung.

»Ich war drei oder vier Jahre alt, ich saß auf dem Hochstuhl. Das Hausmädchen war da. Ich sehe die Küche vor mir. Sie hat sich umgedreht, und ich habe am Band gezogen, um ihre Schürze zu öffnen.«

Wie Sie sehen, ist die klassische Reihenfolge der Erinnerungen hier umgekehrt. Zuerst mein Bruder, dann mein Vater (sehr nett), dann meine Mutter (nicht sehr nett offenbar). Aber gut, auch hier war nichts anderes zu erwarten, wenn man die wenig freundlichen Äußerungen über seine Mutter bedenkt. Am Ende das Kindermädchen.

Henri ist eine »Kämpfernatur«! Es besteht kein Zweifel daran, dass zwischen ihm und seinem Bruder eine Rivalität bestand. Im weiteren Verlauf des Gesprächs bestätigt sich meine Vermutung. Henri erklärt mir, dass er seit zwanzig Jahren mit seinem Bruder zusammenarbeitet. Ein guter Judogriff kann eine Menge Sachen wieder zurechtrücken. Ziel des Manövers war nicht, seinem Bruder wehzutun (er ist gut gelandet), sondern ihm zu zeigen, wer das Sagen hat. Und ich glaube beinahe, dass das auch in seinen Beziehungen zu anderen mitschwingt.

In der zweiten Erinnerung taucht der Vater auf. Ein Vater, der viele, auch mütterliche Funktionen zu erfüllen scheint? »Wenn etwas war, ging ich zu ihm, nicht zu meiner Mutter«, fügt er in seiner dritten Erinnerung hinzu. Ach! Henris Vater, das war vielleicht einer! Und diese Spielzeugautos, die er von den Reisen mitbrachte. Man möchte meinen, dass er etwas gegen seine Mutter hatte. Zweimal weist er darauf hin: »Die kleinen Spielzeugautos, *das war mein Vater*«, um unmissverständlich klarzumachen, dass seine Mama sich wohl nicht die Mühe gemacht hätte, ihm diese kleine Freude zu bereiten, wäre nicht er dagewesen, sein Papa. Fürs Erste haben wir also den brüderlichen Rivalen, den geliebten Vater und einen Verdacht, mehr nicht, in Bezug auf die Mutter. Dieser Verdacht bestätigt sich alsbald in der dritten Erinnerung. Henri nimmt kein Blatt vor den Mund bei diesem Thema. »Sie hat es übertrieben, meine Mutter, den ganzen Tag lang hatte sie nichts zu tun, und Papa musste trotzdem ein Dienstmädchen bezahlen, das das Haus in Ordnung hielt und sich um uns kümmerte. Also ich ließ sie links liegen, und wenn ich etwas brauchte, dann ging ich bestimmt nicht zu ihr, sondern zu meinem Vater.« Der Ödipuskomplex wird unter diesen Umständen nicht sehr gut funktioniert haben. In psychoanalytische Begriffe gefasst könnte man sagen, dass der Vater dem guten Objekt entsprach und die Mutter dem bösen Objekt. Wahrscheinlich hat diese Frau darunter gelitten und zweifellos eine umso engere Beziehung zu dem kleinen Bruder entwickelt. Dieser verstand seine Mutter vielleicht besser zu nehmen, vielleicht war er sanfter oder entgegenkommender … Henri bestätigt das. Seine Mutter hat seinem kleinen Bruder immer unübersehbar den Vorzug gegeben. Auch heute noch bevorzugt sie demonstrativ ihren Liebling (zum Beispiel, indem sie ihn ohne seinen Bruder zum Abendessen einlädt).

Es ist unglaublich, wie tief Kindheitserlebnisse das Leben eines Menschen prägen können, auch wenn er schon erwachsen ist. Auch wenn man sich an solche Situationen gewöhnt hat, auch wenn man sich für abgebrüht hält, auch wenn vierzig Jahre vergangen sind, die Wunde der Benachteiligung bleibt offen. Das wiederkehrende Gefühl, dass der andere einem selbst vorgezogen wird, kann die widersprüchlichsten Emotionen auslösen, es kann uns sogar dazu treiben, dass wir andere dazu bringen, uns nicht zu lieben. Indem wir uns unsympathisch verhalten, beispielsweise sie herabsetzen oder ein bisschen sadistisch sind … Zu diesem Schluss kommt Henri am Ende. Er muss lernen, Frauen nach einem anderen Modell zu begegnen als dem, nach dem er seiner Mutter begegnete. Nach einem unverwechselbaren, ihm allein eigenen Modell? Warum nicht? Henri kam nicht mehr in meine Praxis, aber ich wüsste gerne, was aus ihm geworden ist.

Die vierte Erinnerung, die das Kindermädchen betrifft, scheint sehr »nährend« zu sein, wenn ich es so ausdrücken darf. Wenn man auf dem Hochstuhl sitzt, dann im Allgemeinen zum Essen. Und wenn das in der Küche geschieht und mit dem Hausmädchen, dann kann man daraus schließen, dass dieses die Mahlzeit zubereitet und uns zu essen gibt. Das Kindermädchen erscheint hier als nährende Instanz, als gutes Objekt folglich. Zweifellos wird es als Ersatzmutter erlebt. Dann passt es recht gut dazu, wenn man mit dem Schürzenband spielt …

2

Die wichtigsten anderen Bestandteile von Erinnerungen

> Jeder prüfe seine Gedanken. Er wird finden, dass sie ganz mit der Vergangenheit oder der Zukunft beschäftigt sind.
>
> BLAISE PASCAL
> *Gedanken über die Religion und einige andere Themen*

Abgesehen von den Erinnerungen an Vater, Mutter und Familienkonstellation stößt man im Wesentlichen auf Erinnerungen an Menschen außerhalb der Familie sowie auf Erinnerungen, die Orte, Zeitabschnitte oder Gegenstände betreffen, Erinnerungen an Sinneswahrnehmungen und Gefühle, Erinnerungen an Traumata und schließlich Erinnerungen, die einen direkten Bezug zum eigenen Charakter haben.

Erinnerungen an Menschen außerhalb der Familienkonstellation

Alle Menschen, die eine gewisse Rolle in unserem Leben gespielt haben, können einen Platz in unseren Erinnerungen einnehmen. Das kann Ihr Briefträger sein, Enzo aus *Im Rausch der Tiefe*, ein Freund oder eine Freundin und so weiter.

Die folgenden Erinnerungen scheinen mir charakteristisch zu sein für Begegnungen, die uns prägen.

Florence ist drei oder vier Jahre alt; sie spielt im Hof. Eine Dame kommt heraus und sagt: »Deine Mutter ist ganz trübsinnig.« Ich habe mir ein dickes Insekt vorgestellt.[46]

Marianne: »Ich war ungefähr acht und in einer Ferienkolonie. Ich war Jüdin. Alle Kinder gingen zur Messe, nur wir nicht. Sie waren alle schön angezogen, aber wir nicht. Wir mussten mit dem Essen auf sie warten. Da haben wir selbst auch Messe gespielt.«

Jacques: »Ein Mädchen gefiel mir sehr in der vierten Klasse. Es war das erste Mal, dass ich mich für ein Mädchen interessierte. Ich war über beide Ohren verliebt, ich war total verrückt nach ihr.«

Lydie: »Mit ungefähr acht Jahren, eine Nachbarin, sie gab mir immer Fußtritte, ich hatte Angst.«

Diese Erinnerungen kreisen hauptsächlich um Situationen oder Handlungen. Was zählt, ist weniger die Person als das, was man mit ihr erlebt hat. Tatsächlich kann man sich nach so langer Zeit nur selten an die Namen dieser Menschen erinnern.

Lassen Sie mich in diesem Zusammenhang ein Experiment schildern, über das in der Zeitschrift *Psychologie Heute* berichtet wurde.[47] Man weiß, dass man oft Schwierigkeiten hat, sich an die Namen von Personen zu erinnern. Wie oft ruft man nicht aus: »Ach, es liegt mir auf der Zunge, Himmel noch mal! Wie hieß er nur gleich wieder …« Die Angelsachsen bezeichnen das als das Baker/baker-Paradox. Ein Team von Psychologen zeigte

46 *Avoir le cafard*, trübsinnig, deprimiert sein, wörtlich: »Den Käfer haben« (Anm. d. Ü.).

47 *Psychologie Heute*, Oktober 2004, »Der Sinn der Erinnerung«, »Warum wir die Vergangenheit für die Zukunft brauchen«, »Die sieben Sünden des Gedächtnisses«, S. 23. Die Redaktion hatte für dieses Sonderheft zum 30-jährigen Jubiläum einen silberfarbenen Umschlag gewählt, der wie ein Spiegel wirkte, was, wie ich sagen muss, für eine Sonderausgabe über das Gedächtnis recht treffend war.

einer Gruppe von Freiwilligen Fotos von Personen, die ihnen namentlich vorgestellt wurden, und bat sie, sich die Namen zu merken (Herr Bäcker, Herr Zimmermann, Herr Mönch etc.). Einer anderen Gruppe zeigte man die gleichen Fotos und gab dazu die Berufsbezeichnung an (dieser Mann ist Bäcker, dieser ist Zimmermann, dieser Metzger usw.). Einige Zeit später zeigte man ihnen die Fotos erneut und forderte sie auf, sich zu erinnern, wer darauf wer war. Während die Versuchspersonen der ersten Gruppe große Schwierigkeiten hatten, sich an die Namen der Personen zu erinnern, erinnerten sich die der zweiten Gruppe deutlich besser an den Beruf. Die Erklärung dafür ist einfach. Eigennamen als solche haben keine Bedeutung, sie bezeichnen nur die Person, die ihn trägt. Wenn ich sage: »Mein Freund heißt Zimmermann«, dann sage ich damit nicht viel über ihn aus, wenn ich jedoch sage: »Mein Freund *ist* Zimmermann«, dann gebe ich eine Menge Details über ihn preis: womit er arbeitet, was er herstellt, mit welcher Sorte Menschen er in Kontakt steht und so weiter; das erleichtert die Erinnerungsarbeit erheblich.

Erinnerungen an Tiere

Tiere nehmen einen ziemlich breiten Raum in Kindheitserinnerungen ein, vor allem Haustiere, wie Sie sich vorstellen können. Vielleicht hatten Sie als Kind eine Katze oder einen Hund? Oder vielleicht gab es ein Haustier bei Ihrer Großmutter? Oder bei Ihrem Onkel auf dem Land? Diese Erinnerungen haben etwas sehr Rührendes an sich, weil sie sich nicht nur auf das fragliche Tier beziehen, sondern auch die Atmosphäre des Orts wiedergeben, an dem die Geschichte spielte. Viele unter Ihnen haben daran wundervolle Erinnerungen bewahrt.

Tiere spielen eine wesentliche Rolle, weil sie Vermittler zwischen Mensch und Natur sind oder, besser gesagt, zwischen dem Menschen und seiner natürlichen Umgebung. Angesichts dessen, dass unsere Gesellschaft uns unserer primären Natur immer mehr entfremdet, ist es nicht unsinnig, daran zu erinnern, dass wir zuerst Hominiden vom Typ Australopithecus waren und an vielen Orten (und in vielen Verhaltensweisen) anderen Tierarten recht nahestanden, bevor wir *neuronale Menschen* wurden, um Jean-Pierre Changeux' berühmten Ausdruck aufzugreifen.[48] Auf der anderen Seite ist das Haustier ein unvergleichlicher *Empfänger von Zuneigung* und gewissermaßen unerschöpflich. Kinder und ältere Menschen wissen das sehr gut und unterhalten die innigste Beziehung zu ihrem Lieblingstier. Tiere können sogar unter bestimmten Umständen eine therapeutische Rolle spielen. Manche Menschen fühlen sich in Gesellschaft eines Haustiers wohler als in Gesellschaft anderer. In solchen Fällen offenbart die besonders intensive Bindung an ein Haustier eine affektive Kompensierung (Einsamkeit, Kummer, Krankheit, Angst vor anderen ...), und das spiegelt sich natürlich auch in den Erinnerungen wider. Wenn Ihnen jemand beispielsweise drei mehr oder weniger direkt mit seinem Hund verbundene Erinnerungen liefert, dann dürfen Sie zu Recht annehmen, dass dieser Hund wirklich sein bester Freund war und dass seine sonstige familiäre Umgebung ihre Rolle wohl nicht ganz ausgefüllt hat.

Erinnerungen an Haustiere sind nicht alle so rührend. Sie können manchmal sogar recht schmerzhaft sein. Ich erinne-

48 Was ich Ihnen hier sage, erinnert mich an den bekannten Ausspruch von Bertrand Russell, den ich Ihnen nicht vorenthalten will: »Ein Prozess, der von der Amöbe zum Menschen geführt hat, schien den Philosophen augenscheinlichen Fortschritt zu bedeuten – aber ob die Amöbe dieser Auffassung zustimmen würde, ist nicht bekannt«, schrieb Bertrand Russell, zitiert von Alexander Mitscherlich in: *Auf dem Weg zur vaterlosen Gesellschaft*, Piper Verlag, München 1963.

re mich, dass ich als Kind von einem Schäferhund angegriffen wurde. Angegriffen ist vielleicht zu viel gesagt, ich lief hinter meinem Vater her, als der Hund sich auf mich stürzte, aber ich glaube, er wollte nur spielen. Wie dem auch sei, ich erschrak zu Tode und glaube, dass das der Grund dafür ist, weshalb ich nie einen Hund im Haus haben wollte. Das war bei uns ohnehin nicht üblich. Eine junge Kanadierin aus Quebec erzählte mir, dass eines Tages, als sie mit der Familie auf der Terrasse Mittagsschlaf hielt, ein Karibu herangekommen sei und eine Sandale ihres Vater stibitzt habe. Soweit bekannt, läuft das Karibu noch immer frei herum, und die Sandale blieb verschwunden. Eine ernstere Geschichte erzählt Benjamin aus Algerien: Als der Gärtner sich um einen Bienenschwarm kümmern muss, verbieten ihm seine Eltern, in den Garten zu gehen. Ungehorsam wie gewöhnlich, war er am Ende mit Bienen übersät, wurde jedoch nicht gestochen. Niemand hatte verstanden, weshalb.

Erinnerungen, die sich auf Tiere beziehen, liefern für gewöhnlich zahlreiche Details über das affektive Leben des Betreffenden und über den Grad seiner Kontaktfreudigkeit.

Erinnerungen an Orte

Erinnerungen an Orte gibt es zuhauf. Man findet sie beinahe überall. Ihnen verdanken wir es zu einem großen Teil, dass wir den Kontext einer Erinnerung bestimmen können. Sie sind in gewisser Weise Helfer des Gedächtnisses, mnemotechnische Instrumente, wie man in der Psychologie sagt. Wenn man den Ort erst einmal hat, dann hat man auch die dazugehörende Handlung.

Die Schilderung einer Erinnerung wird oft begleitet von der eines Orts. Das kann sein: zu Hause, in meinem Zimmer, als ich in Paris wohnte, als wir in Algerien lebten, als ich im Krankenhaus war, bei meinen Großeltern, in der Schule, als ich im Ruhestand lebte und so weiter.

Hier einige Beispiel für die geografische Einordnung von Erinnerungen. Ich gebe sie so wieder, wie sie mir mitgeteilt wurden.

Aurélie: Mit ungefähr sechs Jahren, im Garten, ich spielte immerzu allein. Wir verließen überhaupt nur selten das Haus.

Patricia: Mit fünf Jahren, meine Mutter hat mich auf dem Speicher eingesperrt, denn mein Vater kam, um sie um die Scheidung zu bitten ...

Jean: Mit sieben Jahren, ich tobte mit meinen Brüdern und Schwestern in der Wohnung herum, wir prügelten uns oft.

Orte bilden eine Fundgrube für Informationen für den, der sie zu hören und zu interpretieren versteht. Formulierungen wie »bei mir«, »zu Hause«, »bei uns«, »bei uns auf dem Land«, »bei meiner Großmutter« oder »in meinem Zimmer« beziehen sich, wie leicht zu erkennen ist, auf den Lebensraum. Das enthält eine Sicherheit stiftende Dimension, die ich »den Bauch der Mutter« nenne. »In der Schule«, »in der Kirche« (oder »in der Moschee«, »im Tempel«, »in der Synagoge«) hingegen sind Worte, die mehr auf die Gemeinschaft verweisen. Auch wenn jemand seinen Satz mit den Worten »in Algerien«, »in Guadeloupe« oder »in Amerika« beginnt, ist leicht zu sehen, dass er oder sie von einer abgeschlossenen Vergangenheit spricht, deren Einfluss aber noch spürbar ist oder nach der er sich zurücksehnt.

Die Rolle der Zeit in den Erinnerungen

Die vergangene Zeit oder die Lebensphasen ermöglichen uns ebenfalls, unsere Erinnerungen wieder einzuordnen: »Ich erinnere mich, beim Militärdienst ...«, »In unserem ersten Haus ...«, »Bevor wir nach Straßburg umgezogen sind ...«, »Im Sommer auf dem Land ...« und so weiter. Auch die Zeit ist ein wertvoller mnemotechnischer Verbündeter, sie ist ein Anhaltspunkt. Nicht selten kann man hören: »Das muss in Rouen gewesen sein, denn wir lebten noch in dem großen Haus.«

Manche Menschen wie Michelle verankern ihre Erinnerungen sehr stark in der Zeit. Michelle ist eine lebenslustige Frau, eine echte Einwohnerin Nizzas.

Erste Erinnerung: Jedes Jahr gingen wir zum traditionellen Maifest im Garten des Klosters, denn mein Vater hatte dort einen Stand.

Zweite Erinnerung: Jeden Donnerstag gab ein Lehrer mir Nachhilfeunterricht.

Dritte Erinnerung: Am Samstagnachmittag gingen wir im Supermarkt einkaufen.

Wer Erinnerungen durch einen zeitlichen Rahmen eingrenzt und feste Anhaltspunkte bevorzugt, versucht so, sein Leben ganz unter Kontrolle zu haben, ohne sich Risiken auszusetzen.

Sie sehen, dass Michelle sich in ihren drei Erinnerungen unbewusst für eine zeitliche Regelhaftigkeit entscheidet. *Jedes Jahr, jeden Donnerstag, am Samstagnachmittag*, das alles sind Markierungspunkte im Fluss der Zeit, die ihr wahrscheinlich Sicherheit vermitteln. Das Tüpfelchen auf dem i wäre natürlich gewesen, wenn sie in einem Uhrengeschäft arbeiten würde, aber nein: Michelle besitzt eine Reinigung. Allerdings könnte man, wenn man partout einen Zusammenhang konstruieren wollte, in der Reinigung einen Beruf sehen, der mit den Jahreszeiten in Verbindung steht (denn beim Wechsel der Jahreszeiten bringt man die Kleidung in die Reinigung, bevor man sie bis zum folgenden Jahr wegräumt).

Erinnerungen an Gegenstände oder Dinge

Hier haben wir es mit recht eigenartigen Erinnerungen zu tun, denn sie lassen sowohl Zeit- und Ortsangaben als auch Beziehungen zu anderen in den Hintergrund treten. Wenn sie in meiner psychotherapeutischen Praxis an vorderster Stelle unter den wachgerufenen Erinnerungen auftauchen, dann neige ich dazu, darin Deckerinnerungen in der Art der von Freud beschriebenen zu sehen. Allgemeiner gesagt, man denkt bei Erinnerungen an Gegenstände natürlich an Geschenke (Weihnachtsgeschenke, Kommunionsgeschenke, Belohnungen etc.), aber es gibt auch andere Gegenstände, die man nicht unbedingt erwarten würde.

Tom: Ich war dreizehn, es war im Jahr 1963, ich erinnere mich an den ersten Fernsehapparat.

Odile: Ich bin vier oder fünf Jahre alt, ich spiele mit einem Milchtopf, ich stelle die Füße hinein und gehe damit. Es macht ein Geräusch wie ein Kochtopf.

Bernard: Ich bin drei, ich spiele auf dem Boden mit einem Lastwagen. Oder vielleicht einem Auto …

Cécile: Ich sehe einen riesigen Eukalyptus vor mir, ich weiß nicht mehr, wo.

Sie sehen, dass diese Art von Erinnerungen in wenige Worte zu fassen ist. Oft fügen die Leute selbst hinzu: »Es ist gar keine richtige Erinnerung, es ist mehr ein Flash, ein Bild …«

In jedem Fall müssen die Gegenstände und Dinge eine herausragende Bedeutung für diese Menschen gehabt haben; vielleicht haben sie sie sogar ihr Leben lang begleitet, ob als Erinnerungsstück oder in Gedanken. Wir alle hatten in unserer Kindheit ein Spielzeug, das wir besonders liebten, ein Kleidungsstück, einen Fetisch oder einen Glücksbringer, Sie wissen schon, die Art von Objekt, zu dem man eine besondere Beziehung aufbaut, vor allem, wenn man aus irgendwelchen Gründen ein wenig einsam oder von anderen isoliert ist. Ich höre, wie Hugo Hamilton in *Gescheckte Menschen* sagt: »Meine Mutter führte regelmäßig Tagebuch, denn in Wirklichkeit ist nur das Tagebuch dein bester Freund.«[49] Ein Tagebuch oder eine Puppe, ein Buch, aber auch ein Stück Holz oder ein Stein, von dem man sich ausmalt, er käme voller Geschichten vom Ende der Welt. Ja, für den, der es braucht, besitzen die seelenlosen Gegenstände, wie Lamartine sagt, »eine Seele, die sich mit unserer Seele verbindet und sie zwingt, sie zu lieben ...«[50]

Erinnerungen, in denen es um Sinneswahrnehmungen und Emotionen geht

Ganz anders verhält es sich mit den Erinnerungen an Bewegungen (ich habe klassisches Ballett gemacht), Gerüche (Zuckerwatte), Gesehenes (das Feuerwerk), Geräusche (Kirchenglocken), köstliche Leckereien (die Makkaroni meiner Großmutter) oder an eklige (eine von einem Auto überfahrene Kröte) oder widerwärtige Dinge (mein kleiner Bruder zwang mich, den Rotz abzulecken, der aus seiner Nase lief).

Maryse: Ich war sechs Jahre alt, meine Mutter war für ein Jahr nach England gereist, wir waren in einem Heim. Als sie zurückkam, war ich in der Schule. Ich wusste nicht, dass sie zurückkommen würde. Ich platzte schier vor Freude. Ich erinnere mich, dass ich weinte.

Robert: Ich bin zwischen vier und sechs Jahre alt, meine

49 Hugo Hamilton, *Gescheckte Menschen*, Knaus Verlag, München 2004.

50 Alphonse de Lamartine: *Poetische und religiöse Harmonien*, »Milly oder der Geburtsort«, Rösl Verlag, München 1831.

Großmutter ruft mich, um mich von ihrem Mund die Sauce probieren zu lassen, die sie zubereitet hat.

Doch es gibt auch negative Erinnerungen: Erinnerungen an Scham (ärztliche Untersuchung der Geschlechtsteile), an Ungerechtigkeit (gemeiner Lehrer), an Verlassenheit (Scheidung der Eltern), Gewalt (mein Vater schlug meine Mutter) und leider auch an Traumata (Kriegserinnerungen) und schweren Missbrauch (Inzest). Auch Erinnerungen des Bedauerns, mit der ganzen Bandbreite an Schuldgefühlen, die damit einhergehen.

Erinnerungen, die im Zusammenhang mit einem Trauma stehen

In der Kindheit erlebte Traumata (Inzest, körperliche Misshandlungen, seelische Grausamkeit, Alleingelassenwerden, Einbruch, Unfall, aber auch schwere eigene Krankheit oder Krankheit eines Familienmitglieds oder gar Tod …) nehmen im Allgemeinen den ersten Platz unter den Erinnerungsschilderungen ein. Sie haben das Leben des Betroffenen unauslöschlich geprägt und wahrscheinlich seitdem die Ausrichtung seines Lebensstils bestimmt. Sie sind, wenn man so will, »das ganz große Ding, das passiert ist« und von dem in der Regel niemand eine Ahnung hat.

So erinnere ich mich an einen jungen Mann, ein Einzelkind, dessen Mutter mehrere Male einen Selbstmordversuch mit Medikamenten unternahm. Als er seine Mutter eines Morgens wieder leblos auf dem Bett fand, hatte er beschlossen, dass er nun genug davon habe, hatte sie liegen lassen und war in aller Ruhe in die Schule gegangen. Er litt unter einem doppelten Trauma: dem schrecklichen Anblick seiner leblosen Mutter und seiner unglaublich gleichgültigen Reaktion, die in ihm das Gefühl hinterlassen hatte, er sei ein Monster. Er wusste nicht mehr wie, aber er erinnerte sich, dass seine Mutter auch dieses Mal wieder mit dem Leben davongekommen war. Aber Kindheitserinnerungen folgen nie einem System. Man würde zwar eigentlich erwarten, dass ein erlebtes Trauma automatisch in einer der drei ersten Erinnerungen eines Menschen auftauchen würde, tatsächlich aber stellt man fest, dass das keinesfalls immer der Fall ist (das zeigt, dass Kindheitserinnerungen sich nicht auf feststehende Tatsachen beziehen, sondern auf dynamische Gegebenheiten, die mehr mit dem aktuellen Leben des Betreffenden zusammenhängen als mit der abgeschlossenen Vergangenheit).

Eine junge Frau beispielsweise erzählte mir folgende Kindheitserinnerungen: Die erste handelte von einem Fahrradausflug, in der zweiten ging es um eine alte Dame, die auf sie aufpasste, wenn ihre Mutter arbeitete, die dritte betraf einen Umzug. Während wir uns über diese Erinnerungen unterhalten, korrigiert sich die junge Frau und sagt zu mir: »Das ist witzig, mir wird gerade klar, dass es zwei wichtige Erinnerungen gibt, die ich offensichtlich verdrängt habe.« Ohne mir Zeit für weitere Nachfragen zu lassen, fährt sie fort: »Die erste handelt von einem schweren Autounfall mit meinen Eltern, aufgrund dessen ich mehrere Wochen im Krankenhaus verbringen musste. In der zweiten geht es um ernsthafte Probleme mit einer meiner Tanten, die mich nicht ausstehen konnte.« Wenn man weiß, dass diese junge Frau gerade eine besonders glückliche, erfüllte Lebensphase durchlebte und regelrecht aufblühte, dann wird es uns nicht übermäßig überraschen, dass sie diese so negativen Erinnerungen verdrängt hatte.

So negativ und traumatisch unsere Erinnerungen auch sein mögen, es scheint, als ob das Gehirn keine »Erinnerungspflicht« kennt, und wahrscheinlich ist das auch gut so. Indem es sich um die Handhabung der traumatischen Erfahrungen kümmert, ermöglicht es unserem Bewusstsein und unserem Unbewussten, zumindest bis zu einem gewissen Punkt das Gleichgewicht zu wahren.

Erinnerungen, die einen Bezug zum eigenen Charakter haben

Natürlich können Erinnerungen einen bestimmten Charaktertyp enthüllen; sie stimmen sogar oft damit überein. Ein ängstlicher Charakter hat beispielsweise Erinnerungen an Ängste und Befürchtungen; ein nervöser Charakter Erinnerungen an Auseinandersetzungen, Streit, Konflikte oder Zwistigkeiten, ein *Star* Erinnerungen an tolle Erlebnisse oder außergewöhnliche Abenteuer, ein *Rebell* Erinnerungen an Verbotsüberschreitungen und so weiter. Tatsächlich aber liegen die Dinge nur selten so eindeutig, und es kommt nicht oft vor, dass in drei Erinnerungen jeweils drei typische Charaktermerkmale zur Geltung kommen. Die Tendenz wird vielmehr eher in der Mischung der drei Erinnerungen sichtbar. Und auch das nicht unbedingt …

Gabriel lässt sich leicht zu etwas hinreißen

Gabriel sucht mich wegen eines allgemeinen Problems auf. Er schafft es nicht, sein Leben in den Griff zu bekommen. Er hat das Gefühl, dass ihm die Zeit zwischen den Fingern zerrinnt und er alles verpasst. Ich frage ihn nach seinen Kindheitserinnerungen.

Gabriel sagt, er habe keine sehr prägnanten Erinnerungen an seine Kindheit, es seien eher atmosphärische Erinnerungen oder aufblitzende Bilder. Ich höre ihm zu, finde sie jedoch recht präzise, um nicht zu sagen, geradezu *durchschlagend*.

Erste Erinnerung: Ich war fünf oder sechs Jahre alt, wir wohnten in einer Straße am Hang, die auf einen kleinen Platz führte. Ich hatte zum Geburtstag ein kleines Kinderauto bekommen, und meine Mutter hatte mir befohlen, dazubleiben und vor allem nicht die Straße hinabzufahren. Ich hatte ihr nicht gehorcht, das Auto war immer schneller geworden und schließlich umgekippt. Mein Gesicht war blutüberströmt danach.

Zweite Erinnerung: Ich war vier oder fünf, ein Freund ärgerte mich, ich weiß nicht, was dann über mich kam, ich nahm einen Ziegelstein und knallte ihn auf seine Hand. Sein Handgelenk brach.

Dritte Erinnerung: Mit ungefähr dreizehn Jahren, ein Fahrradausflug mit meinem Freund. Er wollte, dass ich nachmittags mit ihm käme, ich wollte erst nicht, gab aber schließlich nach. Ich stürzte, und danach waren meine Beine und Arme blutüberströmt.

Erstaunlich, all diese Erinnerungen an Unfälle, nicht wahr? Gabriel war ganz offensichtlich ein Kind, das immer in Bewegung war, ein Draufgänger. Mir scheint jedoch, dass das Wichtige woanders liegt. Der gemeinsame Nenner dieser drei Erinnerungen ist, dass sich Gabriel *zu etwas hinreißen lässt*. In seiner ersten Erinnerung gewinnt die Geschwindigkeit die Oberhand über ihn, in der zweiten die Wut, mit ernsten Folgen für seinen Freund, und in der dritten gewinnt sein Freund die Oberhand über ihn (ich gab schließlich nach), mit den bekannten Konsequenzen.

Es ist, als ob Gabriel eine Persönlichkeitsstruktur fehlt, die es ihm ermöglicht, sein Leben selbstbestimmend in die Hand zu nehmen. Selbst seine Erinnerungen scheinen ihm zu zerrinnen, als mangelte es ihnen an Konsistenz. Er bezeichnet sie als *atmosphärische Erinnerungen*, aber man könnte auch sagen, dass es sich um Erinnerungen handelt, in denen sein Ich nicht sehr stark wirkt. Er wird mehr von den Dingen beherrscht, als dass er sie beherrschen würde.

Durch die Entschlüsselung dieser Erinnerungen gewann Gabriel einen plastischen und konkreten Anhaltspunkt, eine Art Kompass, auf dessen Grundlage er anders über sich nachdenken und an sich arbeiten konnte.

Die Welt der Erinnerungen ist eine ziemlich rätselhafte, aber auch eine wunderbare Welt, vor allem, wenn man sie zu entschlüsseln versteht. Ich nehme an, dass Sie jetzt, wo Sie über diese Instrumente verfügen, ein wenig klarer sehen. Wie steht es nun mit Ihren drei persönlichen Erinnerungen? Konnten Sie einige der Elemente erkennen, die ich Ihnen seit Beginn dieses Buchs geschildert habe? Passen sie zur Basis-Nuklearität? Gehen sie darüber hinaus? Kristallisiert sich aus den drei Erinnerungen eine Art Einheitlichkeit heraus? Finden Sie darin einen gewissen Zusammenhang mit Ihrem derzeitigen Leben? Ich nehme an, dass vieles noch für Sie im Dunkeln liegt, daher möchte ich Ihnen ein zweites Instrument zu einem besseren Verständnis in die Hand geben, das Ihnen weitere Fortschritte ermöglicht.

3

Verschiebung in den Erinnerungen

> Die Stätten, die wir gekannt haben, sind nicht nur der Welt des Raums zugehörig, in der wir sie uns denken, weil es bequemer für uns ist.
>
> MARCEL PROUST
> *Eine Liebe von Swann*

Die Basis-Nuklearität stellt nur einen der zwei großen Aspekte der dynamischen Struktur von Erinnerung dar. Der andere besteht in einem Prozess, den ich als *Verschiebung* oder auch als *Reise* bezeichnet habe (ich will gleich ausführen, warum ich den Begriff *Reise* verwendet habe). Die Verschiebung steht für alles, was mit der Außenwelt zu tun hat. Das können die Ferien sein, eine Fahrt in die Berge, eine Zugreise, Auto fahren und so weiter. Manchmal ist die Verschiebung weniger leicht »lesbar«. Sie wird zum Beispiel in einem Surfbrett, in einem Paar Rollschuhe, die man als Kind geschenkt bekommen hat, oder auch, warum nicht, in einem Supermarktwagen symbolisiert. Und manchmal hat man es auch mit einer erschwerten oder verhinderten Verschiebung zu tun. Wenn jemand sagt: »Meine Eltern weigerten sich, mir ein Fahrrad zu kaufen«, dann handelt es sich um eine verhinderte Verschiebung. Vielleicht ist Ihnen das nicht aufgefallen, aber in vielen Beispielen von Erinnerungen, die im vorhergehenden Kapitel erwähnt wurden, sind Verschiebungen oder Ortswechsel enthalten. Erinnern Sie sich: Michelle aus Nizza (wir *gingen* zum Maifest, wir *gingen* ins Schwimmbad, wir *gingen* mit dem Hund spazieren), oder Annie und ihr Kindersitz auf dem *Fahrrad* ihrer Mutter, ganz zu schweigen von Henri und seinen Spielzeugautos. Ja, auch schlichte Spielzeugautos können eine Verschiebung symbolisieren.

So wie die Basis-Nuklearität uns etwas über das emotionale Leben und den inneren Schutzraum der Person mitteilt, so gibt uns die Verschiebung Auskunft über das Ausmaß der aktiven Entdeckung der Außenwelt. Wir kommen hier auf die bereits im Kapitel »Die Mutter-Vater-Kind-Nuklearität in den Erinnerungen« aufgeworfene Thematik der Mutter als Vermittlerin der inneren Welt und des Vaters als Vermittler der Außenwelt zurück. Der berühmte amerikanische Psychologe Abraham Maslow hatte uns schon gewarnt, »dass die Entscheidung zwischen der Preisgabe von Sicherheit und der Preisgabe von Wachstum gewöhnlich zugunsten der Ersteren ausfallen wird«.[51] Analog dazu würde ich sagen: Die Basis-Nuklearität befriedigt das Bedürfnis nach Sicherheit und die Verschiebung das Bedürfnis nach Wachstum. Das ist etwas, das wir uns gut einprägen sollten: Nuklearität ist gleich Sicherheit, und Verschiebung ist gleich Expansion.

Im Allgemeinen enthält jede Reihe von drei Erinnerungen ein Ausmaß an Verschiebung. Und selbst wenn sie in den ersten Äußerungen scheinbar fehlt, dann manifestiert sie sich, wenn der Betreffende mehr über seine Erinnerung erzählt.

Die Verschiebung kann auf verschiedene Weise in den Erinnerungen zum Ausdruck kommen, und ihre Interpretation wird folglich unterschiedlich ausfallen. Sie kann 1) klar ausgedrückt sein, 2) symbolisiert sein, 3) fehlen oder 4) erschwert oder verhindert sein. Auch in diesem Fall gebietet mir die Vorsicht, mei-

51 Abraham Maslow, *Psychologie des Seins*, Kindler, München 1973, S. 62.

ne Ausführungen sogleich zu relativieren: Wenn Ihre Erinnerungen keine Verschiebung enthalten, muss man darin nicht notwendig ein Anzeichen für massive Schwierigkeiten oder eine ausgeprägte Störung sehen. Erst wenn Sie die Gesamtheit der Informationen, die aus Ihren drei Erinnerungen sprechen, berücksichtigen, können Sie sich eine Vorstellung von ihrer besonderen Bedeutung machen.

Die klar ausgedrückte Verschiebung

Über diese Art der Verschiebung gibt es nicht viel zu sagen, außer dass sie normalerweise unübersehbar in jeder Serie so genannter klassischer Erinnerungen auftaucht. Eine junge Frau erzählt mir: »Ich war zwischen drei und vier Jahre alt, ich war zu einer Freundin gegangen, weit, wirklich weit weg, meine Schwester hat überall nach mir gesucht, sie war außer sich vor Sorge. Immer wenn ich daran zurückdenke, muss ich lachen …« Man hört heraus, dass sie als kleine Abenteuerin losgezogen ist, um die Welt zu entdecken. Sie hat sich nichts Böses dabei gedacht.

Gewöhnlich zeigt sich die Verschiebung nur in einer Erinnerung, manchmal aber ist sie in allen gegenwärtig oder sogar mehrfach in jeder Erinnerung. Hier der Fall von Aliette, einer hübschen jungen Frau voller Dynamik und Temperament. Fünf Erinnerungen, fünf Verschiebungen!

Erste Erinnerung: Das Früheste, woran ich mich erinnern kann, ist, wie ich Roller fuhr. Es gab keine Bremse, und die Straße hatte ein starkes Gefälle, das ich mit Vollgas hinunterraste. Meine Mutter hatte Angst, dass ich in den Kurven stürzen würde.

Zweite Erinnerung: Bei meinen Großeltern, ich erinnere mich, dass wir uns an den Schultern gefasst und Lokomotive gespielt haben.

Dritte Erinnerung: Am Abend fuhren wir mit dem Bus von der Vorschule nach Hause.

Vierte Erinnerung: Ich erinnere mich, wie ich Fahrrad fahren gelernt habe. Meine Eltern hatten ein Fahrrad mit Stützrädern gekauft. Nach ein paar Minuten bat ich meinen Vater, die Stützräder zu entfernen. Es funktionierte sofort.

Fünfte Erinnerung: Ich erinnere mich, dass wir oft umgezogen sind.

Als ich Aliettes Aufmerksamkeit auf die Besonderheit ihrer Erinnerungen lenke, erwidert sie lachend: »Das wundert mich nicht, ich liebe reisen. Im Übrigen werde ich mich jetzt um eine Stelle am Flughafen bewerben.« Kein Zweifel, diese Arbeit passt perfekt zu ihr!

Während ich diese Zeilen schreibe, kommt mein Sohn aus der Schule zurück und begrüßt mich. Ich frage mich, wie wohl die Verschiebung in den Erinnerungen eines vierzehnjährigen Jungen aussehen mag. Ich beschließe, ihn zu fragen. Als braver Junge setzt er sich und erzählt.

Erste Erinnerung: In meinem Gitterbett. Ich habe geweint. Du und Mama, ihr seid gekommen; du hast mich in den Arm genommen, bist zum Fenster im Flur gegangen und hast zu mir gesagt: »Schau, schau …«

Zweite Erinnerung: In der Nähe des Hospiz von Beaune, wir waren in einem Hotel abgestiegen. Ich spielte draußen auf den Kieswegen mit meinen kleinen Golfschlägern aus Plastik.

Dritte Erinnerung: Mit Freunden, wir stiegen auf die Autos, mit denen wir spielten, und fuhren damit die Straße entlang.

Nichts dagegen einzuwenden, so stellt man sich Erinnerungen eines Pubertierenden mitten in der Entwicklung vor. Die Außenwelt zieht ihn offensichtlich an. Drei Erinnerungen, drei Fälle von Verschiebungen.

Erste Erinnerung: Die Basis-Nuklearität ist da. Seine Mutter und sein Vater (falsch! Sein Vater und seine Mutter) sind präsent. Der Vater (ich) bringt ihn ans Fenster und zeigt ihm etwas draußen (ich wollte ihn von seinem Kummer ablenken, indem ich seine Aufmerksamkeit auf etwas anderes lenkte). Indem ich ihm durch das Fenster die Außenwelt zeige[52], spiele ich die Rolle des Wegbereiters nach außen. Aber auch seine Mutter ist da, und ihre Anwesenheit neben mir tröstet ihn. Die affektive und nährende Dimension ist ebenfalls da. Seine Mutter spielt die Rolle des Wegbereiters nach innen.

Zweite Erinnerung: Auf dem Weg nach Paris fahren wir durch Burgund. Wir sind mitten in einer Verschiebungserinnerung. Ein Hotel (Ersatzheim) und seine beiden Eltern: Mein Sohn ist in Sicherheit, er kann spielen. Er sagt, er spielt im Freien (Außenwelt) Golf.

Dritte Erinnerung: Er und seine Freunde (soziale Komponente) fahren auf ihren Autos mit Rollen die Straße hinab (symbolische Verschiebung). In puncto Erinnerungen mit Verschiebung kann man es kaum besser machen!

Man kann sich natürlich die Frage stellen, ob die Erinnerungen die gleichen gewesen wären, wenn es sich nicht um ei-

52 Das Fenster ist sehr interessant in den Erinnerungen, denn es ist der Mittler zwischen Innenwelt und Außenwelt. Es ist der Ort des Übergangs, wo der Blick und die Wahrnehmung von der schützenden und nährenden Welt des Zuhauses in die Außenwelt, die man erforschen wird, wechseln. Eine kleine Anekdote dazu: Wenn eine Frau sich beklagt, dass ihr Mann so wenig im Haushalt mithilft, dann rate ich ihr, ihm Dinge aufzutragen, die eher einen Bezug zur Außenwelt als zur Innenwelt haben. Sagen Sie ihm lieber, er soll die Fenster putzen oder Einkäufe erledigen oder auch die Abfalleimer hinausbringen, als Staub wischen oder den Boden putzen. Achtung, es funktioniert nicht unbedingt immer!

nen Jungen, sondern um ein Mädchen gehandelt hätte. Ich glaube, dass das weniger vom Geschlecht als von der Erziehung, vom Charakter und vom Lebensstil des Kindes abhängt. Wenn das Kind nach dem Verhaltenskanon von kleinen Mädchen erzogen wurde (Puppen, Füttern und so weiter), dann sehen seine Erinnerungen wahrscheinlich dementsprechend aus. Wenn es wie ein halber Junge erzogen wurde, dürfte es eher umgekehrt sein.

Weil ich an dem soeben Geschriebenen leichte Zweifel habe, bitte ich ein Mädchen im selben Alter wie mein Sohn, mir drei Erinnerungen aus ihrer frühesten Kindheit zu erzählen. Das kommt dabei heraus:

Erste Erinnerung: Ich war mit meinen Eltern bei meiner Großmutter in Cannes. Sie haben mir ein Eis gekauft. Ein Clown. Die Nase war aus Kaugummi.

Zweite Erinnerung: In unserer Wohnung in Lyon. Mein Bruder war noch nicht geboren. In meinem Zimmer war eine Schaukel.

Dritte Erinnerung: In derselben Wohnung. Mein Vater kam nach Hause, meine Mutter und ich hatten uns im Badezimmer versteckt. Mein Vater trat ein und fragte, ob jemand da sei. Wir haben »buh« gemacht. Er ist total erschrocken. Wir haben alle gelacht.

Sie sehen, dass in den drei Erinnerungen das Zuhause vorherrscht. Auch wenn die erste ein Element der Verschiebung enthält (Cannes), der erste Satz lautet: »Ich war bei meiner Großmutter.« Nebenbei können Sie feststellen, dass die Basis-Nuklearität respektiert wird (Eltern, Bruder, Großmutter, Mutter, Vater).

Man sollte daraus nicht vorschnell schließen, dass Mädchen nur Erinnerungen an häusliche Situationen haben und Jungen

Erinnerungen mit Verschiebungen. Ich wiederhole, nicht das Geschlecht des Kindes gibt die Richtung vor, sondern seine Erziehung.

Die Verschiebung liefert wichtige Informationen für die Interpretation Ihrer Erinnerungen, denn sie zeigt: 1) wie Sie die Außenwelt wahrnehmen, 2) in welcher Symbiose, Osmose oder Ablehnung bezüglich Ihrer inneren Welt Sie leben und 3) wie Ihre Außen- und Ihre Innenwelt miteinander verbunden und aufeinander abgestimmt sind. Daraus lässt sich eine Vielzahl von Erklärungen darüber ableiten, wie Sie der Welt begegnen. Aktiv oder passiv? Durch Handeln, Reagieren oder Tatenlosigkeit?

Leben bedeutet handeln, so heißt es: Aber von welchem Ausgangspunkt aus, und wie handelt man? Nach welchen Mustern? Es ist nie einfach, solche Fragen zu beantworten. Dennoch können unsere Erinnerungen und besonders die, die Verschiebungselemente enthalten, uns helfen zu erkennen, wie wir mit unserem eigenen Leben umgehen.

Bertrand und seine Schwierigkeit zu handeln

Bertrand, ein strahlender, offener junger Mann mit vielen Qualitäten, erzählt mir, dass er in seiner Persönlichkeit einen Zwiespalt feststellt, den er nicht begreift. Er ist ein aktiver Mann, aber er spürt, dass er, um seine Worte zu gebrauchen, »den Fluss seines Lebens bremst«. Er reist beispielsweise leidenschaftlich gerne, und er ist sich wohl bewusst, dass er dafür Geld braucht. Leider arbeitet er nicht sehr gerne! »Ich liebe das Endprodukt, aber ich liebe nicht den Weg, der dorthin führt. Manchmal ist es umgekehrt.« Es gelingt ihm nicht, zur Tat zu schreiten. Diese Fähigkeit/Unfähigkeit hat ihm bereits viele Misserfolge beschert, darunter auch im Studium: »Ich habe meine ehrgeizigen Ziele begraben. Nicht aus Faulheit«, fügt er hinzu, »sondern weil ich eine Angst, eine Hemmung, eine Handlungsblockade spüre.« Ich frage ihn nach seinen Kindheitserinnerungen.

Erste Erinnerung: Der Blick meiner Mutter oberhalb von mir.

Zweite Erinnerung: In der Bretagne, bei meiner Großmutter. Sie schlachtete die Hühner, indem sie ihnen die Zunge abschnitt und sie dann an einer Schnur aufhängte.

Dritte Erinnerung: Im Aufzug. Meine Mutter hat mir eine Ohrfeige verpasst. »Das ist für vorhin«, sagte sie zu mir.

Ich frage ihn nach dem Blick seiner Mutter. Es fällt ihm etwas schwer, darüber zu sprechen, denn er möchte nicht, dass ich ein schlechtes Bild von ihr bekomme. Ich sage ihm, dass es nicht um seine Mutter geht, sondern darum, wie er zu einem bestimmten Zeitpunkt seines Lebens dieses oder jenes vergangene Ereignis deutet. Daraufhin erklärt er mir, dass es ein Blick war, der ihn erstarren ließ (Erinnerung an einen Eindruck). Sie sah alles negativ. Sobald man den kleinsten Schritt machen wollte, warnte sie vor den schlimmen Folgen dieser Aktion. Nie sprach sie ihm Mut zu, stattdessen warnte sie sofort vor möglichen Gefahren.

Schon allein diese Erinnerung spricht Bände über Bertrands ängstliche Lebenseinstellung. Ein Blick, der erstarren lässt, ist ein Blick, der lähmt; und ein negativer und pessimistischer Blick auf das Leben ist ein Blick, der hemmt.

Seine zweite Erinnerung enthält eine Verschiebung, einen Ortswechsel (in der Bretagne), er ist bei der Mutter seiner Mutter. Diese Erinnerung verrät eine gewisse Gewalttätigkeit, aber so waren wohl damals manche Gewohnheiten auf dem Land. Vermutlich konnte man das Huhn am Schreien hindern und es ausbluten lassen, ohne sich zu beschmutzen, wenn man ihm zuvor die Zunge abschnitt. Wie dem auch sei, das Mindeste, was man dazu sagen kann, ist, dass es sich nicht um eine zärtliche

Erinnerung handelt. Eine herrische Frau also, diese Großmutter, die es fertig bringt, ein Huhn zu packen, ihm den Schnabel zu öffnen und ihm die Zunge herauszuschneiden. Ich glaube, ein Kind, das einer Frau dabei zusieht, muss glauben, dass sie zu allem fähig ist. Und würde man, mit den Augen des Psychoanalytikers betrachtet, darin nicht »irgendwie« einen Akt der Kastration sehen? Bertrands Erinnerung drückt gleichzeitig die Verschiebung aus (Bretagne) und die potenziell damit verbundene Gefahr, die ihn hemmt. Es ist, als wären Bremse und Gas gleichzeitig in Gang.

Die dritte Erinnerung ist eine Verschiebungserinnerung (Aufzug), zugleich aber gibt es einen geschlossenen Raum, in dem man eingesperrt ist.[53] Auch hier sind Handlung und Hemmung der Handlung gleichzeitig präsent.

Bertrands drei Erinnerungen haben, wenn ich so sagen darf, eine dynamo-statische Struktur. Die Verschiebung ist da, aber ihre Ausführung wird verhindert.

Der lähmende und negative Blick, der jede Handlung mit Angst besetzt, die Großmutter in der Bretagne, die Hühner schlachtet, die gerne weiterleben würden, und sie »martert« und »erhängt«, der Aufzug, ein Objekt der Verschiebung, zugleich aber ein Ort des Eingeschlossenseins, das alles lässt auf einen

53 Sie haben sicher bemerkt, wie unwohl man sich fühlt, wenn man einen Aufzug in einem Geschäft benutzt. Diese ungewollte Nähe zu anderen, die Tatsache, dass man einer äußeren Mechanik ausgeliefert ist, die potenzielle *Gefahr*, die man bei der Benutzung eingeht, bewirken, dass keiner unter uns sich wirklich »normal« verhält. Der(Die) eine sieht auf die Uhr, der (die) andere tut so, als suche er in seinen Taschen, der (die) dritte gibt vor, sich für die vorbeiziehenden Etagen zu interessieren usw. Nebenbei möchte ich noch etwas richtigstellen: Manche Menschen behaupten, sie hätten Angst vor Aufzügen. Tatsächlich haben sie nicht Angst vor Aufzügen, sondern vor der »Abfahrt«, denn es ist der Fall, der ihnen Angst einflößt.

Lebensstil schließen, der zu Aktivitäten bereit ist, jedoch blockiert wird. Bemerkenswert ist außerdem, dass in diesen drei Erinnerungen eine vertikale Dynamik herrscht: 1) Der Blick der Mutter oberhalb von ihm, 2) die Hühner hängen an einer Schnur in der Luft, 3) der Aufzug, der bis zum Beweis des Gegenteils in vertikaler Richtung funktioniert. Die Beziehung zwischen Bertrand und seiner Mutter war mit Sicherheit eine vom Typ oben/unten, anders gesagt, eine Beziehung zwischen Dominantem und Dominiertem. Schließlich fällt auf, dass der Vater, der üblicherweise in die Außenwelt weist, seltsam abwesend ist in diesen Erinnerungen.

Die symbolisierte Verschiebung

Erinnerungen mit symbolisierten Verschiebungen findet man in großer Zahl in Kinderspielen. Flieger spielen, Lokomotive spielen (wie wir bei Aliette gesehen haben), mit Spielzeugautos (Henri und sein Papa). Die Verschiebung kann jedoch ebenso gut durch eine Kutsche mit Gespann, ein Schiffchen in der Badewanne oder eine Aufziehgondel, die Musik macht, wenn sie sich dreht, symbolisiert werden.

Auch der Sport gibt Anlass zu Erinnerungen, in denen die Verschiebung mehr oder weniger deutlich symbolisiert wird. Die ausgeübte Sportart liefert uns außerdem nützliche Informationen über die Lebensdynamik der Person. Es gibt beispielsweise einen offenkundigen Unterschied zwischen Bergsteigen, Golfspielen und Squash.

Manchmal ist die symbolisierte Verschiebung schwieriger zu entdecken: Julien erzählt mir von dem Vogel, den er absichtlich hat wegfliegen lassen. »Warum hast du ihn wegfliegen lassen?«, fragt ihn seine Muter. »Ich wollte nicht, dass er so im Käfig eingesperrt ist.« Wissen Sie, welchen Beruf er heute ausübt? Er arbeitet bei der Bahn. Noch subtiler, wenngleich mit Vorsicht zu handhaben, sind bestimmte verbale Äußerungen, die auf eine Verschiebung hindeuten. Etwa der Herr, der mir von seinen Kindheitserinnerungen erzählt und übergangslos zu mir sagt: »Als ich klein war, *bewegte* mich der Geruch von Tennisbällen über die Maßen.« Die Verschiebung kann eben auch in einer solchen »Bewegung« symbolisch zum Ausdruck kommen.

Die Intensität der Verschiebung, also des Bedürfnisses nach Hinwendung zur Außenwelt, ist proportional zum Grad der wirksamen Kodierung. Wenn die Verschiebung eher symbolisch als unmittelbar sichtbar ausgedrückt wird, dann bedeutet dies eben genau, dass unser Unbewusstes ihre Grenzen und ihren Spielraum definieren will.

Es ist in Ordnung, dass man nach Deutungen sucht, aber man sollte nicht unbedingt nach Indizien fahnden, wo es keine gibt oder wo keine notwendig sind. Ich will damit sagen, dass man nicht in die kafkaeske Manie verfallen sollte zu suchen, ohne dass man noch weiß, was oder warum man sucht. »Freilich manche List ist so fein, daß sie sich selbst umbringt«, warnt Kafka in *Der Bau.*[54] Das Gleiche gilt für die Analyse von Erinnerungen.

Fehlende Verschiebungserinnerung

Erinnerungen, in denen überhaupt keine Verschiebung zu finden ist, sind selten. Das liegt an der Natur des Lebens selbst, das uns immer zu einer gewissen geografischen Mobilität zwingt.

54 Franz Kafka, *Der Bau,* in: Beschreibung eines Kampfes. Novellen, Skizzen, Aphorismen aus dem Nachlass, Fischer Taschenbuch Verlag, Frankfurt 1976, S.132.

Wenn man in einer Reihe von drei Erinnerungen keine Verschiebung findet, darf man sich zu Recht fragen, ob die Person ihre Kindheit in einem restriktiven oder symbiotischen Milieu verbracht hat und ob ihre Eltern oder Erzieher ihr nicht eine eher distanzierte (man darf die Leute nicht belästigen) oder misstrauische (man darf den anderen nicht trauen) Sicht der Welt vermittelt haben. Wenn die Analyse der drei Erinnerungen einen im Wesentlichen auf das Zuhause und auf dem familiären Kokon basierenden Lebensstil enthüllt hat, dann kann man daraus unschwer schließen, dass der Betreffende sich im Lauf seiner Kindheit eine eher pessimistische oder angstbesetzte Sicht der Welt angeeignet hat.

Ich musste lange in meinen Aufzeichnungen suchen, um eine Reihe von Erinnerungen zu finden, in denen die Verschiebung vollkommen fehlte (dabei stellte ich zugleich fest, dass Erinnerungen an Ferien und an Szenen mit den Großeltern häufiger vorkommen als andere). Die folgende Reihe von drei Erinnerungen offenbarte mir vor zwölf Jahren eine Frau, die auf der Insel Réunion lebt. Ich möchte dieses geografische Detail hervorheben, denn ich glaube, dass das Inseldasein manchmal ein Gefühl des Eingesperrtseins fördert, das das Fehlen jeglicher Verschiebung in den drei Erinnerungen erklären könnte. Ich glaube allerdings nicht, dass das hier der Fall war.

Marie-Claire hat kaum meine Praxis betreten, als sie schon in Tränen ausbricht. Mit ihren zweiundzwanzig Jahren steht sie vor mir wie eine über ihr Kind gebeugte Madonna und wartet unverkennbar darauf, dass ich die Dinge in die Hand nehme. Das Gespräch gestaltet sich schwierig. Nur unter größten Mühen gelingt es mir, ihr den Grund ihres Kommens zu entlocken. Wie hatte es diese junge Frau zu mir verschlagen? Tatsächlich war sie nach Frankreich gekommen, um einen Judokurs zu machen.

Angesichts der extremen Zurückhaltung und des körperlichen Unbehagens, das sie während des Kurses an den Tag legte, empfahl ihr der Judolehrer, einen Psychologen aufzusuchen. Er vermutete ein tieferes Problem dahinter und glaubte, das würde ihr helfen, sich mehr zu öffnen. Marie-Claire ist außerordentlich attraktiv und hat tadellose Manieren, zugleich aber wirkt sie sehr abwesend. Da es für sie schwierig ist, über die Gegenwart zu sprechen, hoffe ich, dass es ihr leichter fällt, von der Vergangenheit zu erzählen, und fordere sie auf, der Reihe nach drei Kindheitserinnerungen zu schildern. Es sprudelt zwar nicht gerade aus ihr heraus, doch sie zeigt sich ein wenig redseliger.

Erste Erinnerung: Ich war zu Hause, ich hörte Lachen. Mein Cousin war am Telefon, er versuchte, ein Mädchen dazu zu überreden, mit ihm auszugehen. Mein Bruder und meine Schwester machten sich über ihn lustig. Mein Cousin tat mir leid.

Zweite Erinnerung: Wieder zu Hause. Ich hatte meine Schwester an den Haaren gezogen, und sie hatte mir einen gewaltigen Schlag in den Bauch verpasst.

Dritte Erinnerung: Ich probierte mit meiner Mutter meinen neuen Judokimono an, mein Bruder gab mir zum Spaß einen kleinen Klaps. Meine Mutter versetzte ihm eine Ohrfeige.

Wie Sie sehen, spielen sich diese Erinnerungen alle im häuslichen Rahmen ab. Offensichtlich nimmt das gemeinschaftliche Familienleben (Cousin, Bruder, Schwester, Mutter) einen großen Stellenwert ein. Die Außenwelt ist kaum gegenwärtig. Dieses Familienleben lässt an einen Ausschluss der Öffentlichkeit denken. Gewalt spielt darin eine gewisse Rolle, auch wenn sie sich auf ein paar Ohrfeigen beschränkt. Man kann sich fragen, ob das nicht eine für diese Familie typische Kommunikationsart ist. Zu beachten ist schließlich noch, dass der Vater, wie es in dieser Art von Erinnerungen häufig der Fall ist, absolut abwesend ist. Das scheint einleuchtend, denn er vermittelt im Allgemeinen das Bild der Außenwelt.

Als ich ihre Erinnerungen mit ihr interpretiere, bestätigt sie meine Vermutungen. Ja, ihr ganzes Leben bestand aus Eingesperrtsein. Verschlossen wie eine Auster, beschreibt sie sich. Aber sie war nicht immer so, fährt sie fort. Als kleines Mädchen war sie sehr offen und ging auf jeden zu. Erst mit Beginn der Pubertät zog sie sich in sich selbst zurück. Oder besser gesagt, seitdem sie mit etwa zwölf Jahren ihre Tage bekam. Sie dachte, dass sie vor allem nicht die Aufmerksamkeit auf sich ziehen dürfe. Da sie ihre Regel hatte, war sie zur Frau geworden, auch wenn sie sich innerlich wie ein kleines Mädchen fühlte. Auf der Beziehungsebene hatte sie immer Angst vor ihrem Bruder gehabt, der sich wie ein Tyrann benahm, und sie schämte sich, weil sie vor ihm Angst hatte. Sie hatte sich in ihrer eigenen Welt eingeschlossen, um vor der Angst vor anderen zu fliehen. Mittlerweile spürte sie, dass das nicht mehr erträglich war, und sie war ihrem Judolehrer unendlich dankbar, dass er sie hierhergebracht hatte, denn nun würden die Dinge sich endlich ändern. Ich kann hier nicht ihre ganze Geschichte erzählen, denn das ist weder der richtige Ort noch der Zeitpunkt dafür, jedenfalls veränderten sich die Dinge wirklich grundlegend für sie, angefangen von der Beziehung zu ihrem Bruder. Sie stellte die Dinge klar und ließ sich nichts mehr von ihm gefallen. Das erfüllte sie mit einem ungeheuren Gefühl der Erleichterung, denn ihr permanentes Gefühl der Scham ließ ein wenig nach und machte einem (noch zarten) Gefühl des Stolzes Platz.

Manchmal ist nur sehr wenig nötig, damit ein scheinbar auf ewig verbauter Horizont sich erhellt und ein Neuanfang möglich wird. Marie-Claire kehrte nach Réunion zurück. Ich riet ihr, mit einem Psychologen die begonnene Arbeit fortzusetzen.

Die gehemmte oder verhinderte Verschiebung

Die Erinnerungspalette bewirkt, dass die Dinge genau wie im Leben nie so unwandelbar und konstant sind, wie man glauben möchte, und dass jedes Gesetz, das man aufzustellen versucht, schnell durch die erste Ausnahme außer Kraft gesetzt wird. Das zeigt sich besonders offenkundig in den Verschiebungserinnerungen, und die Analyse, der wir sie unterziehen können, liefert reichlich Informationen über die Psyche, wenn wir unsere Interpretation mit der gebotenen Vorsicht vornehmen.

Unsere Einstellung zum Leben kann in der Sehnsucht nach Aktionen, Wagemut, Freiheit, Entdeckung und Abenteuer zum Ausdruck kommen oder aber sich in einem Bedürfnis nach starken Bezugspunkten, klaren Markierungen oder Sicherheit vermittelnden Orientierungspunkten niederschlagen.

In Erinnerungen mit gehemmten Verschiebungen findet man diese bis in die frühe Kindheit zurückreichende Zerrissenheit zwischen dem Verlangen nach Expansion und dem nach Sicherheit, zwischen der Neugier auf die Außenwelt und ängstlicher Zurückhaltung, zwischen dem Ruf der großen weiten Welt und der Angst vor dem anderen. Das zeigt sich beispielsweise in den Erinnerungen im Zusammenhang mit elterlichen Verboten (Verbot, auf der Straße zu spielen, anderswo als im Garten Rad zu fahren, zu Freunden zu gehen …).

Orte wie Gärten oder Terrassen sind gesicherte Übergangsbereiche zwischen Zuhause und Außenwelt. Sie sind wie eine Schleuse: Man ist nicht mehr ganz drinnen, und man ist nicht ganz draußen. Auch wenn die Gefahr eines Unfalls oder Zwischenfalls nie und nirgends ganz ausgeschlossen werden kann, befindet sich das Kind dort in relativer Sicherheit. In diesem Sinn ist der Garten ein Trainingsgelände, in dem es sich darin üben kann, die Welt zu erforschen und mit geringem Einsatz Erfahrungen zu machen. Er regt die Phantasie an und bietet zugleich Schutz[55]. Die Grenze des Gartens kann natürlich konkret oder symbolisch überschritten werden, sowohl von uns selbst wie von anderen. So erinnere ich mich an zwei Zigeuner, die Haarnadeln und anderen Krimskrams verkauften und mich angesprochen hatten, als ich sie mit zwei Jahren hinter dem Gartentor beobachtete. Ihre zerlumpten Kleider und ihre langen Haare (die Beatles waren noch nicht auf der Bühne erschienen) hatten mich ungeheuer beeindruckt. Ich erinnere mich, dass mir ein Erwachsener kurze Zeit später sagte, dass man sich vor Zigeunern in Acht nehmen müsse, weil sie kleine Kinder entführten. Ich erinnere mich, dass ich vor Schrecken erstarrte und von diesem Tag an immer in sicherer Entfernung vom Tor blieb.

Denis dreht sich im Kreis, und Didier kommt nicht vom Fleck (Entsprechung zwischen Lebenssituation und Erinnerung)

Ein gewisser Denis sucht mich nach dem Bruch mit einer jungen Frau, die er drei Monate zuvor kennen gelernt hat, in meiner Praxis auf. Mitten in einer wunderbaren Liebesbeziehung, die unter den besten Vorzeichen zu stehen scheint, gesteht ihm seine Freundin ihre große Vorliebe für Reisen und teilt ihm ihre Absicht mit, zehn Tage mit einer Freundin in die Vereinigten

55 Ich glaube, dass das das Motiv ist, das die Pädagogen zur Gründung der ersten Kindergärten bewog, die mit »Gärten«, wie man zugeben muss, oft nur den Namen gemeinsam haben. Das Wesentliche ist, dass man kleinen Kindern einen Rahmen bietet, in dem sie ihre sozialen und zwischenmenschlichen Erfahrungen mit anderen Kindern ihres Alters machen können.

Staaten zu fliegen. Da er selbst aus beruflichen Gründen nicht verreisen kann, versucht mein Patient, seine Freundin davon abzubringen, was sie nicht versteht. Warum sollte sie auf diese Reise verzichten, nur weil er keine Zeit hat und sie nicht begleiten kann? Die Stimmung wird giftig, der Ton wird lauter, es hagelt bittere Bemerkungen, Vorwürfe und Anklagen. Die junge Frau ist es müde, sich mit ihm auseinandersetzen zu müssen, und versucht ein letztes Mal ihn zu besänftigen, dann zieht sie sich schweigend zurück.

Denis überschläft die Sache und kehrt am nächsten Tag zu ihr zurück, um sie für diese ungerechtfertigte Szene um Verzeihung zu bitten. Eine Woche später entbrennt die Diskussion um diese Frage an einem Abend mit Freunden aufs Neue, und beide reproduzieren die gleiche Szene. Die junge Frau ist außer sich, fühlt sich gedemütigt, ist schockiert darüber, dass er sie vor ihren Freunden so schlecht behandelt, und verkündet ihrem Freund, sie würde sich von ihm trennen. Denis, der zunächst glaubt, sie wolle ihm nur Angst einjagen, nimmt sich die Sache nicht sehr zu Herzen und geht zur Arbeit. Doch in den folgenden Stunden wiederholt ihm seine Freundin am Telefon, dass ihr Entschluss gefasst sei und sie ihn nicht rückgängig machen werde. Nach ein paar Tagen *abgrundtiefer Niedergeschlagenheit* sucht er mich in meiner Praxis auf.

Aufgrund der Art, wie er sich an mich wendet und auf der Stelle die Gesprächsführung übernehmen will, kommen mir sogleich zwei Wörter zu ihm in den Sinn: Forderung und Widerstand. Offenbar handelt es sich um eine ziemlich autoritäre Persönlichkeit. Ich beschließe also, in seiner Vergangenheit nach einer Spur dieses Verhaltens zu suchen, um zu sehen, was ich daraus erfahren kann. Unvermittelt frage ich ihn nach einer Kindheitserinnerung. »Eine Kindheitserinnerung?« Nach kurzem Zögern erzählt er mir: »Mein Freund und ich, beim Fahrradfahren. Wir fuhren im Kreis, drehten Runden auf einer Bahn.« Denis holte spontan und natürlich unbewusst die Erinnerung hervor, die am besten zu der Episode passt, die er gerade durchmachte. Der Gedanke an eine verhinderte Verschiebung drängt sich auf. Man kann natürlich spielen, dass man sich im Kreis dreht, aber normalerweise steigt man aufs Fahrrad, um sich von einem Ort zum anderen zu bewegen. Wichtig ist es hier, festzuhalten, dass das Instrument der Ortsveränderung (Fahrrad) in der Erinnerung zweckentfremdet wird. Im aktuellen Kontext der Liebesbeziehung interpretiert bedeutet das: Weil man mir nicht beigebracht hat, die Flügel zu spannen, um davonzufliegen, gibt es auch keinen Grund, dass *du* das machst. Du musst an dem Platz bleiben, der dir zugewiesen wurde, und dich wie ich in einem beschränkten Raum entwickeln. Wahrscheinlich wird die Analyse zeigen, dass Denis in einer einengenden familiären Umgebung aufgewachsen ist.

Interessant an dieser Erklärung ist, dass ich ohne die Annäherung über die Erinnerungen vermutlich auf der Ebene einer klassischen Eifersuchtskrise geblieben und am wahren Problem vorbeigegangen wäre.

In einer späteren Sitzung weiht Denis mich allmählich in seine Vorbehalte ein: »Was mich ein wenig stört«, sagt er, »ist, dass Sie von einer einzigen Erinnerung ausgehend so viele Schlüsse ziehen. Sicher, ich hatte genau diese ausgewählt, aber was wäre gewesen, wenn ich eine andere gewählt hätte? Ich hätte eine Erinnerung finden können, die in Beziehung zu meiner Gefühlswelt steht, denn dort liegt ja mein Problem.« Seine Bemerkung veranlasst mich zu zwei Kommentaren. Erstens halte ich ihm vor Augen, dass es sich wirklich um ein Paradebeispiel handelt und dass ich nicht oft das Glück habe, auf eine derart leicht durchschaubare Erinnerung zu stoßen. Zweitens erläutere ich ihm, dass er eben nicht zufällig diese Erinnerung anstelle einer anderen wachgerufen hat. Wenn jemand ein wenig zu deutlich in uns liest, dann ist das irritierend. Denis gibt zu, dass man mit lauter »Wenns« alles relativieren kann. Er fährt fort: »Diese Frage berührt eine Zerrissenheit, die ich immer in mir gespürt habe: Einerseits bin ich jemand, der immer Lust hat, sich weiterzuentwickeln, andererseits spüre ich, dass ich ständig ›an Grenzen stoße‹. Mein Leben wäre bestimmt einfacher, wenn ich einfach geradeaus marschieren könnte anstatt ...« Ich wage eine Vermutung: »Mich im Kreis zu drehen?« Wir haben die gleichen Worte im gleichen Augenblick ausgesprochen. Im Kreis drehen. Da haben wir es! Er fährt fort: »Diese Grenzen stammen aus meiner Erziehung. Mein Vater hat immer eine herausragende Rolle bei meinen Entscheidungen gespielt, gab immer seinen Kommentar dazu und stellte alles in Frage. Ich spüre genau, dass diese Grenzen mich dazu bringen, Entscheidungen zu treffen, die nicht zu mir passen.«

Didier hat seit drei Jahren eine stürmische Beziehung zu einer jungen Frau. Mehrere Male hat er sich bereits von ihr getrennt, und mehrere Male haben sie es noch einmal versucht. »Ich verstehe das nicht«, sagt er zu mir, »ich schaffe es nicht, wegzugehen.« Ich bitte ihn, mir eine Kindheitserinnerung zu erzählen, und nach einem Moment der Verwunderung sagt er: »Eine Ohrfeige, als man mir das Schuhebinden beibrachte. Ich habe meine Schnürsenkel gebunden, ich habe es nicht geschafft, mein Vater versetzte mir eine Ohrfeige. Beim zweiten Mal gelang es mir.« Er fügt hinzu: »Ich habe erst vor kurzem mit ihm darüber gesprochen und ihm gesagt, wie sehr er mich damit verletzt hat. Er antwortete mir: ›Aber funktioniert hat es trotzdem!‹«[56]

56 Eltern ziehen manchmal ziemlich absurde Schlüsse. Die Antwort von Didiers Vater erinnert mich an einen ausgesprochen dummen Witz, der aber für solche verkürzten Gedanken typisch ist. Es handelt sich um

Wenn wir die Dynamik dieser Erinnerung und ihren Bezug zur verhinderten Verschiebung verstehen wollen, dann dürfen wir uns nicht auf die Ohrfeige konzentrieren (auch wenn es dazu eine Menge zu sagen gäbe), sondern auf die Schuhe. Sie symbolisieren hier die Ortsveränderung; und die Schwierigkeit beim Schnürsenkelbinden muss man als Verhinderung, zumindest aber Erschwerung der Verschiebung begreifen. Es fällt mir schwer, meine Schuhe zu binden, kann symbolisch verstanden werden als: Es fällt mir schwer, wegzugehen. (Würden Sie mit offenen Schnürsenkeln weit gehen?) Wenn ich einen mehr psychoanalytischen Standpunkt einnähme, würde ich wahrscheinlich sogar einen Bezug herstellen zwischen Didiers Schnürsenkeln und den »Kurven«, die Denis mit dem Rad zieht. Genauso könnte ich in einem Wortspiel sagen, dass Didier unablässig mit seiner Freundin eine Bindung eingeht, sie löst und von neuem eingeht.

Das Ziel der Reise ist die Rückkehr

Die Angelsachsen haben mehrere Wörter für Reise, sie können *trip, journey, travel* oder *voyage* sagen. Der letzte Begriff wird für Seereisen benutzt. Ihr Ziel ist es natürlich aufzubrechen –

einen Mann, der jeden Morgen gegen sechs Uhr früh mit einem Fläschchen bewaffnet auf die Eisenbahngleise geht und eine mysteriöse Flüssigkeit zwischen die Schienen schüttet. Ein Nachbar beobachtet ihn von seinem Fenster aus bei dieser alltäglichen Zeremonie. Eines Tages hält er es nicht mehr aus. Kommt herunter und fragt den guten Mann: »Ich beobachte Sie nun seit mehreren Tagen und frage mich, was Sie mit diesem Fläschchen machen.« »Ganz einfach«, antwortet der andere. »Das Mittel, das ich auf die Gleise schütte, hält Elefanten fern.« Der Nachbar erwidert: »Wissen Sie, ich wohne schon recht lange hier, und ich habe noch nie einen Elefanten in der Gegend gesehen.« »Da sehen Sie es«, versetzt der andere, »das ist der Beweis dafür, dass es wirkt.«

ich denke dabei an Marco Polo und seine Fahrt nach China –, um die Welt zu entdecken, aber auch und vor allem, um wieder in den Heimathafen zurückzukehren, und zwar wenn möglich mit einem Kielraum voller Reichtümer aller Art.

Seltsamerweise wird das Wort »voyage« auch in manchen Initiationsriten verwendet. Der Kandidat wird auf »Reisen« geschickt, auf denen er bestimmte Prüfungen bestehen muss, und am Ende dieser stürmischen Reisen wird er als Mitglied der Bruderschaft oder des Stammes anerkannt und akzeptiert. Die Initiationsreise besteht also darin, dass der Betreffende den Schoß der Gemeinschaft real oder symbolisch *verlässt*, sich auf eine Reise begibt, während der er sein Leben aufs Spiel setzt, und dann *zurückkehrt*. Wenn er von dieser oder diesen Reisen zurückkommt, ist er gereinigt und in gewisser Weise verwandelt. Jedenfalls ist er nicht mehr der Gleiche wie vorher.

Das Ziel der Reise ist es also nicht *wegzugehen*, sondern *zurückzukommen*[57]. Und zwar als ein Anderer zurückzukommen. Es geht darum, etwas in sich sterben zu lassen, damit etwas anderes entstehen kann. Die Reise enthält immer diesen Aspekt der Welterforschung: Man will sich mit eigenen Augen umsehen und dann zurückkommen, um den anderen zu erzählen, was man entdeckt oder erlebt hat.

Unsere Erinnerungen im Zusammenhang mit einer Verschiebung verkörpern diesen Aspekt des Erforschens, der nicht nur die Außenwelt erkundet, sondern im Gegenzug auch unsere innere, in gewisser Weise hermeneutische Welt mit neuen Ein-

57 Eine Anekdote: Als die Wissenschaftler nach einem Namen für die Sonde suchten, die die Amerikaner zur Erforschung des Weltraums losschickten, lagen sie ganz richtig. Sie nannten sie *Voyager*. Tatsächlich war das Ziel nicht, eine Sonde in den Weltraum zu schicken, sondern dafür zu sorgen, dass sie Fotos auf die Erde sandte. Was sie im Übrigen sehr gut erledigte.

drücken bereichert. Sie enthalten immer dieses Element der Initiation, und deshalb meine ich, dass wir es in unserer Analyse berücksichtigen müssen.

Fassen wir zusammen: Zusätzlich zu den allgemeinen Interpretationshilfen für Erinnerungen, die für jedermann zugänglich sind – dazu gehört auch der gesunde Menschenverstand –, verfügen Sie nun über zwei Instrumente, um anhand Ihrer Erinnerungen zu überprüfen, wie Ihre Persönlichkeit sich ins Gleichgewicht bringt. Die Elemente der *Basis-Nuklearität* (Mutter, Vater, Geschwister etc., ob sie geordnet, ungeordnet oder gar nicht auftauchen) können Ihnen Informationen über die Art der Beziehung liefern, die Sie zu anderen unterhalten; die Anwesenheit oder das Fehlen der *Verschiebung* und die Art derselben (real, symbolisiert oder verhindert) sagen etwas aus über Ihre Beziehung zur Außenwelt und zu Ihrer Innenwelt. Diese beiden Instrumente sind nicht voneinander zu trennen und machen im Übrigen die konventionelleren Methoden der Erinnerungsanalyse, wie ich sie beschrieben habe, keinesfalls überflüssig. Vielmehr ermöglicht Ihnen gerade die gleichzeitige Nutzung dieser Instrumente und Elemente, ein ziemlich wirklichkeitsgetreues Bild Ihrer Persönlichkeit und wahrscheinlich auch Ihres Charakters zu entwerfen.

Ich komme nun, gewissermaßen als praktische Übung, zur Interpretation meiner drei zu Beginn des Buchs geschilderten Erinnerungen. Natürlich kann diese Deutung nicht vollständig sein, dafür ist hier nicht der rechte Ort, doch werde ich zumindest versuchen, die großen Linien zu umreißen. Ich werde außerdem zwei weitere Beispiele von Erinnerungen aufführen, eine, in der die Frage nach der Selbstbehauptung gestellt wird, und eine andere, in der es um die Auslöschung des Selbst geht.

4

Beispiele für die Interpretation von Kindheitserinnerungen

> Time it was, and what time it was, it was
> a time of innocence, a time of confidences.
>
> SIMON AND GARFUNKEL
> *Bookends Theme*

Schmetterlingsfänger und Wertevermittler

Sie erinnern sich: Als ich Sie bat, Ihre Erinnerungen aufzuschreiben, riet ich Ihnen, die Grunderinnerungen zur Unterscheidung von den später hinzugefügten Details zu unterstreichen oder in einer anderen Farbe aufzuschreiben. Ebendas werde ich hier auch tun. Die Erinnerungen erscheinen kursiv und ergänzende Details in Normalschrift.

Es ist wichtig, diese Reihenfolge zu beachten, denn die ersten Worte, die uns in den Sinn kommen, stehen in direkter Verbindung zu unserem Unbewussten, während die später hinzugefügten Einzelheiten auch das Ergebnis eines schnellen Denkvorgangs sein können oder unserem Wunsch folgen, den Dingen eine bestimmte Richtung zu geben. Ich meinerseits habe gelernt, jedem Wort die ihm zustehende Bedeutung beizumessen und zu beachten, dass es kein Zufall oder *just for fun* ist, wenn eine bestimmte Information oder eine bestimmte Formulierung vor einer anderen erscheint. Selbstverständlich geht es nicht darum, den gewieften Semantiker im Stil des Philosophen aus Molières Komödie *Der Bürger als Edelmann*[58] zu spielen. Die zentrale Aufgabe besteht vielmehr darin, die Prioritäten herauszuarbeiten, die unser Unbewusstes selbst den Dingen zuweist, die wir durch die Sprache ausdrücken, ein wenig in der Art, wie wir auf Versprecher oder Fehlleistungen *hören* könnten.

Hier meine erste Erinnerung: *Ich sehe mich in einem Garten, der ein wenig verwildert wirkt, mit einem Schmetterlingsnetz aus leuchtendem Tüll in der Hand, ich versuche, Schmetterlinge zu fangen, die zwischen den hohen Gräsern fliegen.* Hinten im Garten befindet sich ein Hühnerstall. Die Erinnerung spielt in der Vendée bei meinem Onkel Jean und meiner Tante Jeanne. Die Sonne scheint, ich bin in Shorts. Ich muss etwa sechs Jahre alt sein.

Wie Sie sehen, ist die erste Erinnerung eine Verschiebungserinnerung (Vendée). Allerdings erscheint die Verschiebung nicht an erster, sondern an zweiter Stelle. Tatsächlich präzisiere ich erst in meinen Kommentaren, dass es sich um die Vendée handelt, wohin die ganze Familie jeden Sommer fuhr, als ich klein war.

Das beherrschende Element ist der Garten. Wir haben bereits gesehen, dass der Garten ein Ort des Übergangs zwischen dem Innern des Hauses, dem Bereich der Sicherheit, und der Außenwelt ist. Dieser Garten ist nicht der meines eigenen Zuhauses, sondern der meines Onkels und meiner Tante. Er ver-

58 Sie erinnern sich an diese berühmte Lektion: »Nun, man könnte es zunächst so ausdrücken wie Sie: Schöne Marquise, Ihre schönen Augen lassen mich vor Liebe sterben.« Oder: »Vor Liebe sterben lassen mich, schöne Marquise, Ihre schönen Augen.« Oder aber: »Ihre schönen Augen lassen mich vor Liebe, schöne Marquise, sterben.« Möglich wäre auch: »Sterben lassen Ihre schönen Augen vor Liebe, schöne Marquise, mich.«

weist folglich umso mehr auf die Fremdheit. Der Garten ist ein geschlossener Raum. Im Gegensatz zu anderen Menschen, die zum Beispiel unter Klaustrophobie leiden, stören mich geschlossene Räume nicht; ich möchte sogar sagen, dass ich sie als angenehm empfinde. Als Kind habe ich mehrere Jahre im Internat verbracht, als junger Mann habe ich neun Jahre zu Zeiten der Mauer in Westberlin gelebt, heute wohne ich in einer geschlossenen kleinen Wohnanlage.

Ich habe gesagt, dass der Garten verwildert war. Das Verwilderte steht für die ungeordnete Seite der Dinge. Es ist, wenn Sie so wollen, ein Miniaturdschungel. Als Kind fühlte ich mich, als wäre ich in eine fremdartige Welt geworfen, eine Welt, in der alles schwierig, in der nichts vorgegeben war. Möglicherweise wurde dieses Gefühl noch verstärkt durch die Tatsache, dass ich Linkshänder war. Linkshänder in den fünfziger Jahren zu sein bedeutete, dass man nicht ganz so wie die anderen war. Und ich muss zugeben, dass das Schreibenlernen für mich keine Kleinigkeit war (vielleicht ist das der Grund, weshalb ich als Erwachsener zum Schreiben gekommen bin). Mein Gefühl ist, dass ich mir immer erst einen Weg durch das Dickicht schlagen musste. Auch heute noch, als Erwachsener, fühle ich mich wie ein echter Unkrautvernichter. Ich rode das Terrain derer, die meine Praxis aufsuchen, weil sie in ihrem Leben nicht mehr durchblicken. Ich rode auch mein eigenes inneres Terrain durch Lektüre, Fortbildung und Reflexion über mich, über andere Menschen und die Welt; und wie Sie sich vorstellen können, wird man nie fertig, wenn man ein solches Gelände in Angriff nimmt. Der Garten mit den hohen Gräsern scheint also gut zu meinen alltäglichen Beschäftigungen zu passen.

Nun zu dem Schmetterlingsnetz, das ich in der Hand halte. Oh, es handelt sich bestimmt nicht um eine Großwildjagd. Meiner Ansicht nach liegt die wesentliche Botschaft dieses Erinnerungselements woanders. Man muss daraus den Wunsch herauslesen, etwas zu fassen zu bekommen oder, symbolisch gesprochen, etwas zu *erfassen*. Das würde ziemlich gut zu meiner Persönlichkeit passen. Ich liebe es, den verborgenen Sinn der Dinge zu erfassen und zu begreifen. Im Übrigen stimmt mein Beruf vollkommen mit diesem Streben überein. Besteht die Rolle des Psychologen nicht genau darin, einen flüchtigen Satz, eine unausgesprochene Äußerung, einen Versprecher, ein Verhalten oder einen Widerstand *zu erfassen* und ihn dann in anderer Gestalt der Person zurückzugeben? Ich bin außerdem ein großer Genussmensch. Ich liebe es, mir alles einzuverleiben, was mir guttun könnte. Es gibt eine epikureische Seite in mir, die genießen will, was das Leben zu bieten hat, und am liebsten aus dem Vollen schöpft. All das symbolisiert das Schmetterlingsnetz. Leichte, ephemere Dinge erhaschen, die wahrzunehmen nicht jedermann gegeben ist.

Wie Sie sicher bemerkt haben, bezieht sich diese erste Erinnerung ausschließlich auf mich. Niemand sonst kommt darin vor. Mein Onkel und meine Tante werden nur als »geografische Bezugspunkte« erwähnt. Ich bin also allein. Es ist wahr, dass die Einsamkeit, wenn sie von kurzer Dauer ist, mich nicht stört, im Gegenteil. Nichtsdestoweniger brauche ich Gesellschaft (wir werden dieses Bedürfnis nach Geselligkeit in der zweiten Erinnerung wiederfinden, in der meine Geschwister und das Spiel auftauchen). Meine Lieblingssportarten indes sind individuelle Sportarten (Skifahren, Squash, Tennis, Schwimmen ...).

Ich mag keinen Mannschaftssport. Außerdem zieht es mich nicht besonders in die Natur. Ich kann recht gut darauf verzichten, außer wenn ich in Gesellschaft von Freunden bin und wenn ein Ausflug mit einem Ziel verbunden ist (ein Trimmdichpfad, Pilze sammeln ...). Eigentlich bin ich ein Stadtmensch: Ich liebe

Paris, den Geruch der Metro, die Autos und die Brasserien mit ihren Tischchen auf dem Gehsteig.

Anderswo (Vendée) zu sein missfällt mir zwar nicht, doch es muss sich um einen ziemlich geschützten Ort (Garten) handeln. Ich bin kein Globetrotter, ich mag es, die Welt zu erkunden, und gleichzeitig fühle ich mich in einer vertrauten Umgebung wohl. Entdeckung, Sport, geselliges Beisammensein, Handlungsfreiheit, das alles spricht mich sehr an, aber zugleich mag ich geschützte Räume und Aufgehobensein. So gerne ich immer wieder einen neuen Ort oder ein neues Restaurant entdecke, so sehr lege ich Wert darauf, den Orten, die ich kenne, die Treue zu halten. »Freiheit innerhalb frei gewählter Grenzen«, würde James Joyce sicher sagen. So gesehen, untermauert der Hühnerstall hinten im Garten das eben Gesagte. Abgesehen von dem nährenden Element, das er verkörpert (wir werden den nährenden Aspekt in der vierten Erinnerung mit der Markthalle wiederfinden), würde ich ihn als Äquivalent zum Garten interpretieren: Erstens ist der Hühnerstall ein halb geschlossener Raum, in dem die Hühner sich zwischen innen und außen hin und her bewegen können, und zweitens fliegen die Hühner nicht, sie flattern. Schon diese erste Erinnerung sagt viel über meine Persönlichkeit und Vorlieben aus. Sehen wir uns nun an, was die zweite Erinnerung zu sagen hat.

Zweite Erinnerung: *Der Sturz auf der Treppe meiner Schwester Annick, die auf den Rücken meines Bruders Yves geklettert war, und beim Fallen bricht ihr ein oberer Eckzahn ab.* Das passierte im Haus meiner frühen Kindheit. Die Treppe war ziemlich steil. Ich erinnere mich nicht persönlich daran, aber man sagte mir, der Unfall käme daher, dass ich sie gekitzelt und dadurch aus dem Gleichgewicht gebracht hätte. Ich war etwa vier oder fünf Jahre alt.

In dieser zweiten Erinnerung tauchen die Geschwister in geselligstem Verhalten auf: im Spiel. Dieses Spiel findet im Haus statt (geschützter Raum), aber leider nimmt es eine böse Wendung und endet mit einem Unfall. Man kann daraus schließen, dass der geschützte Raum vielleicht doch nicht so geschützt war, wie es aussah. Aus meiner frühesten Kindheit (ich war etwas über ein Jahr alt) weiß ich, dass ich mehrere Male von einem Kindermädchen geschlagen worden war. Ich selbst habe keinerlei Erinnerung daran. Meine Mutter hatte es gemerkt, als sie Spuren von Schlägen auf meinem Körper fand. Das Kindermädchen wurde auf der Stelle entlassen, nachdem sich die Zungen meiner Geschwister gelöst hatten, die aus Angst vor Repressalien bis dahin geschwiegen hatten. Das Haus, ein Ort der Sicherheit (der Bauch der Mutter, wie ich oft sage), war für mich also zugleich ein Ort der Gefahr. Obwohl ich keine Erinnerung daran habe, glaube ich, dass ich diese Episode weidlich ausgenutzt und von einer Opferrolle profitiert habe, die ich meine ganze Kindheit lang ausnutzen und missbrauchen konnte. Ein Leitmotiv meiner Mutter lautete: »Hört auf, euren kleinen Bruder zu ärgern«, dabei war eher ich derjenige, der die anderen provozierte …

In beiden Erinnerungen wird die Frage nach Verantwortung und Schuldgefühlen aufgeworfen. Seltsamerweise erinnere ich mich nicht an meine Verwicklung in den Unfall. In meinem Gedächtnis haben sich fröhliche Bilder voller Lachen und Spaß eingeprägt, aber ich erinnere mich nicht im Geringsten daran, mich des Vergehens schuldig gemacht zu haben, das man mir kurz darauf zur Last legte. Es ist nur natürlich, dass wir einen Sündenbock suchen, wenn uns etwas Dummes passiert. Ebenso natürlich aber ist es, dass wir vergessen, was wir nicht gerne wissen. Wie dem auch sei, und obwohl ich keinerlei Erinnerungen an Vorwürfe oder eine Bestrafung durch meine Eltern habe, meine emotionale Erinnerung trägt wohl den Stempel des familiären Tadels. Genau in diesem Augenblick habe ich das Paradies der kindlichen Unschuld verlassen.

Das passt zum Bild des eher schwierigen Kindes, das ich später wurde. Schuldgefühle und Verantwortung spielten oft eine Rolle in meinem Leben, zuerst in meinen eigenen, recht unachtsamen Verhaltensweisen als Kind und Jugendlicher, später, als Erwachsener, sublimiert[59] in einem ethisch bewussten Forschungsansatz und der Übernahme von Verantwortung für mich selbst und andere.

Indem ich diese Zeilen schreibe, ruft meine Schwester Annick an, um sich nach mir zu erkundigen. Ich nutze die Gelegenheit und frage sie, ob sie die gleiche Erinnerung an diese Begebenheit hat. Nein. Ihrer Erinnerung nach habe ich sie nicht gekitzelt, sondern meinem Bruder ein Bein gestellt (was mir schlimmer erscheint). Sie war nicht auf seinen Rücken, sondern auf seine Schultern geklettert. Sie ist erstaunt, dass ich dieses Schuldbewusstsein bewahrt habe, denn der Unfall schien ihr nicht so weitreichende Folgen zu haben – tatsächlich glaube ich, dass sie die Fakten heute herunterspielt, denn sie hat mich immer vergöttert. Sie litt wohl unter massiven Minderwertigkeitsgefühlen wegen dieser Zahngeschichte, die sie bis zum Alter von sechzehn Jahren mit sich herumschleppte. Man sieht daran wieder einmal, wie unterschiedlich ein und dieselbe Situation von zwei verschiedenen Menschen erlebt werden kann. Ich komme nun zu meiner dritten Erinnerung.

Dritte Erinnerung: *Diese Erinnerung ist die an meine Mutter, die plötzlich auf dem Markt neben mir in Tränen ausbricht.* Der

59 Unter »sublimieren« verstehe ich, dass man sein Begehren auf ein gesellschaftlich akzeptables Ziel richtet.

Markt befindet sich in Nizza. Wir sind nur zu zweit. Ich bin ganz klein; ich muss etwa fünf Jahre alt sein. Ich bin sehr durcheinander, und ich sage zu ihr: »Weine nicht, Mama ...«

Es handelt sich hier im Wesentlichen um eine nährende Erinnerung, im physischen wie im affektiven Sinn des Wortes. Einerseits der Markt (Nahrung), andererseits die Mutter (mütterliche Brust). Sie bezieht sich selbstverständlich auf die Mutter-Kind-Dyade. Es ist erstaunlich, dass mein Unbewusstes eine solche Erinnerung ausgegraben hat, denn als viertes und letztes Kind der Familie habe ich während meiner ersten sieben Lebensjahre selten einen Moment mit meiner Mutter allein verbracht. Auf den ersten Blick könnte man darin eine schlimme Erinnerung sehen, weil meine Mutter in Tränen ausbricht, aber ich bin nicht so sicher, dass das zutrifft. Mir scheint hier eher der Wunsch nach einer symbiotischen Beziehung zu ihr durchzuscheinen. Ich trete hier auch als Tröster meiner Mutter auf. Das ist eine Rolle, die ich in meiner Jugend für andere oft übernahm. Wir sind hier nicht mehr weit entfernt von zwei grundlegenden Eigenschaften für einen Psychotherapeuten: Empathie und Identifikation.

Unter dem Beziehungsaspekt ist festzuhalten, dass ich als Kind nie ein Anführer war. Von frühester Jugend an bevorzugte ich Zweierbeziehungen, und weil ich gut zuhören und mit anderen über ihre Probleme sprechen konnte, vertrauten sie sich mir oft an. Auch heute liegt der Schwerpunkt meiner Aktivität auf der individuellen Beratung, der Arbeit zu zweit, sosehr ich die Arbeit mit Gruppen, Seminare und Fortbildungen liebe. Begegnungen zu zweit schätze ich sehr. Außerdem liebe ich das Lesen, das ich für ein bevorzugtes Gespräch zwischen Autor und mir selbst halte.

Sehen wir uns nun an, welche Beziehungen zwischen diesen drei Erinnerungen bestehen.

Der Garten, das Haus und die Markthalle sind geschlossene Räume. Das Ganze vermittelt einen Eindruck von Schutz. Es gibt einen deutlichen Zusammenhang zwischen dem, was meine Erinnerungen enthüllen, und meinem Lebensstil. Wahrscheinlich bin ich jemand, der die Sicherheit einer vertrauten Umgebung braucht.

Wie Sie vielleicht bemerkt haben, taucht die Basis-Nuklearität nicht in meinen drei Erinnerungen auf, denn mein Vater ist nicht darin vertreten. Da wird es Sie nicht verwundern, wenn ich Ihnen sage, dass meine Eltern sich sehr früh haben scheiden lassen. Zum Zeitpunkt ihrer Trennung war ich sechs Jahre alt. Während meiner frühen Kindheit war mein Vater, zumindest soweit ich mich entsinne, sehr wenig da. Obwohl er nie die Hand gegen mich erhob, hatte ich große Angst vor ihm, besonders wenn er die Augenbrauen hob (was er oft tat). Seine Abwesenheit half mir zwar nicht sehr, mich für die große weite Welt zu öffnen – Sie erinnern sich, ich sagte, dass der Vater dem Kind die Außenwelt zeigt –, allerdings musste ich dafür auch kaum das väterliche Über-Ich ertragen, das oft, vor allem bei Jungen, Schaden anrichtet. Was Jean-Paul Sartre in dem Satz zusammenfasste: »Wenn die Väter Pläne haben, haben die Kinder Geschicke.«

Die zweite Erinnerung scheint die Unwichtigste unter den dreien zu sein. Obwohl man von einer Erinnerung an die Geschwister Aufschluss über die schwierigen Beziehungen zu seinen Brüdern und Schwestern erwarten könnte (immerhin war ich der Kleinste!), sagt sie nichts darüber aus. Tatsächlich glaube ich, dass diese zweite Erinnerung nur da ist, um zu verdeutlichen, dass das Haus auch einen nicht schützenden Charakter haben kann. Wäre ich erst später, mit zwei oder drei Jahren, von der Gouvernante geschlagen worden, dann hätte diese Erinnerung wie eine sensationelle Enthüllung hervorbrechen können, doch das war nicht der Fall.

Im Zusammentreffen von Außenwelt und Innenwelt passen die Berufe, die ich hintereinander ausgeübt habe, offenbar zu den drei Erinnerungen, die ich hier geschildert habe. Französischlehrer an der Berlitz-Schule, Dolmetscher und Übersetzer, Psychotherapeut, Autor, in allen vier Berufen findet man dieses Element der Vermittlung, ob es sich um die Übermittlung von Wissen handelt, um die Übersetzung einer Sprache in eine andere, die Deutung von Erinnerungen, Träumen oder Verhaltensweisen, oder um die Darlegung meiner Forschungsergebnisse für einen Leser. Nebenbei gesagt, passt es gut zu dem Bild, das ich von mir habe: Ich habe mich immer für einen »Vermittler« von Werten gehalten.

Sie sehen, wie unmittelbar die Erinnerungen von der aktuellen Situation des Erzählers beeinflusst werden. Dabei erschienen mir bestimmte Dinge zu persönlich, um sie in einem Buch zu veröffentlichen. Freud hatte das Gleiche gestanden, als er *Die Traumdeutung* veröffentlichte. In seiner Vorbemerkung zur ersten Ausgabe schrieb er: »Natürlich habe ich doch der Versuchung nicht widerstehen können, durch Auslassungen und Ersetzungen manchen Indiskretionen die Spitze abzubrechen; so oft dies geschah, gereichte es dem Werte der von mir verwendeten Beispiele zum entschiedensten Nachteile.«[60] Die drei Erinnerungen, die ich für Sie entschlüsselt habe, sind natürlich von einer ganz anderen Größenordnung als das persönliche Engagement, das Freud auf den gesamten fünfhundert Seiten seines Werks beweist, doch die Schwierigkeit ist nicht geringfügiger.

60 Sigmund Freud, *Die Traumdeutung*, Fischer Studienausgabe, Bd.2, Frankfurt 1982, S.22.

Gérald will niemandem etwas schuldig sein

Zu meiner Arbeit gehören gelegentlich auch Interventionen in Unternehmen im Rahmen von Fortbildungsmaßnahmen. Auf diese Weise lernte ich einen jungen Mann kennen – wir wollen ihn Gérald nennen –, der Probleme mit seinen Arbeitskollegen hatte. Man hatte ihm schon mehrmals von mir erzählt und angedeutet, es könnte gut für ihn sein, mit einer neutralen Person zu sprechen, aber er hatte nie einen Schritt auf mich zugemacht, da er der Ansicht war, er habe einem Psychologen nichts zu sagen. Unsere Begegnung fand in einem Flur statt, und bei einer Tasse Kaffee entspann sich unser erstes Gespräch.

Gérald war einer der langjährigsten Mitarbeiter des Unternehmens und erledigte seine Arbeit hervorragend. Er hatte eine mehr als vielversprechende Karriere vor sich, der einzig sein ziemlich unbeugsamer Charakter im Wege stand. Das ließ ihn regelmäßig mit seinen Vorgesetzten zusammenstoßen, denen er das Leben schwermachte. Mehrere Male schon hatte er kurz vor der Entlassung gestanden, dann aber waren die Dinge von allein wieder ins Lot gekommen. Er fand es merkwürdig, dass man ihn erst »wie den letzten Idioten« behandelte und dann nach ihm rief, wenn man ihn brauchte. Als eines Tages die Umstrukturierung des Unternehmens anstand, hatte man ihm sogar eine verantwortungsvollere Stelle angeboten.

Gérald liebte Herausforderungen. Nichts interessierte ihn mehr, als ein Projekt in den Anfängen zu übernehmen und durchzuziehen. Wenn jedoch die Hauptsache geschafft war, langweilte er sich schnell. In der Firma hatte er den Spitznamen »der Söldner« erhalten, was ihm keineswegs missfiel. Er bezeichnete sich als freimütig, ehrlich und aufrichtig und sagte, er ertrage weder »gemeine« Lügen noch Bösartigkeit.

Das Unternehmen hatte ihm eine Weiterbildung angeboten, doch nachdem er zunächst angenommen hatte, hatte er seine Entscheidung revidiert. »Die Schule war nie mein Ding, auch wenn ich immer gut war. Ich hab's dort nie ausgehalten. Ich mag das Schulsystem nicht, und vor allem ertrage ich die Mittelmäßigkeit der Lehrer nicht. Wenn ein Lehrer Unrecht hat, bin ich imstande, wie ein Löwe zu kämpfen, um ihm seinen Irrtum zu beweisen. Sie können sich vorstellen, wozu das führen kann …«

Schnelles Handeln war offenbar ein Leitmotiv bei ihm. Er war in vieler Hinsicht frühreif gewesen, im Sport (Surfen) wie bei erotischen Eroberungen. Mit zwanzig Jahren hatte er bereits ein Kind. »Jedenfalls verhielt ich mich immer anders, als es meinem Alter entsprochen hätte. Mit sechzehn verkehrte ich mit jungen Leuten, die fünfundzwanzig oder älter waren.«

Was aus Géralds Worten deutlich wurde, war der Hang zur Widerspenstigkeit oder, besser gesagt, der Drang, gegen den Strom zu schwimmen. Es war, als wollte er sich nichts und niemandem unterwerfen. Ich hätte daraus leicht auf eine hysterische Tendenz im Stil von Carmen (Wenn du mich nicht liebst, dann lieb ich dich …) schließen können, aber die Sache erschien mir nicht so klar. Vor allem beschäftigte mich die Sache mit der Andersartigkeit, und weil ich dachte, eine Kindheitserinnerung könnte mir weiterhelfen, schlug ich ihm unvermittelt vor: »Passen Sie auf, wir machen ein kleines Psychospiel, einverstanden? Könnten Sie mir eine sehr frühe Erinnerung, eine Kindheitserinnerung, wenn möglich, erzählen?« Nach nicht einmal drei Sekunden sagte er: »Als ich drei Jahre alt war, habe ich mich verirrt. Wir waren auf der Hauptstraße in Menton spazieren gegangen, es war eine Fußgängerzone, glaube ich. Ich war gemeinsam mit meiner Mutter und meiner Großmutter dort. Ich habe ein Baby in einem Kinderwagen angeschaut, und als ich den Kopf wieder hob, habe ich niemanden mehr gesehen. Man hat überall nach mir gesucht, die Feuerwehr und die Polizei wurden alarmiert. Ich bin ganz allein zu Fuß ins Haus meiner Großeltern gegangen, das fünfhundert Meter entfernt war. Ich bin auf den Gehsteigen gegangen und habe zwei Straßen überquert, bis ich in dem Haus ankam.«

»Kurz gesagt, haben Sie sich also ganz allein aus der Klemme gezogen?«, schloss ich. »Ja, so ist es.« Dann fragte ich ihn, ob er wisse, was seine Erinnerung bedeute? »Na ja, bedeutet sie, dass es mir gelungen ist, allein zurechtzukommen?« Ich nickte und schüttelte dann den Kopf. »Ich glaube, dass Ihre Erinnerung abgesehen von: ›Ich komme wunderbar allein zurecht‹ vor allem sagt: ›Ich brauche niemanden‹ und wahrscheinlich sogar: ›Ich will niemandem etwas schuldig sein‹.«

Ich sah, dass ich sein Interesse geweckt hatte. »So habe ich das noch nie gesehen«, sagte er zu mir. »Aber es stimmt. Zum Beispiel will ich nichts von Krediten wissen. Wenn ich ein Auto kaufe, zahle ich bar. Ich hasse es, Schulden zu haben. Ich helfe aus, wo ich kann, aber ich persönlich leihe mir nie Sachen von anderen.«

»Vielleicht ist die Bitterkeit«, fuhr ich fort, »mit der Sie vorhin erwähnten, dass man Sie erst ›wie den letzten Idioten‹ behandelt, aber dann nach Ihnen ruft, wenn man Sie braucht, tatsächlich gar nicht gerechtfertigt. Vielleicht lösen Sie selbst das aus. Da Sie den anderen nichts schuldig sein wollen, müssen die anderen bei Ihnen Bittsteller werden (wir, wir brauchen dich). Das könnte auch erklären, warum Sie als Manager nicht sehr erfolgreich sind. Ein Chef muss unweigerlich etwas von seinen Mitarbeitern ›verlangen‹. Sie aber fühlen sich am wohlsten, wenn andere etwas von Ihnen wollen. Das erklärt auch, zumindest teilweise, weshalb es Ihnen so sehr widerstrebt hat, mich anzusprechen. Vielleicht wollen Sie mir lieber nichts schuldig sein …«

Diese Erinnerung brachte ein Verhaltensmuster ans Licht, das weder Gérald noch die Unternehmensleitung vermutet hätten. Was man für ein cholerisches oder aufbrausendes Verhalten hätte halten können, konnte dadurch neu interpretiert werden als ein Verhalten, das in seiner frühesten Kindheit wurzelte. Denn es besteht ein großer Unterschied zwischen: »Ich komme allein zurecht« und: »Ich will niemandem etwas schuldig sein«. Die Botschaft, die Géralds Gehirn vermutlich gespeichert hat, lautete: »Ihr habt gedacht, kleine Kinder seien vollkommen von den Erwachsenen abhängig? Nun, ich habe euch gezeigt, dass ich sehr gut ohne euch zurechtkomme, auch wenn ich noch ein ganz kleines Kind bin.« Auf dieser Grundlage konnte Gérald die wahren Beweggründe verstehen, die sich hinter seiner Haltung verbargen, und wahrscheinlich wird er Entscheidungen nun besser im Einklang mit seinen Interessen fällen können.

Eine Erinnerung der Unsichtbarkeit: der Fall von Valérie

Man sollte nicht glauben, dass die Analyse von Erinnerungen immer so ergiebig ist. Obwohl ich Hunderte und Aberhunderte von Erinnerungen in meinem Leben gehört habe und reichlich Erfahrung in ihrer Interpretation habe, kommt es vor, dass die von einer Person geschilderte Erinnerung vollkommen unerklärlich ist, das heißt, dass ich nichts darin lesen kann. Wirklich überhaupt nichts. Man kann sich noch so sehr anstrengen, um einen Zusammenhang zwischen den Dingen zu erkennen, man findet nichts. In diesen Fällen ist man versucht, seine ganze Theorie in Frage zu stellen, und man braucht eine ordentliche Portion Optimismus, um nicht seine Sachen zu packen und nichts mehr damit zu tun haben zu wollen.

Eine Erinnerung, die nichts besagt, kann auch Ausdruck eines Lebensstils sein, durch den der Mensch sich unbewusst unsichtbar machen will. Manche Menschen maskieren sich, wie Bruno Bettelheim sagte, manche beweisen ganz einfach Diskretion und Zurückhaltung. Das sind keine Schattengestalten, es sind Menschen mit Zartgefühl und Schlichtheit.

Valérie, eine energische Frau von fünfzig Jahren, sagte eines Tages zu mir: »Ich bin deshalb nicht glücklich, weil ich es mir verbiete. Wir leben in einer Gesellschaft, in der es zu viel Ungerechtigkeit gibt. Ich bin froh, dass ich nicht besonders viel Geld verdiene. Verglichen mit denen, die nichts haben, fände ich es skandalös, zu viel zu haben.« Ich nehme diese Äußerung, die sie an mich heranträgt, zur Kenntnis, zugleich aber wächst in mir beim Zuhören, ich weiß nicht recht, warum, das Gefühl, dass sie in Wirklichkeit ihre Situation bedauert. Um ein wenig mehr über diese Einstellung zu erfahren, mit der sie sich offensichtlich einen schlechten Dienst erweist (im Allgemeinen verdient jeder gerne ordentlich Geld), schlage ich ihr vor, mir spontan eine Erinnerung aus ihrer frühen Kindheit zu erzählen. »Das ist dann unweigerlich in der Auvergne«, beginnt sie, »denn dort habe ich den ersten Teil meiner Kindheit verbracht. Das Haus, in dem ich wohnte. Im Gegensatz zu meinen Brüdern, um die meine Mutter sich selbst kümmerte, wurde ich von einem Kindermädchen erzogen, das gerade einmal achtzehn Jahre alt war. Ich weiß nicht, warum meine Eltern sie eingestellt haben, denn wir hatten schon Bedienstete im Haus. Außerdem arbeitete meine Mutter nicht. Komisch ist, dass ich nur vom Kindermädchen Fotos habe, auf denen es mich auf dem Arm trägt. Kein einziges von meiner Mutter. Ich erinnere mich, dass ich sehr traurig war, als dieses Mädchen uns verließ.«

Sie müssen zugeben, dass die Hinweise kaum zu sehen sind. Das einzige Detail, das meine Aufmerksamkeit erregt, ist, dass sie die Umgebung an den Anfang setzt und »das Haus, in dem ich wohnte«, hervorhebt. Wie Sie wissen, wird das Haus in der Psychoanalyse oft mit dem Bauch der Mutter assoziiert. Ich beschließe, dieses Detail im Hinterkopf zu behalten, und will sie gerade nach einer zweiten Erinnerung fragen, als sie mich unterbricht: »Was ich Ihnen gesagt habe, erinnert mich an etwas, das ich vollkommen vergessen hatte. Als Kind habe ich immer befürchtet, ich sei nicht die Tochter meiner Eltern. Ich hatte Angst, dass man mich in der Klinik verwechselt hätte.«

Diese Erinnerung, die ihr »wie durch Zufall« im richtigen Augenblick in den Sinn kommt, sagt mir, dass ich auf dem richtigen Weg bin. Wenn ich nicht die Tochter meiner Eltern bin, dann gehöre ich nicht zur Familie, ich habe keine rechtmäßige Existenz, mein Leben beruht auf einem Irrtum. Ich werde geduldet, aber ich habe nicht wirklich meinen Platz dort. Folglich muss ich mich unscheinbar machen und klein bleiben. Wenn ich nirgendwohin gehöre, habe ich außerdem ein schlechtes Gewissen, mir etwas anzueignen, etwas zu besitzen. Verständlich, dass es mit einem solchen Selbstbild schwer ist, das Leben und die Welt wie Alexander der Große zu erobern und aus voller Kraft in die Trompeten des Ruhms zu blasen.

Dieses »Ich/Nicht-Ich« hatte den Entwicklungsspielraum ihrer Persönlichkeit erheblich eingeschränkt. Weil sie das Gefühl hatte, sich unsichtbar machen zu müssen, war sie eine unscheinbare Frau geworden. Die Erinnerung war Ausdruck ihres Lebensstils. Der Stil eines Lebens im Verborgenen und Geheimen.

Es ist nichts Schlechtes daran, im Verborgenen zu leben. Das ist eine Frage des Temperaments. Manche Menschen müssen brillieren, andere wollen vor allem nicht auffallen. Es fällt ihnen sehr schwer, das Leben, einen Glücksfall oder die Annehmlichkeiten des Daseins zu genießen. Sie gestehen sich nicht das Recht dazu zu. Sie leben eher zurückgezogen, als kontaktfreudig zu sein. Zugleich handelt es sich oft um sehr interessante Menschen mit einem hohen kulturellen Niveau, denn sie haben ein reiches Innenleben, stellen sich viele Fragen, lesen gerne und so weiter. Es ist nicht so, dass sie kein Interesse erregen, aber sie fühlen sich uninteressant. Diese Diskrepanz in der Wahrnehmung führt dazu, dass sie aus einem Minderwertigkeitskomplex heraus vor zwischenmenschlichen Beziehungen fliehen und anderen Menschen aus dem Weg gehen. Durch ihre Zurückgezogenheit vermitteln sie den Eindruck, sie interessierten sich nicht für andere, während sie in Wirklichkeit schlichtweg beeindruckt sind.

Ausgehend von einer allgemeinen Aussage über die Gesellschaft und ihre Ungerechtigkeiten konnte Valerie eine Erinnerung wachrufen und eine sehr alte Angst formulieren (die Angst, nicht die Tochter ihrer Eltern zu sein). Diese Angst weist darauf hin, welchen Weg sie möglicherweise eingeschlagen hat, um einen Lebensstil zu realisieren, der einem tief verwurzelten Lebensgefühl entspricht. Eine Kindheitserinnerung, die anfänglich im wörtlichen Sinn *nichtssagend* schien, erwies sich als sehr aussagekräftig, sobald man sie nicht nur in Bezug auf den Diskurs, sondern in Bezug auf den Lebensstil der Person deutete: Ich mache mich unsichtbar, also bin ich.

Jede Interpretation setzt voraus, dass wir unsere Analyse auf eine solide Basis und fundierte Grundlagen stützen können. Erinnerungen sind jedoch, genauso wie Träume, ihrem Wesen nach subjektiv. Wie also soll man dann Realität und Fiktion auseinanderhalten können? Es ist sinnvoll, zwischen unterschiedlichen Situationen zu differenzieren. In bestimmten Fällen spielt die Wahrheit nur eine unbedeutende Rolle, ich würde sogar sagen, sie ist vollkommen unwichtig. Haben Sie zum Beispiel die Plastikuhr, die Ihnen Ihr Patenonkel zum sechsten Geburtstag geschenkt hat, in Deauville oder in Trouville verloren? In anderen Fällen, besonders wenn es sich um Quälereien, physische oder psychische Gewalt oder sexuellen Missbrauch handelt, muss die Wahrheit unbedingt ans Licht gebracht werden, denn gerade die Verschwommenheit, die Ungewissheit oder die Verleugnung, in der ein solcher Mensch über viele Jahre hinweg gefangen war, haben verhindert, dass der Prozess der Erkenntnis, Heilung oder Trauer in Gang kommt.

Die Wunden der Seele verheilen, wenn man sie behandelt. Und um sie zu behandeln, muss man sie offen zur Sprache bringen, was nicht immer einfach ist, denn im Aufruhr der Gefühle verliert man leicht die Orientierung und beginnt an allem zu zweifeln, auch an den eigenen Erinnerungen.

Teil 4

Verletzungen

1

Wahre Geschichte, falsche Geschichte

> Da begann meine Erinnerung an die ersten fünf Jahre meines Lebens wiederzukehren, die meine Großmutter Paulina und alle anderen mit dem Mantel des Schweigens zugedeckt hatten.
>
> ISABEL ALLENDE
> *Porträt in Sepia*

Der Anteil der Verfälschung in unseren Kindheitserinnerungen

Wenn jemand eine Psychotherapie beginnt, dann ist es für ihn oft unangenehm, seine Erinnerungen preiszugeben, weil es ihm schwerfällt, das, was er real erlebt hat, von dem zu unterscheiden, woran er sich erinnert. Aus Sorge um die Wahrhaftigkeit will der Betreffende den Therapeuten vor dem zweifelhaften Wahrheitsgehalt mancher Informationen warnen. In diesem Fall bemühe ich mich, ihn zu beruhigen, indem ich ihm zu verstehen gebe, dass seine Empfindungen vollkommen normal sind, weil die Fakten und Geschichten, die er erzählt, unweigerlich den Filter seiner Subjektivität passieren und folglich keine objektive Wahrheit darstellen können. Im Übrigen vermittle ich das normalerweise in Form eines Scherzes in der Art von: »Beruhigen Sie sich, ich glaube Ihnen absolut nicht aufs Wort«, eine paradoxe Aussage, die natürlich die Situation entspannt, dem Betreffenden zugleich aber versichert, dass seine Botschaft ganz und gar verstanden wird.

Bei Erinnerungen spielt die *wahrhaftige Wahrheit* nur eine unbedeutende Rolle. Viel interessanter ist es, in welche Form wir sie gießen. In der ersten Erinnerung aus meiner eigenen Kindheit, von der ich Ihnen erzählt habe, habe ich von einem Schmetterlingsnetz gesprochen. Bei genauerem Nachdenken erinnere ich mich, dass es sich um einen Kescher handelte, den meine Mutter in einem Anglerbedarfsgeschäft am Meer gekauft hatte. Das Interessante daran ist, wie ich in meiner Erinnerung als Erwachsener die Verwendung dieses Gegenstands verändert habe. Warum habe ich mich nicht daran erinnert, dass ich damit Crevetten fischen ging? Oder dass ich ihn meinem Bruder wie einen Hut aufsetzte? Oder dass ich ihn mir wie eine Fechtmaske vor das Gesicht hielt? All diese Anekdoten aus meinem Leben fallen mir erst im Nachhinein ein. Darin liegen zugleich die Bedeutung von Erinnerung wie ihr Geheimnis und ihr latenter Sinn. Mein Unbewusstes hat durch die Erinnerungsarbeit auf seine Weise die Elemente rekonstruiert, die nötig waren, um einen sinnvollen Zusammenhang mit meinem Lebensstil herzustellen.

Das Unbewusste hat mit der Wahrheit nichts im Sinn; die einzige Wahrheit, die ihm wichtig ist, ist die Empfindung, die aus der erlebten Situation folgt, und die Art, wie es diese Empfindung im Rahmen unserer gesamten psychischen Ökonomie einordnen kann. Dabei ist zu beachten, dass auch unsere Schwächen und unsere Widerstände auf die gleiche Weise durch den Filter unserer Subjektivität hindurchgehen und dass auch sie die Wahrnehmung, die wir von unseren Erinnerungen haben, verändern können. Lebensphasen, die für uns schwierig waren, die uns nicht gefallen haben oder in denen wir leiden mussten, Phasen, in denen unser Selbstbild Schaden nahm (durch Niederlagen, Demütigungen, Schamgefühle ...), werden meist von unserem Unbewussten umgeschrieben, es drückt ihnen dann den Stempel *seiner* Wahrheit auf.

Alle Menschen unserer Umgebung, die unsere Kindheit geprägt haben oder Teil derselben waren, haben ihre eigene Wahrnehmung der Ereignisse. Wenn ihre Projektionen mit den unseren kollidieren, sehen wir uns ziemlich komplizierten Verwicklungen gegenüber. Manchmal bewegen sich diese Differenzen auf relativ anekdotischer Ebene (Sie erinnern sich an die Geschichte vom abgebrochenen Zahn meiner Schwester). Manchmal allerdings geht es, wie wir sehen werden, um weitaus ernstere Dinge.

Erinnerungen, die uns verweigert werden

Auch wenn im Allgemeinen Einigkeit darüber besteht, dass das durchschnittliche Alter der frühesten Kindheitserinnerungen bei drei, vier Jahren liegt, reicht das Gedächtnis mancher Menschen viel weiter zurück; das irritiert deren Eltern, die es für unmöglich halten, dass ihr Kind sich an so weit zurückliegende Dinge erinnern kann. Anstatt die Worte des Kindes zu akzeptieren oder sogar froh darüber zu sein, tendieren sie dazu, ihm auf den Kopf zuzusagen, dass so etwas unmöglich ist, dass es sich irrt oder phantasiert und so weiter. Gewiss, manche erinnerte Einzelheiten aus der Vergangenheit haben wenig Bedeutung; wenn es sich jedoch um wichtigere Fragen handelt, dann kann die zweifelnde, spöttische oder rachsüchtige Haltung der Eltern im Kopf des Kindes Verwirrung anrichten. Es muss dann auf den einen oder anderen Teil seiner Kindheit verzichten, um nicht in einen Konflikt mit dem betreffenden Elternteil zu geraten. Ich habe Ihnen erzählt, dass ich als Einjähriger von einem

Kindermädchen geschlagen wurde. Zwar kann ich mich nicht daran erinnern, eine andere Person aber – Sie vielleicht? – hätte sich sehr wohl trotz des frühen Alters daran erinnern können. Man darf nicht glauben, dass es sich dabei nur um Prinzipienreiterei handelt, dass das Kind sich gegen alle Wahrscheinlichkeit in eine unglaubliche Sturheit verrennt. In der Psychotherapie tendiere ich dazu, den Erinnerungen von Kindern weitgehend Glauben zu schenken, denn ich sehe nicht, welchen Vorteil sie aus Lügen ziehen würden. Im Übrigen bringen mich die Einzelheiten, mit denen sie ihre Erinnerungen ausschmücken, meist zu dem Schluss, dass an ihrer Wahrhaftigkeit kein Zweifel besteht. Meinem Gefühl nach schätzen die Eltern es nicht besonders, wenn ihre Sprösslinge sich als Wunderkinder erweisen; das ist, als ob sie selbst sich dadurch herabgesetzt fühlen. Dennoch glaube ich, dass es wichtig ist, dem Kind seinen Schatz an Erinnerungen zu lassen; denn selbst wenn sie teilweise fehlerhaft sind, so sind diese Irrtümer Teil eines Gesamterlebens, das eben deshalb für das Kind grundlegend ist, weil es eine Form erhält.

Andere Eltern machen sich ein boshaftes Vergnügen daraus, die Karten der Familienvergangenheit durcheinanderzubringen, entweder weil sie sich schämen, weil sie ein Geheimnis bewahren wollen oder auch aus vollkommen absurden Gründen, etwa weil sie sich Überlegenheit und Macht über das Kind sichern wollen. Nichts ist leichter, als einem Jüngeren gegenüber zu behaupten, seine Erinnerungen seien unzutreffend, wenn man ihm altersmäßig überlegen ist. Man kann ruhig das Gegenteil behaupten und die überzeugendsten Argumente vorbringen. Wenn der andere nicht davon abzubringen ist, rennt man mit dem Kopf gegen die Wand. Das bringt mich auf Danièle, eine junge Frau in meiner Praxis, die sich erinnerte, dass sie als kleines Mädchen oft gehört hatte, wie ihre Großmutter von ihrer jüdischen Abstammung erzählt hatte. Ihre Mutter hingegen legte später immer größten Wert darauf, das Gegenteil zu behaupten, und gab vor, ihre Großmutter hätte niemals etwas Derartiges erzählen können, sie sei »ganz einfach« italienischer Abstammung und damit basta!

Man ahnt hinter dieser Geschichte das Dilemma, in dem sich die junge Frau gefangen sah. Denn wem sollte sie glauben? Kann man sich so sehr täuschen? Warum sollte die Großmutter gelogen haben? Warum versteifte sich ihre Mutter mit solchem Nachdruck darauf, diese Tatsache zu leugnen? Danièle hatte jedenfalls das Gefühl, dass man ihr einen Teil ihrer Identität raubte, und beharrte erst recht auf ihrer Aussage, als ihre Mutter eine offensichtlich unbeugsame und autoritäre Position einnahm. Danièle gab nicht nach und forschte bei den anderen Angehörigen nach, insbesondere bei ihrem Urgroßvater, der anfänglich auch behauptete, nichts davon zu wissen. Dann aber gab er zu, dass ihre Familie, die mütterlicherseits jüdisch war, zuerst in Armenien gelebt hatte, bevor sie nach Italien ausgewandert war. Vielleicht denken Sie nun, diese Herkunftsgeschichte hätte keinerlei Bedeutung. Sie gewann sie jedoch, als Danièle einen jungen Mann aus einer gläubigen jüdischen Familie kennen lernte, für die eine außerkonfessionelle Heirat undenkbar war.

Soweit mir bekannt ist, nahm diese Geschichte ein gutes Ende. Wie viele andere aber bleiben ungelöst stecken oder lassen Menschen an den Klippen des Zweifels und der Verleugnung Schiffbruch erleiden, weil die familiäre Umgebung nicht eingesteht, was wirklich passiert ist? Viele unter uns werden so eines Teils ihrer Vergangenheit beraubt. Bei den einen geht es dabei um eine Frage der Herkunft, bei den anderen um die verborgene Existenz eines Geliebten oder einer Geliebten im Leben ihrer Mutter oder ihres Vaters, bei wieder anderen um die

Armut, in der sie eine Zeitlang gelebt haben und die die Eltern bagatellisieren oder auch totschweigen wollen und so weiter.

Diese Situationen, in denen Erinnerungen von nahen Angehörigen abgestritten werden, sind oft sehr schmerzhaft, denn sie bringen den oder die Betroffene dazu, an ihrem eigenen Gedächtnis und ihren geistigen Fähigkeiten und schließlich an sich selbst zu zweifeln. Man muss außerdem bedenken, dass solche Verleugnungen ernsthafte körperliche Leiden und Störungen hervorrufen können, versperren sie dem Betreffenden doch den Zugang zur Totalität seiner Geschichte. Noch schwieriger wird die Situation, wenn das wirklich erlebte, aber abgestrittene Ereignis eigentlich eine Trauerarbeit erfordern würde, die aber eben aufgrund jener Verleugnung unmöglich wird. Was dann durchaus zum Genozid führen kann.

So werden aus den Erinnerungen, die man uns verweigert, Erinnerungen, denen wir *uns* verweigern; ein bisschen ist es so, als ob wir uns mit dem wehtun wollten, was uns wehtut oder wehgetan hat. Manchmal handelt es sich um ein verborgenes, schleichendes Unglück, manchmal, im Gegenteil, um ein unübersehbares. In beiden Fällen haben wir Grund zu der Annahme, dass wir es mit wirklich traumatischen Situationen zu tun haben.

Wir berühren hier die Frage der Familiengeheimnisse und unausgesprochenen Wahrheiten, mit der sich die Psychotherapeutin Anne Ancelin-Schützenberger befasst hat. Lassen Sie mich ein Wort dazu sagen. In ihrem Buch[61] schildert sie auf ergreifende, um nicht zu sagen, verstörende Weise, wie schwer Familiengeheimnisse auf einem Menschen lasten können, wenn sie von seiner Psyche wahrgenommen, aber nicht ins Bewusst-

61 Anne Ancelin-Schützenberger, *Oh, meine Ahnen! Wie das Leben unserer Vorfahren in uns wiederkehrt.* Carl-Auer-Systeme, Heidelberg 2005.

sein gehoben werden können. Sie führt dabei Fälle an, bei denen selbst schwere Krankheiten wie Krebs überraschend geheilt wurden, weil Dinge, die über mehrere Generationen hinweg in den Familien geheim gehalten wurden, Zugang zum Bewusstsein erhalten. »Ich arbeite«, so führt sie aus, »mit dem Genosoziogramm […] und oft rekonstruiere ich die Vergangenheit über zwei Jahrhunderte, das sind sieben bis neun Generationen, hinweg.«[62] Der Gegenstand ihrer Analyse? »Dinge, ›deren man sich schämt‹, oder die ›nicht angesehen‹ sind, eine ›schwierige Situation‹ für die Familie, ›hässliche‹ oder ›zwielichtige‹ oder ›ungute‹ Dinge … Es kann sich beispielsweise um einen Mord, einen verdächtigen Todesfall, Tuberkulose, Syphilis, eine Einweisung in eine geschlossene Anstalt, einen Aufenthalt in der Psychiatrie oder im Gefängnis handeln, um einen Konkurs, eine ›schändliche‹ Krankheit, einen Ehebruch, einen Inzest.« Es geht darum, so sagt sie, »etwas oder jemanden zu vergessen, der sich selbst oder die Familie diskreditiert hatte. Die Familie schämte sich dessen und sprach nicht wieder davon.«[63]

Solche Dramen aufgrund von Familiengeheimnissen findet man auch in den Erinnerungen, die die Familie einem Kind verweigert (man will etwas vergessen, über das man nicht mehr spricht), und auch wenn die Ursachen andere sind, so sind die Folgen für das psychische Gleichgewicht oder die Gesundheit ziemlich die gleichen. Ich werde auf dieses Problem in all seiner Schärfe eingehen, wenn ich über das Schweigen spreche, das sexuellen Missbrauch und Inzest umgibt.

62 ebenda, S. 27.
63 ebenda, S. 70.

Erinnerungen, die uns nicht gehören (Kuckuckserinnerungen)

Wir tragen in uns Erinnerungen, die uns nicht gehören. Ich nenne sie Kuckuckserinnerungen (der Kuckuck ist dafür bekannt, dass er seine Eier zum Ausbrüten in fremde Nester legt). Der Fall kommt nicht so selten vor, dass es überflüssig wäre, ihn hier zu erwähnen. Er verdient unser Interesse umso mehr, wenn er an erster Stelle in einer Reihe von drei Erinnerungen auftaucht.

Vor kurzem fragte einer meiner Freunde (wir wollen ihn hier Jean nennen) nach dem Thema meines nächsten Buchs. Als ich ihm sagte, dass meine Untersuchung die dynamische Struktur von Erinnerungen beträfe, rief er aus: »Ich habe ab-so-lut gar nichts mit Erinnerungen zu tun.« Da ich seine Reaktion interessant fand, bat ich ihn, mir trotzdem eine zu erzählen.

»Eine echte Erinnerung oder eine, die man mir erzählt hat?«, fragte er mich.

»Wie du willst«, antwortete ich.

»Ich habe eine, die man mir erzählt hat. Ich war ein Jahr alt, meine Mutter war ins Krankenhaus gebracht worden; man hatte mich bei einer Pflegemutter untergebracht. Das Ganze ist ein wenig schleierhaft …«

Es ist wahr, dass Kuckuckserinnerungen einen etwas speziellen Charakter haben. Denn wir schleppen sie bestimmt nicht ohne Grund in unserer Biographie herum. Ich analysiere sie, als seien sie Teil unserer persönlichen *Mythologie*. Was ist ein Mythos? Der Einfachheit halber würde ich sagen, es ist die Geschichte einer Person oder Persönlichkeit, die zu einer öffentlichen Figur geworden ist. Unsere persönlichen Mythen machen unsere

Lebensgeschichten einzigartig oder untermauern sie. Wie Sie bemerken, handelt es sich im Allgemeinen um außergewöhnliche Dinge. Wenn ein Erwachsener eine Geschichte erzählt, wiederholt und kommentiert, dann muss sie wirklich aus dem Alltag hervorstechen. Um auf meine zweite Kindheitserinnerung zurückzukommen: Sie erinnern sich, dass ich gesagt habe, ich hätte diese Geschichte, dass mich ein Kindermädchen geschlagen hat, nur wiedergegeben. Sie erinnern sich auch, dass ich schilderte, wie sehr ich aus diesem Vorfall *Profit geschlagen,* die Opferrolle ausgenutzt habe, die ich mit Sicherheit in meiner Kindheit missbrauchte.

Doch der Mythos wirkt nicht nur im Positiven. Die Einzigartigkeit kann auch auf einem Makel oder einem diskriminierenden Vorfall beruhen. Beispielsweise (jetzt erfinde ich ein bisschen) ist allgemein bekannt, dass Martine (oder Frédéric oder Armand) mit drei Jahren in das Auto von Onkel René gemacht hat, weil sie plötzlich Durchfall bekam. Ja, auch mit dieser Sorte negativer Mythen muss man rechnen, und es ist nicht leicht, damit zu leben, vor allem, wenn die familiäre Umgebung jede Gelegenheit nutzt, um die Sache wieder aufzuwärmen und darüber zu lachen. Meine ältere Schwester aß einmal Kirschen und gab meiner kleineren Schwester die Kerne zu essen, die sie natürlich der Reihe nach schluckte. Das ist keine persönliche Erinnerung, aber ich erinnere mich an diese Anekdote als an eine ziemlich phantastische Geschichte, die oft erzählt wurde. Für meine Schwester, die *Kernschluckerin*, jedenfalls, die wohl schon einiges auszuhalten hatte, als sie die Kerne wieder ausscheiden musste, war der Mythos, der jahrelang danach in Umlauf war, wohl kaum weniger unangenehm.

Wir alle haben neben unseren eigenen Erinnerungen auch Kuckuckserinnerungen. Die Kindheit und das Familienleben bilden in dieser Hinsicht ein fruchtbares Beziehungsgeflecht, in dem persönliche und kollektive Geschichten Gestalt annehmen, aufeinanderprallen und sich entwickeln. Jean sagt, er habe nichts mit Erinnerungen zu tun, aber die Erinnerungen haben etwas mit ihm zu tun. Sie verraten unweigerlich etwas über ihn und den unbewussten Teil seiner Psyche.

Falsche Erinnerungen und mentale Manipulation

Das Vorhergehende bringt mich zu einer Frage, über die bereits viel geschrieben wurde, vor allem jenseits des Atlantiks. Ich meine die Aufdeckung *angeblicher* verdrängter Erinnerungen an einen *vorgeblichen* sexuellen Missbrauch ihrer Patienten in der Kindheit durch amerikanische Psychotherapeuten und Psychoanalytiker. Meiner Ansicht nach fehlt es der wissenschaftlichen Welt noch an Abstand zu dieser Frage, so offenkundig es ist, dass das Problem existiert.[64] Welche Stellung soll man also angesichts dieses Problems beziehen?

Jeder halbwegs erfahrene Psychotherapeut begegnet in seiner Praxis Menschen, die eine Inzestproblematik schildern. Manchmal ist der Diskurs über das erlittene Trauma außerordentlich klar. Dem Psychotherapeuten obliegt es dann, die Botschaft dieses Leidens aufzunehmen und dem Betroffenen zu helfen, sie zu kanalisieren und in Worte zu fassen. In anderen Fällen aber ist der Diskurs nicht so durchschaubar, und der Psychothe-

64 Ich denke dabei besonders an die in mancher Hinsicht interessanten, aber sehr umstrittenen Arbeiten des Psychologen Hubert van Gijseghem, ordentlicher Professor an der *École de psycho-éducation* der Universität von Montréal. Ich empfehle Ihnen seine Internetseite: www.sosfemmes.com/infos/infos_archives30_humanisme_pedocriminalite.htm. Dort finden Sie insbesondere einen Artikel von Léo Thiers-Vidal mit dem Titel: »Humanisme, pédocriminalité et résistance masculiniste«, der die Arbeiten des kanadischen Psychologen in Frage stellt.

rapeut muss dann helfen, das Knäuel von Gedanken, Gefühlen, Emotionen und Zweifeln zu entwirren, die das Gedächtnis des Menschen überfluten. Wenn der Psychotherapeut in seinem Beruf nicht genügend Erfahrung hat oder wenn er im Gegenteil abgestumpft und überheblich ist, kann die Versuchung groß sein, den Retter zu spielen oder *schnell machen* zu wollen, indem man die Erinnerungen des Betreffenden willkürlich »dirigiert«, selbst um den Preis, dass man dadurch die Wahrheit oder die Realität der Fakten aus den Augen verliert. Man kann sich mühelos die Verzweiflung eines Menschen vorstellen, der wegen eines ganz anderen Problems gekommen ist und sich nun plötzlich mit einer grauenhaften Geschichte seiner selbst konfrontiert sieht, von der er noch nie ein Wort gehört hat.

Ich glaube, dass jeder Psychotherapeut schon einmal beschleunigend in eine Therapie eingegriffen hat, beispielsweise indem er etwas Falsches behauptet, nur um die Wahrheit ans Licht zu bringen. Aber auch wenn das bei, sagen wir, belanglosen Fragen verständlich ist, so gilt das in keiner Weise für so schwerwiegende Gegebenheiten wie etwa Inzest. Die überwältigende Mehrheit der Psychotherapeuten weiß um die Gefahren solcher Projektionen. Ihr Verantwortungsbewusstsein lässt sie Informationen oder Hypothesen, die wie beiläufig während einer Sitzung auftauchen, wenn der Patient eine Vertraulichkeit oder einen Zweifel äußert, mit großer Vorsicht und Ruhe aufgreifen. Manchmal tauchen sie erst zwischen Tür und Angel auf. In jedem Fall geht es darum, die Erinnerungen aufsteigen zu lassen und sie nicht direktiv im Dienst weiß Gott welcher Sache hervorzuholen.

2
Erinnerung und Trauma

> Mehr noch als die Hoffnung ist die Erwartung der Motor des Lebens.
>
> TIM GUÉNARD
> *Tagueurs d'espérance*

Zu den schwerwiegendsten Problemen, die Erinnerungen und insbesondere Kindheitserinnerungen aufwerfen, gehören Traumata. Diese Traumata nehmen verschiedene Formen an. Es sind miterlebte oder erlittene Traumata, Traumata, die mit einer Situation verbunden sind, an der das Kind mehr oder weniger stark beteiligt war, und schließlich Traumata, die das Kind bei anderen verursacht hat, ob es nun dafür verantwortlich ist oder nicht.

Diese Traumata fließen über die Erinnerungen in eine unweigerlich veränderte Selbstwahrnehmung ein, und das führt durch eine Verkettung von *teuflischer* Logik wiederum zu einer Veränderung der Wahrnehmung, die das Kind vom anderen, von der Welt und vom Leben hat (und weiter ausformt). Ich komme auf diese Frage zurück, wenn ich auf das Problem der Schuldgefühle eingehe, wo sie sich in aller Schärfe stellt.

Manchen Kindern gelingt es, die erlittenen Traumata unbeschadet zu überstehen. Meist weiß man nicht recht, wie man sich diese Hundertachtzig-Grad-Wendung erklären soll. Oft ist es die Begegnung mit einem Dritten, die dem Schicksal eine

Wendung gibt (ein netter Lehrer, ein verständnisvoller Erzieher, ein besonders liebevoller Nachbar oder eine Nachbarin). Es kann auch ein Clochard sein, der Freundschaft mit ihnen schließt, wie Tim Guénard[65] so bewegend schildert! Unglücklicherweise trifft das Kind nicht immer auf den richtigen Menschen oder den richtigen Zuhörer, entweder weil er im entsprechenden Moment nicht anwesend ist oder weil das Kind selbst ihn nicht hören oder sich ihm anvertrauen kann …

Sagen wir es ohne Umschweife: Die Bilder, die mit traumatischen Kindheitserinnerungen verknüpft sind, füllen einen unerträglichen Leidenskatalog: Bösartigkeit, Grausamkeit, Hinterhältigkeit, Ungerechtigkeit, Willkür, Zwänge, Misshandlungen, schlechte Behandlungen, Sadismus, Perversionen, körperliche, psychische und moralische Gewalt, sexuelle oder inzestuöse Aggressionen. Millionen von Kindern werden so jeden Tag und in allen Teilen der Welt Opfer der Grausamkeit, Ausschweifung und Barbarei von Eltern oder neurotischen, verrückten, lasterhaften oder gestörten Erwachsenen.[66]

Es wäre abwegig, Traumata »nach dem Schweregrad klassifizieren« zu wollen mit dem Ziel, das objektive Ausmaß der erlittenen Schäden zu bewerten. Ungerechtigkeit, Feigheit, Verstocktheit, Abscheulichkeit und Verkommenheit kennen keine

65 Tim Guénard, *Tagueurs d'espérance*, Presses de la Renaissance, Paris 2002.

66 So unglaublich es erscheinen mag, aber erst vor zwanzig Jahren begann man sich wirklich für von Kindern erlittene Traumata zu interessieren. In einem Artikel mit dem Titel »Troubles psychotraumatiques chez l'enfant« führt der Psychiater Gérard Lopez aus: »Das Posttraumatische Belastungssyndrom (PTBS) wurde erst in den achtziger Jahren von der American Association for Psychiatry anerkannt. Seitdem stellt PTBS die am häufigsten diagnostizierte psychische Störung bei Kindern dar, die ein traumatisches Erlebnis erlitten haben.« *Progrès en pédiatrie*, Nr. 17, Pédiatrie sociale, Doin Éditeurs, Rueil-Malmaison 2004, S. 265.

Klassifizierung. Das Böse ist nicht relativierbar: Wir haben es hier mit einem Zustand zu tun, nicht mit einem Maßstab. Das Trauma, das ein Erwachsener einem Kind zugefügt hat, muss als solches anerkannt werden, und Psychologen und Psychotherapeuten müssen sich darum bemühen, es nicht zu verwässern unter dem Vorwand, der Weg zur Trauerarbeit würde dadurch erleichtert. Denn nur wenn das Trauma in seiner Totalität anerkannt wird, kann es aufgearbeitet werden.

Das erlittene Trauma

Wenn man in einem Lexikon nachschlägt, kann man unter dem Stichwort *Trauma* lesen: »Substantivisches Neutrum. Gesamtheit der durch eine Verletzung, einen Schock, eine plötzliche, tiefgreifende Emotion verursachten Störungen.«

Kleine, mittelgroße, ältere Kinder ... wie viele Kinder sind der Willkür von Erwachsenen ausgeliefert, die sie angeblich erziehen oder ihre Autorität ausüben, in Wahrheit aber kränken, quälen, peinigen und unterdrücken? Wie viele leben in ewiger Unsicherheit, Anspannung und Angst? Gewalt besteht nicht nur aus Schlägen auf den Körper. Sie kann ebenso verdeckte wie bewusst gesteuerte Formen annehmen: Druck, Böswilligkeit, unterschwellige Andeutungen, Schikanen, Widerwärtigkeiten und prinzipielle Verweigerung können die Moral eines Kindes so unmerklich unterminieren, wie ein Krebs über lange Jahre hinweg die gesunden Zellen eines Körpers zerstören kann. Das Auffällige ist ja gerade diese Diskrepanz zu dem Bild, das eine so genannte *in jeder Hinsicht gute* Familie nach außen hin bietet, während sie nach innen ihre Kinder durch psychische Gewalt und hinterhältigste Zwänge vergiftet.

Die Frau ist dabei entweder selbst aktiv an dieser Gewalt beteiligt, oder sie bleibt auch nicht davon verschont. Vor kurzem bat ich eine etwa vierzigjährige Dame, eine Liste der Ängste zu erstellen, die sie vor der Trennung gegenüber ihrem Mann empfand. Sie listete mindestens fünfundzwanzig verschiedene Ängste auf. Ich weise darauf hin, dass es sich um ein Apothekerehepaar handelte. Am schwersten aber fiel es ihr, über die seelische und manchmal körperliche Grausamkeit ihres Mannes gegenüber ihren Kindern zu sprechen, denn sie hatte sich immer zutiefst schuldig gefühlt, weil sie sie nicht davor hatte schützen können. Einige Zeit später bat ich sie, alle Ängste auf der Liste zu streichen, von denen sie sich seit ihrer Trennung befreit hatte. Sie strich alle bis auf zwei: die Angst, ihrem Mann beruflich nicht das Wasser reichen zu können, und die Angst, keinen anderen Mann zu finden, den sie lieben könnte und der sie auch lieben würde. Im gleichen Zug bat ich sie, eine Liste der Freiheiten aufzuschreiben, die sie seit ihrer Trennung gewonnen hatte: Sie kam auf nicht weniger als zweiunddreißig Punkte. Der erste war: »Die Freiheit, morgens anzuziehen, was ich will« und der letzte: »Die Freiheit zu reden, ohne Angst zu haben, ich könnte damit Missfallen erregen«. Man sieht an diesen beiden Beispielen, wie sehr ein Mensch in einem bestimmten Kontext – oft in der Isolation – sich gegenüber einem anderen zum Kind machen kann, und man kann sich auch sehr gut vorstellen, wie die Kinder selbst behandelt wurden. Widersprüchliche Botschaften, Drohungen, Schreien, Erpressungen aller Art, Lügen, täglich wiederholte, haltlose Vorwürfe bringen das Kind dazu, sich »abzuschotten« oder sich aus sich selbst auszuschließen, um nicht leiden zu müssen. Wie aber soll dieses Kind dann noch Selbstachtung entwickeln? Welche Erinnerungen werden ihm aus diesen Jahren der Angst, Furcht und Anspannung bleiben?

Das miterlebte Trauma

Unter dem Aspekt des Traumas (ich betone: unter dem Aspekt des Traumas, nicht unter dem der Konsequenzen) gibt es kaum einen Unterschied zwischen einem miterlebten und einem selbst erlittenen Trauma. Ein kleiner Junge kann durch eine Explosion einen Arm verlieren, aber er kann die Szene auch nur in panischem Entsetzen miterleben, ohne selbst verletzt zu werden. Ich erinnere mich, dass ich mit etwa acht Jahren Zeuge einer Schlägerei zwischen zwei Männern in einem öffentlichen Park wurde. Einer lag am Boden, und der andere trat ihm mit den Füßen ins Gesicht, während dieser schon halb bewusstlos war. Ich erinnere mich, dass er keuchte und mit blutüberströmtem Mund und Gesicht auf dem Boden kroch. Er konnte sich nicht mehr wehren, aber der andere versetzte ihm weiterhin Fußtritte ins Gesicht. Ich habe in meinem Leben einige nur schwer erträgliche Szenen gesehen, doch diese wird für immer in mein Gedächtnis eingemeißelt bleiben, so viel Angst jagte sie mir ein.

Schmerzhafte oder gewaltsame Erlebnisse in der Kindheit hinterlassen eine unauslöschliche Spur, denn sie berühren unsere Kinderseele, das heißt jenen Teil in uns, der so zerbrechlich ist, weil er noch unbeschrieben und unschuldig ist. Szenen der Zerstörung und Ungerechtigkeit, voll verbaler, psychischer oder physischer Gewalt, mit makabren, schlüpfrigen oder unangebrachten Äußerungen prägen sich tief in die Seele des Kindes ein. Erinnern wir uns an Christiane, deren Schwester oft und brutal von ihrer Mutter geschlagen wurde, während sie verschont blieb. Man kann sich das jeweilige Trauma der beiden Mädchen vorstellen: die eine geschlagen, die andere gezwungen, bei diesen alptraumhaften Szenen zuzusehen.

Das Trauma, an dem das Kind selbst beteiligt ist

Wenn es um Traumata geht, spricht man oft von Kindern, die Opfer Erwachsener werden, aber man denkt weniger an die Traumata, an denen sie selbst beteiligt sind, auch wenn man bei ihnen nicht von einem Fehlverhalten oder ihrer Verantwortung sprechen kann. Diese Erinnerungen können im Kopf des Kindes extrem lebendig bleiben, und der ständige Gedanke daran kann sehr schmerzlich sein. Wenn nichts dagegen unternommen wird, wenn ihm keine psychotherapeutische Hilfe zuteilwird, werden Schweigen, Scham, Schuldgefühle, Gewissensbisse und Traurigkeit zu seinem täglichen Los.

Ein Mann wird eines Tages von dem ihn behandelnden Arzt in meine Praxis geschickt; dieser glaubte im Gespräch mit ihm gravierende psychische Probleme festzustellen, zu deren Behandlung er sich außerstande fühlte. In dem Brief, den der Mann mir übergibt, steht im Wesentlichen Folgendes: »Lieber Freund, ich überweise Dir M. D., der infolge eines Dramas in seiner Vergangenheit offenbar an einigen psychischen Folgeschäden leidet. Ich vertraue ihn Deiner Fürsorge an, danke für das, was Du tun kannst.« Der übliche lakonische Tonfall für eine oft hochdramatische Krisensituation. Schon zu Beginn erklärt dieser Herr mir, dass er das Gefühl habe, er habe kein Recht zu leben, weil er am Tod seines Vaters schuldig sei. Angesichts meines fragenden Blicks führt er aus, dass er mit fünf Jahren die Straße vor sich überquert habe und dass sein Vater, als er das gesehen habe, ihm befohlen habe, sich nicht von der Stelle zu rühren, er werde ihn holen kommen. Weil er seinen Sohn in Gefahr glaubte, hatte er selbst die Straße zu schnell überquert und war von einem Auto überfahren worden. Er war auf der Stelle tot gewesen. Die Beerdigung, an der die Kinder nicht teilnehmen durften, hatte stattgefunden, dann waren die Mutter und die Kleinen zu den Großeltern gezogen, und das Leben war weitergegangen. Niemand hatte ihn in irgendeiner Weise beschuldigt, man hatte einen Schicksalsschlag darin gesehen. Da alle es vermieden, darüber zu sprechen, war das Drama scheinbar vergessen. Doch im Bewusstsein dieses Kindes war die Überzeugung, dass es seinen Vater getötet hatte, immer stärker geworden, und es hatte sich eingeredet, dass es nie das Recht hätte, glücklich zu sein. Schlimmer noch, es belegte sich selbst mit unsichtbaren Strafen für das begangene Fehlverhalten. Den ganzen Rest seiner Kindheit hatte es so zwischen Verzicht und Frustrationen, Entsagung und Opfern geschwankt, ohne dass irgendjemand dies wirklich wahrgenommen hätte. Man hatte seine Lustlosigkeit und mangelnde Energie als Merkmal eines schweigsamen Charakters hingenommen, und niemand kam auf die Idee, es könnte sich um eine Schuld handeln, für die er Buße tun wollte. Seinem Großvater zuliebe war er mit dreiundzwanzig Buchhalter geworden. Er erledigte seine Arbeit ordentlich, aber ohne Begeisterung. Dieses halbherzige Leben, zu dem er sich verurteilt hatte, hätte noch jahrelang so weitergehen können, wenn sich nicht eine junge Kollegin für ihn interessiert hätte. Nachdem er mehrere Monate lang ihre Annäherungsversuche zurückgewiesen hatte, war sie schließlich am Ende ihrer Geduld und hatte ihm gründlich die Meinung gesagt, bevor sie in Tränen ausbrach. Diese so aufrichtigen Tränen hatten eine Bresche in das Abschottungssystem gerissen, das er um sich errichtet hatte, und plötzlich war er »grundlos« bei seinem Arzt in Tränen ausgebrochen.

Wie viele unter uns schleppen noch als Erwachsene das schmerzhafte Gefühl mit sich herum, für ein familiäres Unglück verantwortlich zu sein, ob es sich um einen Unfall, eine Krankheit oder den Selbstmord eines Elternteils handelt oder um Schwierigkeiten in deren Ehe (Trennung, Scheidung). Wie viele von uns leben mit dieser anklagenden Stimme, die fortwährend in ihnen widerhallt und ihnen sagt: »Wenn du nicht gewesen wärst, hätte ich ....« – »Wenn du bloß nicht geboren worden wärst ...« – »Wenn ich dich nicht wie einen Klotz am Bein mitgeschleppt hätte ...« Wie könnte ein Kind diese Verantwortung, die ihm wie selbstverständlich aufgebürdet wird, nicht auf sich nehmen? Wie könnte es diese Erinnerung nicht wie einen Dolchstoß erleben?

Das Trauma oder der Unfall, den das Kind bei einem anderen Menschen verursacht

Lassen Sie mich ein Wort zu den Kindheitserinnerungen sagen, in denen das Kind selbst bei einem Menschen aus seiner Umgebung (Kind oder Erwachsener) ein Trauma ausgelöst hat. Die Verzweiflung, in die das beschuldigte Kind dadurch gestürzt wird, macht die aufsteigenden Erinnerungen umso schmerzhafter, als das »Fehlverhalten« hier anscheinend offenkundig zu Tage tritt. Und der Unfall wird noch dramatischer erlebt, wenn Eltern oder Geschwister keine Gelegenheit auslassen, um mit anklagendem Finger auf das Kind zu zeigen.

Ich persönlich hatte in meiner Praxis nie einen solchen Fall eines Kindes zu behandeln, das ein Trauma bei jemand anderem verursacht hat. Hingegen erinnere ich mich an einen jungen Mann, der mir eine ziemlich seltsame Geschichte erzählte, die ihm mit acht Jahren passiert war. Als er eines Tages draußen Rad fuhr, hatte er an einer kleinen Brücke, die etwa hundert Meter von seinem Haus entfernt war, angehalten, um ein paar Kieselsteine in das fließende Wasser unter ihm zu werfen. Ein gleichaltriger Junge (wahrscheinlich das Kind eines Campers von einem nahe gelegenen Campingplatz) hatte sich der Brücke genähert und wortlos begonnen, auch Steine ins Wasser zu werfen. Plötzlich war der Junge auf ihn zugegangen, hatte ihn gegen die Brüstung gedrückt und mit aller Gewalt gestoßen, damit er ins Wasser fiel. Zum Glück war das Wasser an dieser Stelle etwas tiefer, so dass der Sturz abgemildert wurde. Das Kind wurde von einer leichten Strömung mitgezogen, schlug im Wasser um sich und begann zu schreien. Sein Vater lief sofort herbei und holte es heraus. In der Zwischenzeit war der andere Junge verschwunden. Der Mann konnte mir nicht sagen, wie die Sache weitergegangen war. Es schien ihm nicht so, als hätte sein Vater die Eltern des anderen Jungen aufgesucht, noch als ob irgendetwas gegen ihn unternommen worden wäre. Die Geschichte endet hier. Was ging im Kopf dieses Kindes vor? War es geistig behindert? Warum stieß es seinen Altersgenossen ins Wasser? Begriff es, in welche Gefahr es den anderen brachte? Wir werden es nie erfahren. Aber wie dem auch sei, wir können versuchen weiterzudenken und uns fragen, was hätte passieren können, wenn der Junge schwer verletzt worden wäre. Wenn er durch einen unglücklichen Zufall auf den Rücken oder auf den Kopf gefallen und gelähmt worden wäre oder wenn der Sturz tödlich verlaufen wäre. Wie hätte das Kind das verarbeiten können? Wie hätte sein Leben danach ausgesehen? Welche Folgen hätte es selbst davongetragen?

Wer aber kümmert sich um das andere Kind, das *schuldige*, den *Aggressor*, den *Verursacher*, wer sorgt sich um ihn? Wer kümmert sich um seine psychische Verfassung, seine Belastung, sein Trauma? So gesittet unsere Gesellschaft sein mag, dazu ist sie nicht bereit; ihre Nachsicht hat Grenzen. Er hat sich schuldig gemacht? Dann soll er selbst damit fertig werden. Er kann froh sein, dass er so glimpflich davongekommen ist. Das ist die Botschaft, die die Gesellschaft ihm stillschweigend vermittelt.

Wenn er aufmerksame und liebevolle Eltern oder einen fürsorglichen Lehrer hat, kümmern diese sich um ihn und sorgen dafür, dass er das Geschehene in Worte zu fassen lernt. Die familiäre und elterliche Solidarität kommt zum Tragen. Aber wie viele Familien reagieren so? Die Erfahrung zeigt, dass in der überwältigenden Mehrheit der Fälle die schuldigen Kinder sich selbst überlassen bleiben. Erst wenn sie, vielleicht, ein Problem für die Gemeinschaft werden (infantiles Fehlverhalten, Delinquenz), dann beschäftigt sich diese mit ihnen auf dem Umweg über soziale, psychosoziale oder ärztliche Dienste.

Hier liegt ein wirkliches Problem, das man nicht nur unter dem Aspekt der Verantwortung angehen kann. Die Kinder, die »etwas angestellt haben«, sind auch in psychischer Gefahr.

Erinnerung, sexueller Missbrauch, Inzest

In meiner Praxis finden sich viele Bücher. Sie sind meine Arbeitswerkzeuge. Zugleich spielen sie die Rolle von Mentoren, denn sie hindern mich daran, in den bequemen Glauben an ein einzig wahres Dogma oder die psychoanalytische Orthodoxie zu verfallen (heiliger Freud, heilige Arendt, heiliger Adler, heilige Dolto, heiliger Jung usw.). »Keine Lehre macht die anderen überflüssig«, wiederholte mein psychotherapeutischer Lehrer Josef Rattner gerne.

Unter diesen Büchern gibt es eines, das ich seit vielen Jahren für alle gut sichtbar platziere: Es ist das Buch *Vergiftete Kindheit* von Susan Forward.[67] Dieses Buch stellt quasi einen Sammelpunkt dar, hinter dem sich alle diejenigen symbolisch scharen können, die familiäre Traumata erleiden mussten. Wenn diese

67 Susan Forward, *Vergiftete Kindheit*, Goldmann Verlag, München 1993.

Menschen zum ersten Mal in meine Praxis kommen, sind sie bei seinem Anblick geradezu erleichtert. Ach!, scheinen sie mir zu sagen, Sie kennen dieses Buch, Sie wissen also Bescheid! Sie wissen, dass es das gibt, Sie wissen, dass ich Opfer körperlicher, moralischer, psychischer oder sexueller Gewalt wurde, kurz, Sie wissen, dass ich schreckliche Dinge erlitten habe, ich muss keine großen Worte machen und nicht lange drumherum reden, Sie können mich verstehen!

Susan Forward plädiert eindringlich für die Aufnahme einer Psychotherapie, um Probleme mit der psychischen Wiederkehr kindlicher Traumata zu verarbeiten. Das Kapitel am Ende ihres Buchs, in dem sie auf die spezielle Frage des Inzests eingeht („Die Heilung der Inzestwunden«), beginnt mit den Worten: »Professionelle Hilfe ist ein Muss für Menschen, die als Kinder sexuell missbraucht wurden. Meiner Erfahrung nach reagiert niemand dramatischer und umfassender auf Therapie als Inzestopfer, trotz des Ausmaßes ihres Problems.«

Die Verdrängung kann es einem Menschen zwar ermöglichen, während einer ziemlich langen Zeitspanne ein einigermaßen normales Leben zu führen, sie ist jedoch keine definitive Lösung. Insbesondere im Fall des Inzests können schmerzhafte Erinnerungen gerade in Augenblicken auftauchen, in denen man sie am wenigsten erwartet.

Laurence, eine vierzigjährige Frau, die mehrere Jahre lang als Kind von ihrem Vater missbraucht wurde, vertraute mir an: »Man kann nicht sein ganzes Leben mit dem leben, was einem der eigene Vater angetan hat. Ich muss aus dieser Geschichte herauskommen, denn die Geschichte ist vorbei.« Laurence hat Recht, die Geschichte ist vorbei, doch die emotionale Erinnerung bleibt bestehen und bricht unerwartet hervor, sodass sie immer wieder in die Vergangenheit zurückgeworfen wird.

Unter den Interventionsmethoden, die Susan Forward vorschlägt, gibt es eine besonders wirkungsvolle, die ich selbst in vielen Fällen von Traumata einsetze, ob sie nun in früher Kindheit oder in erst jüngster Zeit geschehen sind. Es handelt sich um die Methode des Briefes an den Aggressor. Wenn der Betroffene auf einem Blatt Papier all das Leid niederschreibt, für das er den Aggressor verantwortlich macht, dann schafft er damit eine erste physische Distanz zwischen sich und dem Erlebten. Er objektiviert das emotionale Trauma, gibt ihm eine Form, es wird physisch fassbar. Das erleichtert den Übergang zur Trauerarbeit. Erinnern Sie sich an die Worte von Marie-Thérèse (siehe Teil 2, Kapitel 2: »Wiedergefundene Erinnerungen«)? »Ich habe verstanden, dass man seinen Schmerz opfern muss, dass man akzeptieren muss, sich davon zu trennen und ihn dem anderen zu schenken, dem Psychologen, der einem gegenübersitzt, und dass man ihn eines Tages endgültig in seiner Praxis zurücklassen muss.« Es gibt sicher auch andere Möglichkeiten, aber ich glaube, dass das physische Zurücklassen eines solchen Briefs in der Praxis eines Psychotherapeuten an sich ein sehr mächtiger symbolischer Akt der Trennung ist.

Susan Forward empfiehlt, diesen Brief in vier Teile zu gliedern:

- Das hast du mir angetan.
- Das habe ich damals empfunden.
- Das waren die Folgen für mein Leben.
- Das erwarte ich heute von dir.

In meinen Sitzungen frage ich die Person, nachdem sie den Brief geschrieben hat, was sie damit machen will. Wenn sie mir seinen Inhalt mitteilen will, dann lese ich ihn (schweigend). Wenn sie ihn mitnehmen will, nimmt sie ihn mit; wenn sie ihn symbolisch irgendwo wegwerfen will (zum Beispiel in die Toilette), dann kann sie das ebenfalls tun. Wenn sie möchte, dass der Brief dableibt, stecke ich ihn in einen Umschlag, den ich mit Klebeband verschließe. Ich schreibe den Namen und das Datum auf den Umschlag und bewahre ihn im Schutz meiner Praxis auf. Selbstverständlich weise ich den Betreffenden immer darauf hin, dass dieser Brief ihm gehört und dass er ihn holen kann, wann immer er will. Dieses Vorgehen schafft eine Art »Heiligtum«, in dem alle schmerzhaften Erlebnisse und andere Traumata begraben werden können. Zugleich ermöglicht es dem Menschen, einen gewissen Abstand zur Psychotherapie und zum Psychotherapeuten zu gewinnen.[68]

Unser Gehirn steuert die Intensität unserer Erinnerungen

Wenn eine Erinnerung wieder in unserem Gedächtnis auftaucht, dann geschieht das offensichtlich deswegen, weil Ereignisse oder Umstände zugrunde liegen, die einen prägenden Eindruck in uns hinterlassen haben. Sieht man sich weit zurückliegende Erinnerungen genauer an, stellt man jedoch fest, dass die affektive und emotionale Färbung, so intensiv sie anfänglich war, im Lauf der Zeit weitgehend verblasst oder sogar ganz verschwunden ist. Selbst Erinnerungen, die besonders einschneidend sein müssten, verlieren offenbar an Kraft. Wenn ich beispielsweise Erinnerungen an das Internat wachrufe, dann fallen mir Bilder

68 Mit dem gleichen Ziel habe ich im Internet einen speziellen Blog eröffnet, eine Art Heiligtum der Erinnerungen für diejenigen, die sich anonym von einer zu schmerzhaften oder zu bedrängenden Kindheitserinnerung befreien wollen, indem sie sie mit anderen, ebenso anonymen Menschen teilen. Die Adresse finden Sie am Ende des Buchs in den »Praktischen Hinweisen«.

und Geschichten über die Willkür der Aufseher ein, über das schlechte Essen, das man uns aufzwang, oder die Grausamkeit mancher Lehrer, doch die emotionale Intensität, die damals mit ihnen verbunden war, stellt sich seltsamerweise nicht oder nur sehr abgeschwächt ein. Sie könnten nun natürlich behaupten, diese *Anästhesie* sei meine persönliche Angelegenheit, und jemand anders hätte vielleicht eine sehr lebhafte und präzise emotionale Erinnerung an die Situation behalten, die ich gerade bagatellisiere. Und damit hätten Sie auch Recht, denn es handelt sich in der Tat um höchst persönliche und subjektive Wahrnehmungen.

Es ist allerdings wohlbekannt, dass der Mensch in lang andauernden, schwierigen Zeiten dazu tendiert, unangenehme Erinnerungen zu verdecken und sich lieber an die schönen erinnert. Wahrscheinlich wählt unser Gehirn sie aus, damit wir nicht zu viel leiden. Wenn wir uns emotional genau und im Einzelnen an alle erlittenen Enttäuschungen, Leiden, Schmerzen, Ungerechtigkeiten und Traumata, an Verrat und Verlassenheit erinnern müssten, würden wir vermutlich den Verstand verlieren. Das ist im Übrigen auch der Grund, weshalb unser Körper daraus somatische Störungen wie Migräneanfälle, Halsweh, Muskelschmerzen, Bauchweh, Regelstörungen und so weiter macht. Er warnt uns, dass eine Spannung oder eine Ansammlung von Spannungen oder Schmerzen zu stark in uns wird und dass wir darauf achten müssen. Der Kinderpsychiater Marcel Rufo erklärt das sehr anschaulich: »Erinnern wir uns, dass das Symptom nie zufällig erscheint. Es steht immer im Zusammenhang mit einem inneren psychischen Geschehen oder einem äußeren traumatischen Erlebnis. Die Psyche lindert die Angst, indem sie ein Symptom schafft, wie einen Wahn, der den Kranken schützt, wenn seine Welt im Einstürzen begriffen ist.« Damit unsere Welt eben nicht einstürzt, steuert unser Gehirn die aufwühlenden Emotionen, die mit unserem Erleben und der daraus hervorgehenden Erinnerung verbunden sind.

Das funktioniert meistens, aber nicht immer. Durch das Zusammentreffen schwieriger oder sich ständig wiederholender Umstände kann ein Mensch geschwächt und an einem hochempfindlichen Punkt seiner emotionalen Welt getroffen werden; das kommt einer Verletzung seiner persönlichen Schutzsphäre gleich. Wenn ihm nicht geholfen wird, dann bewahrt er sein ganzes Leben lang die Erinnerung an das erlebte Trauma und den emotionalen Schock, der damit einherging und wahrscheinlich noch immer damit einhergeht.

Es ist wie bei einem Brand, den man miterlebt hat. Auf der einen Seite prägen sich uns die Bilder des alles zerstörenden Feuers ein; auf der anderen Seite hinterlässt das intensive Angstgefühl eine Erinnerungsspur in unserem psychischen Apparat. Es handelt sich dabei um zwei verschiedene Empfindungen oder, wenn Ihnen das lieber ist, um zwei unterschiedliche Schichten des Traumas. Wenn wir später von einem Feuer oder einem Brand hören, ruft unser Gehirn (zumindest in erster Linie) nicht die Abbilder des exakten Ablaufs des damaligen Dramas ab. Vielmehr wählt es das Bild aus, das am besten geeignet scheint, das erlebte Gefühl zu verdichten. Man ist immer fähig, einen schmerzhaften Schock zu überwinden; was anschließend Probleme bereitet, ist die Hartnäckigkeit seines Abbilds im Gedächtnis. Oder, um mit Boris Cyrulnik im Vorwort des Buchs von Tim Guénard[69] zu sprechen: »Ein Schlag tut weh, aber es ist die Vorstellung des Schlags, die das Trauma ausmacht.«

Wenn der Betroffene seine traumatischen Erfahrungen in Worte fassen kann, kann er sich davon lösen und darüber trau-

69 Tim Guénard, *Tagueurs d'espérance*, Presses de la Renaissance, Paris 2002. S. 12.

ern. Manchmal allerdings, das muss man zugeben, kann diese Trauerarbeit nicht geleistet werden, zumindest nicht vollständig. Dennoch kann man, mit den Worten von Françoise, einer jungen Frau, die mich wegen einer Inzestproblematik aufgesucht hatte, »zumindest erreichen, dass der Schmerz in das Stadium der gelebten Erfahrung übergehen kann«. Die Spuren bleiben, die Narbe bleibt, aber man fühlt keinen Schmerz mehr.

Das Unbewusste kennt keine Sensationsgeschichten

Das Leben fördert manchmal unerwartete und irritierende Erinnerungen zutage. Die Tatsache, dass Ihre beste Freundin Ihnen verkündet, sie erwarte ein Kind (ein freudiges Ereignis, das Sie glücklich macht), kann bei Ihnen die Voraussetzung für die Wiederkehr sehr schmerzhafter Erinnerungen aus ihrer frühen Kindheit schaffen. Welche Wege hat Ihr Gefühl genommen, um diese Erinnerung auszulösen? Das bleibt ein Geheimnis (die Wissenschaft wird es vielleicht bald aufklären). Hingegen betrachtet und behandelt unser Unbewusstes die vermeintlichen Sensationsgeschichten unseres Lebens (große Gewalt, großes Leid, schreckliche Lebenssituation usw.) nicht unbedingt als solche. Das wirft in Menschen, die solche Dinge erleben, manchmal die Frage auf, ob sie Monster an Gleichgültigkeit sind oder ob bei ihnen vielleicht etwas nicht stimmt. In meiner Praxis bemühe ich mich immer, diese Menschen zu beruhigen, und versichere ihnen, dass diese Anpassung ihres Unbewussten normal, ja sogar »gesund« ist. Wenn ihre ersten Erinnerungen nicht systematisch emotional gefärbt sind, dann liegt das eben daran, dass ihr Unbewusstes seine Arbeit ordentlich gemacht hat. Das Gleiche findet man bei jenen Kindern wieder, die die amerikanischen Psychologen *the inbreakable children* genannt haben, die unbeugbaren Kinder.[70] Wir alle kennen die Arbeiten von Boris Cyrulnik und den Begriff der Resilienz, der heute fast in den Alltagswortschatz eingegangen ist. Für ihn[71] ist Resilienz »ein natürlicher Prozess, wobei das, was uns ausmacht, zwangsläufig in jedem Augenblick eng mit den affektiven und verbalen Bedingungen unserer Umwelt verwoben ist. Ein einziger Schwachpunkt kann alles zum Einstürzen bringen. Auf der anderen Seite reicht ein einziger fester Halt, um das ganze System wiederherzustellen« (zum Beispiel die Hilfe eines »Beschützers«). Und er fährt fort: »Erst viel später vermag man über seelische Stabilität zu reden, und zwar dann, wenn man geheilt ist und sich als Erwachsener endlich zu seiner schwierigen Kindheit bekennen kann.«

Manchmal ist viel Zeit notwendig, bevor ein Mensch spontan Kindheitserinnerungen in sich hochsteigen lässt, die mit traumatischen frühkindlichen Gewalterfahrungen verbunden sind. Das liegt nicht an ihrem mangelnden Willen oder an einer Art bewusster Weigerung, sondern daran, dass entweder ihr Unbewusstes eine heilsame Verdrängungsarbeit geleistet hat (wenn man Angst hat, ist das beste Mittel oft Vergessen) oder dass der Betreffende die Trauerarbeit bereits weitgehend abgeschlossen hat.

Diese Trauerarbeit muss nicht unbedingt in der Praxis eines Psychotherapeuten geleistet werden, sie kann sich ebenso gut in der Begegnung mit einem wundervollen Menschen vollziehen, mit dessen Hilfe die traumatisierende Vergangenheit bewältigt

70 Zitiert von Anne Ancelin-Schützenberger in: *Oh, meine Ahnen! Wie das Leben unserer Vorfahren in uns wiederkehrt.* Ebenda, S. 132.

71 »Die Verschiedenartigkeit der seelischen Verletzungen führt uns zu der Überzeugung, dass unsere Geschichte kein unabwendbares Schicksal ist.« Boris Cyrulnik, *Die Kraft, die im Unglück liegt*, Goldmann Verlag, München 2001, S. 21f.

wird, um das Tor zu einer verheißungsvollen Zukunft aufzustoßen. Tim Guénard schildert das so: »Wenn Martine [seine Frau] mich fragt, warum, dann reagiere ich manchmal im ersten Augenblick merkwürdig, ich kann nicht antworten, weil ich es nicht weiß. Wenn ich mich wieder gefasst habe, erinnere ich mich an eine der verschütteten Verletzungen. Dass ich sie laut ausspreche, ist Balsam für meine Wunden und ermöglicht mir, beim nächsten Mal besser damit umzugehen.«

Erinnerungen, die uns nicht loslassen

Man kann viele Jahre lang unbehelligt bleiben und dann ohne Vorwarnung von Erinnerungen überfallen werden, die man im Tresor des Vergessens eingeschlossen zu haben glaubte. Zu diesem Thema habe ich im Internet[72] einen Dialog zwischen zwei Frauen verfolgt, die mir recht jung erschienen, um die dreißig vielleicht. Dieser kurze Austausch, den ich mir hier wiederzugeben erlaube, hat mich sehr angerührt.

Die erste schreibt:

»Guten Tag alle miteinander. Seit einer Woche tauchen Erinnerungen aus meiner Kindheit wieder auf, Erinnerungen, die ich seit zehn Jahren begraben hatte, und lassen mich nicht mehr los. Ich möchte sie in den hintersten Winkel meines Gedächtnisses zurückdrängen, aber es gelingt mir nicht, und allmählich verliere ich deswegen jede Freude am Leben. Hat jemand schon einmal etwas Ähnliches erlebt? Wie kann man mit diesen quälenden Erinnerungen umgehen?«

Die zweite antwortet:

»Das passiert mir auch manchmal. Ich glaube, es ist schwer,

72 Forum.aufeminin.com/forum/psycho1/f44364_psychol-souvernirs-ecrans.html

dagegen anzukämpfen. Vielleicht muss man sie kommen lassen, sie aushalten, um sie genau in Augenschein zu nehmen, damit man sie dann wieder wegsperren kann. Wenn etwas zurückkommt, dann gibt es einen Grund dafür. Vielleicht ist es Zeit, wirklich darüber zu sprechen, um sie vergessen zu können. Ich nehme an, es sind keine angenehmen Erinnerungen?

Vielleicht musst du mit den Urhebern dieser Erinnerungen darüber sprechen, wenn das noch möglich ist. Ansonsten ist es am besten, aktiv zu werden, wenn es passiert. Etwas tun, reden ... oft aber kommen die Erinnerungen nachts mit den Ängsten, wenn man allein ist und vergessen möchte, was zu sehr schmerzt. Ich habe die Lösung noch nicht gefunden, und es fällt mir sogar schwer, darüber zu sprechen. Mit der Zeit kann man lernen, damit umzugehen, vor allem mit jemandem, den man liebt und von dem man wiedergeliebt wird. Viel Glück.«

Was mich abgesehen von dem Schmerz, der aus diesem Dialog spricht, so anrührt, ist der zutiefst menschliche und vernünftige Charakter der Ratschläge, mit denen die Gesprächspartnerin antwortet. »Wenn etwas zurückkommt, dann gibt es einen Grund dafür.« Das ist richtig. Eine Erinnerung taucht nie grundlos im Gedächtnis auf. Die Schwierigkeit besteht darin, dass jede beliebige Ideenassoziation eine Erinnerung in uns wachrufen kann, ohne dass wir dessen auch nur gewahr werden würden. »Vielleicht ist es Zeit, wirklich darüber zu sprechen, um sie vergessen zu können.« Tatsächlich ist das größte Problem solcher tiefen Verletzungen, dass man (von Ausnahmen abgesehen und außerhalb einer Psychotherapie) keinen *echten* Gesprächspartner findet, mit dem man darüber reden kann. Die Eltern sind oft nicht greifbar oder wollen nichts davon wissen, die Freunde sind mit der Tragweite des Problems überfordert. Auch der Freund oder die Freundin sind im Allgemeinen keine geeigneten Gesprächspartner, weil man fürchtet, sich vor ihm oder ihr durch das Eingestehen solcher Verletzungen zu blamieren. Ja, man läuft sogar Gefahr, dass man das Ganze wie einen Bumerang beim ersten Streit wieder zurückbekommt. »Vielleicht musst du mit den Urhebern deiner Erinnerungen reden.« Ja, das wäre wichtig. Traumatisierte Menschen neigen allerdings eher zu der Überzeugung, dass das nichts nützen würde, weil die Eltern oder die beschuldigte Person niemals zugeben würden, was sie ihnen angetan haben, sie womöglich sogar als krank oder verrückt hinstellen und in die Schranken weisen würden. Doch auch wenn der Beschuldigte sein Vergehen nicht eingesteht, ist es in meinen Augen schon von großer Bedeutung, dass die traumatisierte Person sich von diesem *Koffer* befreien kann, der ihr nicht gehört. Dem anderen durch Worte zurückzugeben, was er uns hat ertragen lassen, ob er diese Worte nun akzeptiert oder nicht, kommt in gewisser Weise bereits einer Abtretung, einer Loslösung, einer *Ent-eignung* gleich. Auf symbolischer Ebene ähnelt dieses Vorgehen der Prozedur des Zurücklassens der Briefe in meiner Praxis. »Mit der Zeit kann man lernen, damit umzugehen, vor allem mit jemandem, den man liebt und von dem man wiedergeliebt wird«, schließt sie. Ich verzichte hier auf jeden weiteren Kommentar. Vielen Dank an diese Dame für ihren schönen Brief …

Sieht man es uns an?

Jeder von uns hat seine geheimen Geschichten. Hinter guten Umgangsformen und ihrer Höflichkeit, hinter einem Anzug mit Krawatte oder einem Kostüm mit Bluse und Schuhen mit passender Handtasche, hinter beruflichen Traumkarrieren verbergen die Männer und Frauen, denen wir täglich begegnen, in ihrem Herzen Kindheitserinnerungen, die so zerbrechlich wie

Kristall sind. Der eine hat seine ganze Kindheit mit einem ihn misshandelnden Vater oder einer perversen Mutter verbracht, der andere wurde schon als kleines Kind mit der Welt des Gefängnisses konfrontiert, weil seine Mutter ein Verbrechen begangen hatte, wieder ein anderer ist das Kind illegaler Einwanderer, die unter den schlimmsten Umständen ihr Leben fristeten. Und doch erregt nichts Sichtbares, kein äußeres Anzeichen unser Mitleid.

Man muss sich hüten vor vorschnellen oder negativen Eindrücken, die man von Menschen haben kann. Manchmal trifft man Menschen, für die man nicht viel empfindet, die einem nicht besonders sympathisch sind oder die man schlichtweg abstoßend findet. Ein Ladenbesitzer, der Lehrer eines unserer Kinder, die Freundin von Freunden und so weiter. Und weil man kein Gefühl für sie entwickelt, bleibt man distanziert, abwesend oder gleichgültig. Doch die Erfahrung lehrt, dass man nie weiß, welche Wüsten andere durchqueren. Und wie könnte man das auch wissen? Man müsste immer eine kleine Wachsamkeitsantenne haben für den Fall, dass jemand ein wenig Herzlichkeit braucht. So wie die *Dame*, die sich die Mühe gemacht hat, im Internet ihrer Gesprächspartnerin zu antworten, die unter den aufsteigenden bösen Erinnerungen litt.

Die Verleugnung und das damit verbundene Geheimnis: Wenn die Geschichte verleugnet wird, wird auch die Person verleugnet

Ob es ihm gefällt oder nicht, der traumatisierte oder tief verletzte Mensch wird in sich die Schockwelle herumtragen, die das Trauma ausgelöst hat. Die Erklärung dafür ist, dass ein Trauma nicht nur ein Leid oder ein Schmerz ist, der einem Menschen zugefügt wurde, es stellt zugleich seine ganze Existenz in Frage. So berichtete mir ein junger Mann nach einem schweren Unfall mit einem Auto, das die Vorfahrt missachtet hatte, er habe sich, als das Auto immer näher kam, gedacht: »Das ist unmöglich, nein, das nicht, er will mich doch nicht umbringen.« Auf Seiten des Schuldigen überwiegt allerdings bei einem Trauma offenbar das Motto: Jeder ist sich selbst der Nächste. Derselbe junge Mann erzählte mir, dass er den Autofahrer, der seinen Unfall verursacht hatte, nie zu Gesicht bekommen habe. Obwohl er nur knapp einer Beinamputation entging, lange Zeit im Krankenhaus zubrachte und sich vielen Operationen unterzog, hatte der Schuldige ihn nie besucht. So hatte der junge Mann nicht nur das Gefühl, er sei bestraft worden, obwohl er nichts verbrochen hatte, er fühlte sich zudem vom Urheber seines Unglücks vernachlässigt, ignoriert und im Stich gelassen. Solange der Betroffene nicht rehabilitiert wird, kann er das Gefühl, ein Recht auf seine Existenz zu haben, nicht wiedererlangen. Es ist, als ob das Unbewusste darauf angewiesen ist, dass das Böse anerkannt wird, damit das Leben wieder weitergehen kann.

Die allgemeine Tendenz geht dahin, dass man die Folgen des Traumas vergessen möchte. Der Aggressor will so schnell wie möglich »vergessen«, wessen er sich schuldig gemacht hat, das Opfer versucht die schmerzliche Erinnerung zu löschen, um so schnell wie möglich wieder im Leben Tritt zu fassen. Die Menschen in seiner Umgebung wissen nie so recht, wie sie mit dieser als unangenehm erlebten Situation und dem *zu grellen* Licht, in das sie getaucht ist, umgehen sollen. Wenn das Opfer sich nach dem Schock reif genug fühlt, um sich mit der Realität seines Traumas auseinanderzusetzen, steht es sehr oft vor einer Mauer des Schweigens, die Familie und Freunde während seines »Schlafs« errichtet haben. Der Alltag hat wieder das Regiment übernommen, und alle vom Opfer unternommenen Versuche, die Frage erneut ins Zentrum der Auseinandersetzungen zu rücken, werden im Ansatz unterbunden, entweder auf die pseudoverständnisvolle Art (»Versuch zu vergessen, das ist besser für dich«) oder auf verdeckte Weise, indem so getan wird, »als wäre nichts«.

Ein solches Schweigen kann für den Betroffenen gravierende Folgen haben. Wie ich vor kurzem ausgeführt habe[73], ist es für das Opfer eines Inzests oder einer pädophilen Handlung wichtig, dass es das traumatische Erlebnis in Worte fassen kann und zum Ausdruck bringt, was es noch auf dem Herzen hat (Affekte, Ekel, Verwirrung, Verständnislosigkeit, Hass, Gefühl der Ungerechtigkeit, Gefühl des Scheiterns …), ganz egal, wie lange das Geschehen bereits zurückliegt. Zwar ist es richtig, dass man ein traumatisches Inzest- oder Missbrauchserlebnis besser so schnell wie möglich behandelt (in unserem Jargon nennen wir das ein »psychologisches Debriefing«), doch es ist nie zu spät dafür. Selbst mehrere Jahrzehnte später kann eine Therapie mit dem Ziel, Empfindungen freizulegen und Emotionen einzugestehen, dem Opfer noch ungeheure Hilfe und Erleichterung verschaffen.

Was die Angehörigen betrifft, so dürfen sie das Geschehene nicht bagatellisieren nach dem Motto: So schlimm ist es doch nicht, du wirst schon nicht krank deswegen werden, du lebst doch noch, du wirst dich schon wieder fangen … Man darf auch nicht versuchen, sich an die Stelle des Kindes zu versetzen, denn man befindet sich nicht dort. Besser ist es, einfach zuzuhören und aufzunehmen, was einem anvertraut wird (»Es muss dir schwerfallen, über das, was dir zugestoßen ist, zu sprechen, ich finde es toll, dass du den Mut dazu hast«), ohne allzu viel daraus zu machen.

73 *Féminin Psycho*, Sondernummer für Eltern, »Pédophilie: les murs du silence«, S. 110.

Man kann nie genug betonen, in welcher extremen Einsamkeit Opfer sexueller Aggressionen sich quälen müssen. Zum Glück ändert sich die allgemeine Denkweise. Die Mauern des Schweigens werden rissig. Eltern setzen ihren Stolz darein, mit Klauen und Zähnen ein Kind zu verteidigen, das einer Gefahr ausgesetzt wurde. Auch das Ehrgefühl entwickelt sich weiter. Und das ist ein Segen.

Die Erinnerung an das Trauma und das psychotherapeutische Vorgehen

Zu den Autoren, die sich am intensivsten mit der Frage der Gewalt gegen Kinder und der daraus entstehenden Traumata beschäftigt haben, gehört die Schweizer Psychologin Alice Miller.[74] Sie befürwortet sehr klar eine psychoanalytisch ausgerichtete Psychotherapie, die die Kindheit mit einbezieht. »Meines Erachtens muß in einer wirksamen Psychotherapie dem Patienten diese Äußerung der frühesten Not zumindest ermöglicht werden.

Wir kommen nicht sehr weit, wenn wir der Wahrheit, die wir in uns tragen, entfliehen wollen. Sie wird uns ja immer auf dieser Flucht begleiten, uns Schmerzen zufügen, uns in Aktivitäten stoßen, die wir bereuen, unsere Verwirrung noch verstärken und unser Selbstbewusstsein schwächen. Wenn wir uns aber mit ihr konfrontieren, haben wir die Chance, endlich zu

74 Alice Miller, *Evas Erwachen. Über die Auflösung emotionaler Blindheit*, Suhrkamp Verlag, Frankfurt 2004. Ich stehe den Konzepten von Alice Miller über die »schwarze Pädagogik« und den Ursprung der Gewalt sehr nahe. Ich selbst habe zu diesem Thema einige persönliche Ideen entwickelt. Wenn Sie Genaueres darüber wissen möchten verweise ich Sie auf das Kapitel »Subsidence et complémentarité« meines Buchs *Comment je me suis débarrassé de moi-même*, ebenda, S. 174 ff.

erkennen, was war, was fehlte und was zu einem emotional entleerten Leben geführt hat.«[75] In Übereinstimmung mit anderen angesehenen Forschern, die sich mit dieser Frage befasst haben, betont sie die Defizite im Gehirn, die sehr frühe Mängel in der Kommunikation mit der Bezugsperson zur Folge haben können. »Wenn das kleine Kind geschlagen oder auf andere Weise mißhandelt wird, führt das ebenfalls zu Schädigungen, weil im Zustand von Streß bereits neu ausgebildete Neuronen und deren Verbindungen zerstört werden.«

Auf diesem Hintergrund stellt sie die Hypothese auf, dass zwischen den kognitiven und affektiven Systemen eine »Kollaboration/Zusammenarbeit« bestehen kann und dass zwischen beiden eine Brücke geschlagen werden kann. »Ich weiß aus Erfahrung«, sagt sie, »daß eine Zusammenarbeit zwischen dem kognitiven und dem affektiven System in Therapien geschehen kann, die gezielt die traumatischen Erlebnisse und Emotionen der Kindheit einschließen, weil dann die Denkblockaden abgeschwächt werden. Sobald dies geglückt ist, können offenbar Bereiche des Gehirns aktiviert werden, die bis dahin nicht gebraucht wurden, vermutlich aus Angst, auf Schmerzen zu stoßen, die an früheste, verleugnete Mißhandlungen erinnern könnten.«[76]

Die Verletzungen der Vergangenheit, die sich vor sehr langer Zeit unserem Gehirn eingeprägt haben, lösen sich nicht auf wundersame Weise auf. In der Psychotherapie geht es nicht darum, pausenlos den Betroffenen zu bearbeiten, indem man immer wieder auf die in früher Kindheit erlittenen Traumata zurückkommt. Es geht vielmehr darum, dass man ihn dazu befähigt, nicht mehr vor der Realität zu fliehen, das Erlebte ernst zu nehmen und die Verbindungen zu analysieren, die vielleicht

75 ebenda, S. 56.
76 ebenda, S. 113.

heute noch mit der Vergangenheit bestehen, damit er sich davon befreien kann.

Die Erinnerung an das Trauma ist paradox. Einerseits muss es *vergessen* werden, damit das empfundene Leid gelindert wird und das Leben des Menschen wieder in annehmbarere oder gar normale Bahnen gelenkt wird. Andererseits muss es sich in *Erinnerung* bringen, denn das erlittene Trauma wird von nun an Teil der psychischen Struktur der Person als ganzer. Es wird Teil ihrer selbst.

Manche individuelle Qualen oder Leiden waren so übermächtig, dass auch sie analog zu den Totengedenkstätten großer Gemeinschaften ein Denkmal der Erinnerung bräuchten. Das gibt es leider nicht, und so müssen diese vereinzelten Individuen ihr Mausoleum auf dem Grund ihres Herzens erbauen.

Es ist schwierig, über traumatische Situationen und Menschen, die Opfer derselben wurden, zu sprechen. Wer einen Zustand großer Belastung oder einen schrecklichen Schock erlebt hat, schätzt nicht unbedingt die Mitleidsbezeugungen, die *normale* Leute, ich meine damit nicht-traumatisierte, ihm entgegenbringen. Es geht darum, ihm zuzuhören und seine Worte aufzunehmen und nicht vor Mitleid zu zerfließen oder selbst in Betroffenheit zu versinken. Das gilt umso mehr, als wir alle traumatisiert sind. Dieses Trauma hat seinen Ursprung, wie Otto Rank[77] zeigt, in unserer Geburt. Wir sind alle potenziell Traumatisierte, ob wir nun selbst ein Trauma erlitten haben, ob wir anderen eines zugefügt haben oder ob wir Zeugen eines solchen wurden. Mit diesem Leid müssen wir leben.

77 »Die Analyse erweist sich so letzten Endes als nachträgliche Erledigung des unvollkommen bewältigten Geburtstraumas.« *Das Trauma der Geburt und seine Bedeutung für die Psychoanalyse*, Internationaler Psychoanalytischer Verlag, Leipzig/Wien/Zürich 1924, S. 8.

Eine schmerzhafte Vergangenheit wiederaufleben zu lassen ist immer ein heikles Unterfangen. Die Linderung, die man sich davon erhofft, muss den Verheißungen die Waage halten, die sie einlösen will.

3

Erinnerung und Schuldgefühl

> Deuten wir aber seine Kindheit, Jugend und Werdensgeschichte so, dass mehr oder minder konkrete (und hoffnungsvolle) Aufgaben für die Gegenwart und Zukunft herausspringen, dann wird ihm das Gewesene nicht zur Last, sondern zum Lehrstoff für zukünftige Verbesserungen.
>
> JOSEF RATTNER
> *Die Kunst, eine Lebensgeschichte zu lesen*

Es braucht nicht viel, damit das Schicksal eines Menschen in eine andere Richtung läuft

Man spricht oft über Aggressionen und Gewalttaten, die von Erwachsenen begangen, aber selten über die, die von Kindern verübt wurden. Das hat seine Ursache, wie ich vermute, in einem gewissen Tabu. Man möchte sich Kinder als unschuldige Cherubine vorstellen und nicht als möglicherweise bösartige und gewalttätige kleine Menschen. Während ich den ersten Satz schrieb, zögerte ich vor dem Wort *begehen*. Der Begriff erschien mir zu stark für ein Kind. Es handelt sich hier nicht darum, wie Sie sicher gut verstehen, Kinder und Erwachsene über einen Kamm zu scheren, und auch nicht darum, Kinder der sinnlosen Gewalt, Tyrannei oder Grausamkeit zu beschuldigen. Aber Kinder, die in einer Erwachsenenwelt leben und Zeugen von Verhaltensweisen Erwachsener werden, können versucht sein, sich

Reaktionen anzueignen, die denen der Erwachsenen gleichen. Schließlich sind sie aus denselben Gründen wie die Erwachsenen den Schicksalsschlägen des Lebens und den Wechselfällen des Zufalls ausgeliefert.

Wir alle waren einmal Kinder, und wir alle haben Situationen durchgemacht, in denen nicht viel fehlte, damit unser Schicksal die Richtung ändert. Zwar ist der kleine Engel immer bereit, unser Herz zu bezaubern, doch auch das kleine, wilde Tier, das so unbezähmbar wie unverbesserlich ist, ist nie weit weg. Natürlich gibt es im Grunde kein wildes, kleines Tier; das ist selbstverständlich ein Attribut der Großen! Nur selten urteilen Kinder über Kinder, vielmehr ist dies ein Vorrecht der Erwachsenen. Sie sind es, die die Etiketten verteilen (ein bloßer Blick auf die Bewertungen der Lehrer in den Zeugnissen genügt, um das klar werden zu lassen).

Nicht alles ist in der Kindheit eitel Sonnenschein

Jeder von uns hat seine geheimen Kindergeschichten, auf die er nicht sehr stolz ist. Niederträchtigkeiten, Verrat, Rache und kleine kindliche Gemeinheiten haben nicht immer einen süßen Geschmack, und wenn das Kind sich dazu hinreißen lässt, dann ist es, als verließe es die glückliche Unbeschwertheit der Unschuld, um einen chaotischen Lebensweg einzuschlagen. Hermann Hesse hat diesen Zustand am Anfang seines Romans *Demian* gekonnt beschrieben. Emil Sinclair ist ein kleiner Junge, der zwischen zwei Welten hin und her gerissen ist. Der sauberen, rechtschaffenen, hellen Welt seiner Eltern und der dunklen und finsteren Welt, deren Existenz er in den Worten der Dienstboten und den Unterhaltungen der Kinder in der Volksschule wahrnimmt. Auf einem seiner Ausflüge lernt er Franz

Kromer kennen, einen »kräftigen und rohen« Jungen, dessen trotz seiner erst dreizehn Jahre männliche Manieren ihn beeindrucken. Um nicht hinter seinen Freunden zurückzustehen, verstrickt sich Emil Sinclair in ein Gespinst aus Lügen, mit denen Franz Kromer ihn erpresst. Von diesem Zeitpunkt an nimmt das Leben von Emil Sinclair eine andere Richtung. Das ganze Talent Hermann Hesses zeigt sich darin, wie er diesen Übergang vom Zustand des unschuldigen Engels in jenen, in dem das Kind sich endgültig verloren glaubt, zu schildern vermag. »Aber das [väterliche Haus] gehörte mir jetzt nicht mehr, das alles war lichte Vater- und Mutterwelt, und ich war tief und schuldvoll in die fremde Flut versunken, in Abenteuer und Sünde verstrickt, vom Feind bedroht und von Gefahren, Angst und Schande erwartet. [...] Ich trug Schmutz an meinen Füßen, den ich nicht an der Matte abstreifen konnte[78] ...«

Dabei war Emil Sinclairs Lüge in keiner Weise schlimm. Es ging um den angeblichen Diebstahl von Äpfeln aus einem Garten, mit dem er vor den anderen Kindern Eindruck schinden wollte. Doch das Gespinst komplizierter Rechtfertigungen, in dem er sich verfangen hatte, hatte langsam das Bild eines unreinen Kindes in ihm entstehen lassen, an dessen Gesellschaft er sich von nun an gewöhnen musste.

Schlimme Kindheitserinnerungen haben immer etwas Nichtwiedergutzumachendes an sich, und die Geschichten vom Paradies, von der Hölle, dem Fegefeuer und der Sünde sind dazu da, uns zu zeigen, dass wir alle jederzeit fehlbar sind.

78 Hermann Hesse, *Demian*. Die Geschichte von Emil Sinclairs Jugend, Suhrkamp-Jubiläumsausgabe Bd. 3, S. 19.

Die »Logik des Schuldgefühls« in unserer Kultur

Das Schuldgefühl hat eine lange Geschichte in unseren westlichen Gesellschaften. Kain und Abel, Adam und Eva, der Tod Jesu Christi zur Erlösung unserer Sünden, die Zehn Gebote – das sind einige der Stützpfeiler, auf deren Basis das Schuldgefühl in unseren Herzen heimisch geworden ist. Unsere Gesellschaft hat uns ausgiebig auf die Kultur des Schuldgefühls und vor allem der Selbstbezichtigung vorbereitet, Schulsystem und elterliche Autorität haben sich dabei abgewechselt. Schuldgefühle vor Gott, vor unseren Eltern, vor anderen. Jeder muss in sich gehen und prüfen, wo ihm etwas zu Schulden kommt, wo ihm schon etwas zu Schulden gekommen ist. Übertretungen, Lügen, Verstöße, Opportunismus, Herrschsucht gelten als schwere Verfehlungen in erzieherischer Hinsicht oder als Sünden in den Augen der Religion, während Erwachsene gleichzeitig für sich selbst darin geringfügige Unregelmäßigkeiten, um nicht zu sagen Qualitäten sehen.

So kommt man durch diese Vermischung erstens des sozialen Diskurses (»Niemand darf das Gesetz missachten«), zweitens des religiösen Diskurses (»Du musst Buße tun und bereuen«) und drittens des elterlichen Diskurses (»Das geschieht dir recht«, »Du bist selbst daran schuld«, »Du hättest nur das und das tun müssen«) zu einer derartigen *Logik des Schuldgefühls*, dass das Kind sich immer wegen irgendetwas schuldig fühlt, auch wenn es gar nichts getan hat. Mehr ist nicht notwendig, damit die Maschinerie der »Selbstbezichtigung«, wie Milan Kundera das nennt, in Gang gesetzt wird. Auch wenn das Kind längst erwachsen ist, wird es diesen Reflex bewahren.

Aber es ist nie angenehm, die Last der Schuld auf sich zu spüren. Eine Methode der Entlastung besteht darin, dass man auf einen unbewussten Mechanismus zurückgreift, um sich Erleichterung zu verschaffen. Zum Beispiel, indem man in der Außenwelt, in allen möglichen Heilslehren und im Aberglauben, nach Gründen sucht, die das eigene Unglück rechtfertigen. Überlegungen im Stil von: »Das war zu erwarten«, »Ich muss für etwas bezahlen«, »Das ist mein Karma« oder »Das ist die gerechte Strafe« sind weit verbreitet und müssen im Wesentlichen als Projektionen von Schuldgefühlen interpretiert werden. Das bestätigt auch die Psychologin Carole Damiani in einem Beitrag mit dem Titel »La prise en charge des personnes traumatisées«[79]: »Erst allmählich«, so erläutert sie, »[…] kann das Subjekt dem Geschehen und seinem eigenen Erleben einen Sinn verleihen. Diese Konstruktion des Sinns geschieht durch die Entwicklung des Schuldgefühls, das seinen Ursprung in der individuellen Geschichte nimmt. Der Schmerz kann vom Subjekt als grundlegende Ungerechtigkeit interpretiert werden oder im Gegenteil als gerechte Bestrafung für eine reale oder imaginäre Verfehlung.«

Was sich offenbar am tiefsten einprägt von den Vergehen, die wir als Kinder begangen haben, sind die Gewissensbisse, die davon zurückbleiben. Eine Dame erzählte mir vor kurzem, dass ihr Bruder als Kind den aufgelassenen Hühnerstall hinten im Garten in Brand gesteckt hatte und dass ihr Vater, der in Hemdsärmeln und barfuß herbeigerannt war, um den Brand zu löschen, sich dabei einen rostigen Nagel in den Fuß getreten hatte. Der Vorfall blieb folgenlos, ich nehme an, dass ihr Bruder einfach einen gewaltigen »Anschiss« kassierte. Was aber wäre aus dem Jungen geworden, wenn der Vorfall sich zum Drama ausgeweitet hätte? Wenn sein Vater beispielsweise die Wunde

79 Carole Damiani, »La prise en charge des personnes traumatisées« („Die Betreuung von traumatisierten Menschen«) in: *Culture et mouvement. Le débat*, Nr. 35, März 2001.

nicht versorgt hätte und an Tetanus gestorben wäre? Man kann der Auffassung sein, dass es objektiv nicht die Schuld des Kindes ist, wenn sein Vater barfuß hinausläuft. Es war auch nicht der Junge gewesen, der den rostigen Nagel auf der Erde hatte liegen lassen. Aber dennoch kann man sich nur zu gut vorstellen, welche Schuldgefühle das Kind gepeinigt hätten.

Kinder begehen oft unbesonnene Handlungen, die unter einem bestimmten Blickwinkel nur minimale Bedeutung haben, unter einem anderen aber, wie das Beispiel Emil Sinclair zeigt, zum Alptraum werden können. Das alles hängt vom Kontext, von der Art der begangenen Handlung und vor allem von der Sichtweise des Einzelnen ab.

Zu den spontanen Einfällen von Kindern, die das Missfallen der Erwachsenen erregen, gehört alles, was mit »Sex« zu tun hat. Doktorspiele sind etwas Normales, Millionen von Kindern, Jungen und Mädchen, spielen sie mit drei, fünf Jahren, doch die Pädophilieskandale der letzten Jahre haben uns dazu veranlasst, sie mit ganz anderen Augen zu sehen, auch wenn das gelegentlich absurde Formen annimmt. So erleben Psychotherapeuten in ihrer Praxis manchmal, wie ganze Familien völlig aus der Bahn geworfen, ja am Boden zerstört sind, weil der Junior dem Nachbarmädchen von gegenüber seinen Piepmatz zeigen wollte (oder umgekehrt). Manchmal fällt es einem selbst schwer, herauszufinden, welche Bedeutung man der spontanen Handlung eines Kindes beimessen soll.

Bernard: Die Last der Schuldgefühle

Bernard sucht mich auf, weil eine seiner Kolleginnen – er ist Buchhändler – ihm scherzhaft an den Kopf geworfen hat: »Bist du eigentlich so verklemmt, oder was ist los?« Er lächelte, verstand nicht recht, was sie damit sagen wollte, im Grunde aber war er im Innersten getroffen, denn er spürte, dass es irgendwo stimmt. Bernard hat das Gefühl, immer mit einer Last zu leben. Er hat Phasen, in denen es ihm gut geht, und andere, in denen er das Leben als sehr schwer empfindet. Dann hat er Probleme, sich zu konzentrieren, zu arbeiten, ansprechbar zu sein. In Hinblick auf seine Kontakte sagt er, er wirke auf den ersten Blick eher kühl, habe aber einen guten Freundeskreis und sei ein offener Mensch. Sein Gefühlsleben ist nicht berauschend. Zurzeit hat er keine Freundin. Die Sexualität ist nicht einfach für ihn, er hat Probleme … Der Rest der Sitzung verläuft unauffällig, ich erkläre ihm, was eine Psychotherapie ist und was man sich davon erwarten kann und so weiter. Wir vereinbaren einen Termin für die nächste Woche.

In der nächsten Woche kommt er in meine Praxis und eröffnet mir auf der Stelle: »Ich weiß, woher mein Problem kommt, aber es ist zu schwierig, darüber zu sprechen.« Ich sage ihm, dass er nicht verpflichtet sei, darüber zu sprechen, wenn es ihm zu schwerfällt, er könne sich Zeit lassen, bevor er das Thema anspricht. Dass ich ihm so freie Hand lasse, gibt ihm den Mut, sich mir anzuvertrauen. »Vor zweiundzwanzig Jahren habe ich meine beiden Schwestern sexuell berührt. Ich war damals erst zehn Jahre alt, aber seitdem muss ich unaufhörlich daran denken. Bei meiner älteren Schwester war sie es, die mich provoziert hat. Wir waren in den Ferien und schliefen in einem Stockbett, da fragte sie mich im Dunkeln: ›Willst du mein Geschlechtsteil anfassen? Du musst warten, bis ich schlafe.‹« Bernard ging zu ihrem Bett und tat, was sie ihm gesagt hatte. Ein anderes Mal forderte seine Schwester einen Freund auf, er solle mit ihr in ihr Zimmer gehen. Bernard blieb mit seiner kleinen Schwester, die acht Jahre alt war, zurück und zeigte ihr sein Glied. Seine kleine Schwester wirkte nicht übermäßig schockiert, sie weinte nicht. Trotzdem fand Bernard danach die Situation, in die er sie gebracht hatte, *sehr hart*. Bei seiner älteren Schwester sei die Schuld ja noch gleich verteilt gewesen, so sagte er, aber bei der kleineren war allein er der Verantwortliche. Auf meine Frage, ob er mit seiner kleinen Schwester später darüber gesprochen habe, antwortete er mit Nein, er habe sich zu sehr geschämt.

So wie er mir den Vorfall schildert, finde ich ihn nicht so gravierend. Viele Kinder machen solche Spiele miteinander, und ich schlage ihm vor, er solle sich seiner Schwester anvertrauen, um diesen Druck, der seit mehr als zwanzig Jahren auf ihm lastet, loszuwerden. Er ist anscheinend dazu entschlossen, erklärt mir jedoch bei der nächsten Sitzung, dass sich nicht die richtige Gelegenheit dafür ergeben hätte. Zugleich spürt er deutlich, dass ihm das entsetzlich peinlich ist.

In der darauffolgenden Stunde verkündet er mir, er habe sich endlich mit seiner Schwester ausgesprochen. »Ich hatte ein wenig Angst währenddessen, ich war in einem Ausnahmezustand, wie betrunken und berauscht. Ich bat sie um Verzeihung für den Fall, dass ich ihr wehgetan hätte. Wir haben eine Stunde lang geredet. Sie antwortete mir, sie hätte kein besonderes Trauma davongetragen, aber sie freue sich wirklich sehr, dass ich nun mit ihr darüber spräche, auch sie hätte versucht, mit mir darüber zu sprechen, es aber nie gewagt. Es war unglaublich«, fügte er hinzu, »ich habe in ihrem Blick gesehen, wie froh und glücklich sie darüber war, dass ich mich ihr anvertraut hatte.« Im Lauf dieses Gesprächs gestand sie ihm, dass sie ihn immer als Vorbild betrachtet habe, und fügte hinzu, das sei das schönste Geschenk, von dem eine Frau an diesem Tag träumen könne (tatsächlich war Frauentag). »Es ist, als hätten wir uns wiederentdeckt, als würden sich nun neue Welten auftun«, vertraute er mir an. »Von nun an kann ich mich am Leben freuen und glücklich sein, glaube ich. Ich werde auch andere Hindernisse überwinden können. Zum Beispiel auf ein Mädchen zugehen und ihm sagen: Ich liebe dich.«

Man hört so viele Geschichten über sexuellen Missbrauch, die so schlecht ausgehen und so trostlos sind, dass man bei der Lektüre einer solchen Erzählung irgendwie sprachlos ist. Bernard trug dieses Kreuz zweiundzwanzig Jahre lang. Zweiundzwanzig Jahre lang verfolgte ihn diese Erinnerung. Er konnte diese schreckliche Bürde, die gewissermaßen täglich auf seinem Leben lastete, abwerfen, indem er das Erlebnis dieser traumatischen Erinnerung in Worte fasste, zuerst dem Therapeuten und dann seiner Schwester gegenüber.

Es gibt keine Regeln, was Traumata anbelangt. Immer entscheidet die Sensibilität des Einzelnen über seine Bedeutung und Schwere. Das gleiche Geschehen, erlebt von einem anderen Mädchen oder in einem anderen Alter oder unter anderen Umständen, hätte vielleicht als echtes Trauma empfunden werden können. Und auf deren anderen Seite hätte ein anderer kleiner Junge die Situation vielleicht als banales »Doktorspielen« interpretiert.

Mit der Verfehlung leben?

Im Allgemeinen sind die Verletzungen, die ein Kind dem anderen zufügt, geringfügig und ohne echte Konsequenzen. Es handelt sich um »Dummheiten«, die ein bisschen schlecht ausgegangen sind. Doch es gibt auch andere Verletzungen und andere Leidensgeschichten, die vielleicht Ursache erheblicher Traumata waren, ob das Kind nun Hauptakteur, Zeuge, Schuldiger oder Verursacher war oder auch nicht. Wie fühlt sich beispielsweise ein Kind, das aus Unachtsamkeit – ich könnte auch sagen: *durch dessen Schuld*, aber das wäre zu anklagend – einen Topf kochenden Wassers über die Brust seiner kleinen Schwester geschüttet oder seinen Bruder durch das Stoßen von einem Baum zum Behinderten gemacht hat? Welche Erinnerung wird dieses Kind seine ganze Kindheit lang und später im Erwachsenenalter begleiten? Gewissensbisse sind eine Prüfung, der keiner entgeht. Unser Bewusstsein kommt immer wieder quälend auf die Tat (oder die unterlassene Tat) zurück, mit der die *Verfehlung* ihren Anfang nimmt, und man muss von nun an lernen, mit diesem Teil der Vergangenheit zu leben, der sich unausweichlich an unsere Fersen geheftet hat. »Und wenn ich das oder jenes nicht getan hätte? Und wenn ich das oder jenes nicht gesagt hätte? Oder wenn ich im Gegenteil das oder jenes nur gesagt hätte? Und wenn ich zwei Sekunden früher gekommen wäre? Und wenn ich sofort reagiert hätte?« So viele Fragen, die immer wieder in eine Vergangenheit führen, mit der man wirklich nichts mehr zu tun haben möchte und die trotzdem nicht aufhört, uns zu verfolgen.

Im Allgemeinen kümmert man sich bei einem Unfall um das Opfer, das ist normal. Oft wird es medizinisch, gefühlsmäßig oder sogar psychologisch betreut. Und das ist richtig so. Aber auch der Verursacher, der, auf den man mit dem Finger zeigt, müsste seine Bürde (psychisches Leiden, Schuldbewusstsein, Bedauern, Gewissensbisse) irgendwo ausbreiten können. Vor allem, wenn er ein Kind ist.

Schuldgefühle, die das Opfer empfindet

Wir haben zuvor an Bernard gesehen, wie schwer er an der Last einer Verfehlung zu tragen hatte, die er für unverzeihlich hielt. Wirklich fassungslos aber ist man, wenn ein Mensch Schuldgefühle entwickelt, der nicht in der Rolle des Aggressors, sondern in der des Opfers war. Bei einem solchen Prozess sind mehrere Faktoren im Spiel, wobei Erziehung, Religion und gesellschaftliche Normen einen erheblichen Einfluss haben. Die gängige Moral betrachtet Konflikte zwischen zwei Individuen immer mit einem gewissen Misstrauen, so als ob letztlich beide ihr Teil dazu beitragen würden. So eindeutig der Angriff eines Individuums durch eine Gruppe als ausgesprochen traumatisierender Akt gilt, so misstrauisch wird der Angriff eines Individuums durch ein anderes betrachtet, als gäbe es an der Beziehung Aggressor/Opfer noch etwas *zu diskutieren*. Immer schwingt mehr oder weniger unverhüllt die Frage mit, ob nicht eine *Provokation* vorausging, als ob das ein legitimes Motiv für einen Angriff sein könnte. Noch bis vor kurzem wurden dementsprechend Frauen, die Opfer von Belästigungen, sexuellen Übergriffen oder Vergewaltigungen waren, nicht ernst genommen (auch nicht von der Polizei), denn man unterstellte ihnen, sie hätten die Situation selbst provoziert. Und billige Argumente im Stil von: »Sie hätte nur nicht im Minirock auf der Straße umherspazieren müssen (oder wie eine Nutte herumlaufen oder sich schminken wie ein Flittchen)« zeigen, wie schnell das Urteil der Leute bereit ist, die Rollen umzukehren und über das Opfer anstatt über den Täter herzufallen.

In psychologischer Hinsicht entsprechen Schuldgefühle nach einem erlittenen Trauma einem wohlbekannten Mechanismus. In Anlehnung an Freud möchte ich sagen, dass er auf einer mehr oder minder großen Zufuhr von Selbstkritik beruht, die das eigene Ich für den traumatischen Vorfall verantwortlich machen will. Genauso wie wir dazu tendieren, unsere eigenen Schwächen auf andere zu projizieren, genauso tendieren wir dazu, die Schwächen der anderen auf die eigene Person zu projizieren, man spricht dann von Introjektion. Die Frage ist nur, weshalb.

Milan Kundera gibt eine meines Erachtens interessante Antwort auf die Frage des Schuldgefühls. In seinen Ausführungen zu *Schuld und Sühne* (Dostojewski) und *Der Prozeß* (Kafka) spricht er im Hinblick auf das Schuldgefühl von einer *umgedrehten Logik.*[80] Raskolnikow, erklärt er, hat ein Verbrechen begangen. Weil er die Last seiner Schuld nicht ertragen kann, bejaht er seine Bestrafung, um Frieden zu finden. »Das ist«, so Kundera, die wohlbekannte Situation, in der »die Schuld die Strafe sucht«. »Bei Kafka«, bemerkt er, »ist diese Logik umgedreht. Derjenige, der bestraft wird, kennt den Grund der Bestrafung nicht. Die Absurdität der Bestrafung ist so unerträglich, daß der Angeklagte, um Frieden zu finden, nach einer Rechtfertigung für die Züchtigung sucht: Die Strafe sucht die Schuld.«

Beim Trauma ist meiner Ansicht nach dieselbe umgedrehte Logik wirksam. Das Opfer ist durch den Schock so verstört, dass es ihn nicht als solchen akzeptieren kann. Um sich von dieser Angst vor einer grundlosen Bestrafung zu befreien, nimmt es lieber ein Vergehen auf sich, als dass es die Absurdität der Situation akzeptiert. Die Logik ist unlogisch, aber eine verrückte Logik ist immer noch besser als gar keine Logik. Der Film *Reine Nervensache* von Harold Ramis veranschaulicht das perfekt. Allerdings verdankt der Film seinen Erfolg eher dem witzigen Aspekt der Situation (einen depressiven Mafioso findet man im Allgemeinen nicht an jeder Straßenecke), als der Geschichte, die er erzählt, auch wenn diese sehr schön und bewegend ist.

80 Milan Kundera, *Die Kunst des Romans*, Carl Hanser Verlag, München 1987, S 112f.

Der Fall Paul Vitti

Reine Nervensache ist die Geschichte eines schmerzhaften Traumas, das der Held Paul Vitti (Robert de Niro) mit zehn Jahren erlebt hat und das sich fünfunddreißig Jahre später in verschiedenen Symptomen (Angstattacken, Tränenausbrüche, Blockaden, Schuldgefühle, Überempfindlichkeit …) äußert, die mit dem Beruf des Mafioso und des »Paten« unvereinbar sind. Diese Symptome führen ihn in die Praxis eines Psychiaters, Ben Sobel (Billy Crystal), mit dem sich ein Prozess der Übertragung (und Gegenübertragung) entwickelt. Der Psychiater bringt ihn durch geschicktes Fragen so weit, dass die traumatischen Bilder wieder in ihm hochsteigen, um ihn von seinen Symptomen zu befreien und zu heilen.

Der kleine Paul war mit seinen Eltern in einem Restaurant, als ein Kellner, der dem Kind schon nicht echt erschien, sich dem Tisch näherte und auf seinen Vater schoss. Weil er zuvor den Zorn seines Vaters über sich ergehen lassen musste (»Wegen seiner Wut war ich unfähig, irgendetwas zu sagen«), war er wie vom Blitz getroffen, und diese kurze Zeitspanne hatte dem Gangster genügt, um auf den Abzug zu drücken.

Hören Sie den Dialog:

»Und Sie fühlen sich verantwortlich …«

»Ich hätte ihn irgendwie retten müssen.«

»Aber Sie waren wütend?«

»Ich hätte etwas sagen sollen.«

»Sie hätten ihn nicht retten können.«

»Ich habe ihn getötet.«

»Sie konnten nichts dafür, Sie trifft keine Schuld. Er hat sich dieses Leben ausgesucht.«

»Ich habe ihn sterben lassen. Er ist nicht mehr da. Und ich konnte nicht mal Abschied nehmen.«

Man sieht hier, wie das Kind die Verletzung, die mit dem Verlust des vor seinen Augen ermordeten Vaters verbunden war, verinnerlicht hat und wie sich in seinem Unbewussten zweierlei Affekte überlagert haben.

Die Botschaft lautet etwa folgendermaßen: Weil ich wegen der Zornausbrüche meines Vaters, die ich über mich ergehen lassen musste, wütend auf ihn war, bin ich für seinen Tod verantwortlich. Allmählich geht es sogar so weit zu sagen, dass es ihn hat sterben lassen, ja, dass es ihn getötet hat. Paul Vitti macht eine Regression zum Kind durch und lässt in einer wahrhaft psychodramatischen Aufführung seinen Emotionen freien Lauf, er identifiziert den Psychiater mit seinem Vater, nennt ihn »Papa« und ergießt eine Flut von Gefühlen und Worten über ihn, die er seit vielen Jahren im Innersten seines Herzens verschlossen hatte.

»Dann holen Sie das nach! Ich meine, Sie könnten es zumindest versuchen. Wenn Ihr Vater hier wäre … Na los, sagen Sie's ihm!«

»Ich kann nicht, ich kann nicht. Ich würde sagen: ›Dad, es tut mir so leid, so leid. Verzeih, ich habe dich sterben lassen‹ …«

»Sie hätten ihn nicht gerettet, Paul.«

»Ich hätte es gekonnt.«

Anschließend bemüht sich der Psychiater, das narzisstische Selbstbild Paul Vittis wieder aufzubauen und den Verlust des Vaters zu sublimieren.

»Nicht doch, er wollte Sie retten. Er hat dieses Leben für Sie nicht gewollt.«

Schließlich hilft er ihm, eine sinnvolle Gegenwart und eine Zukunft zu konstruieren, indem er über seinen Sohn spricht.

»Und Sie wollen es nicht für Antony. Sie wollen nicht, dass er aufwächst wie Sie, ohne Vater.«

Die letzte Botschaft, die er ihm mitgibt, ist beinahe schon spiritueller Natur.

»Nein, Ihr Vater ist nicht tot, Paul. In Ihrem Innern lebt er noch. Und er versucht, Ihnen etwas klarzumachen.«

Natürlich handelt es sich hier um einen Film, mit allen Inszenierungen, Verkürzungen und Zeitraffungen, die dazugehören. Dennoch erschien es mir wichtig, anhand dieser fiktiven Geschichte zu veranschaulichen, wie ein in seiner Kindheit tief verletzter Mensch dieses Trauma jahrelang in sich aufbewahren kann; wie dieses durch einen schlichten Zufall oder ein banales Ereignis reaktiviert werden kann; wie heilsam und zukunftsweisend die bewusst gewordene Erinnerung sein kann, sofern sie korrekt aufgearbeitet wird (zum Beispiel im Rahmen einer Psychotherapie).

Unsere Einstellung zum Leben und die Verhaltensweisen, die sich daraus ableiten, entwickeln sich, wie wir alle aus mehr oder minder einprägsamen Erfahrungen wissen, in Abhängigkeit von dem, was uns im Leben widerfährt. Wir haben wenigstens einmal erfahren, dass Glück und Unglück, Gut und Böse zwei unterschiedliche Gewichte haben und dass zehn positive Erlebnisse nicht fähig sind, ein schmerzhaftes Ereignis auszugleichen. Auch unsere kindlichen Schuldgefühle folgen dem gleichen Muster. Das Leben des Kindes ist eine Folge von Erfahrungen, auf deren Grundlage es lernt, seinen Platz zu finden und seine Fehler zu korrigieren. Es geht natürlich mit Fehlentscheidungen, Irrtümern, Wirrungen, Übertretungen und mehr oder minder kritikwürdigen oder tadelnswerten Handlungen einher. Gerade weil wir aber unter bestimmten Umständen mit dem einen oder anderen Elternteil dies oder jenes erlebt haben, nimmt unser Leben die eine oder andere Wendung. In traumatische Erinnerungen fließen die ganze Erfahrung und die Erlebnisse der Vergangenheit ein. Das menschliche Leben ist nicht in abgetrennte Parzellen aufgeteilt: Man kann nicht erst der kleine Junge oder das kleine Mädchen, dann ein Heranwachsender und schließlich ein Erwachsener sein. Wie in einem Puzzle trägt jede Lebenserfahrung zur fortschreitenden Realisierung des Ganzen bei.

Manchmal ist es schmerzhaft, sich seine Geschichte durch die Wiederbelebung von Kindheitserinnerungen erneut anzueignen, das ist wahr. Doch die Flucht davor ist manchmal leider noch schmerzhafter! Sowohl auf bewusster wie auf unbewusster Ebene. Die Leute sagen, es sei besser, nicht zu viel in der Vergangenheit zu wühlen, weil sie Angst davor haben, *unangenehme* Dinge auszugraben. Das ist wahr und falsch zugleich. Wenn man Möbel verrückt, kann man Staub aufwirbeln, man kann aber auch alte Papiere oder Gegenstände finden, an denen man hing und die man für immer verloren glaubte. Es ist immer der Mühe wert, seine Geschichte wiederzufinden.

4

Erinnerungen haben eine therapeutische Funktion

> Unser Leben ist eine Reise
> Durch den Winter und die Nacht.
> Wir suchen, was der Weg uns weist,
> Am Himmel, wo kein Stern uns lacht.
>
> LOUIS-FERDINAND CÉLINE
> Lied der Schweizer Garden
> *Reise ans Ende der Nacht*

Erinnerungen, persönliche Geschichte und Selbstbild

Der normale Mensch weiß nur wenig über sich, sofern er sich nicht auf eine langwierige psychotherapeutische oder psychoanalytische Arbeit an sich eingelassen hat. Es ist schwer zu verstehen, doch unser Wissen über uns selbst und die Einschätzung, die wir davon ausgehend vornehmen, sind mehr das Produkt der anderen als das unseres persönlichen Nachdenkens, was Nietzsche zu dem Ausspruch veranlasste: »Jeder ist sich selbst der Fernste.« Der Soziologe Michel Juffé setzt noch eins drauf: »Wir wissen nur, wer wir sind, weil man es uns gesagt hat. Gesagt und nicht nur durch Gesten oder Haltungen gezeigt oder bedeutet. Und wir sind, was wir sind, *auf die Art und Weise*, wie es uns gesagt wurde. Vielleicht noch mehr, als *durch wen* es uns gesagt wurde.«[81] Der überwiegende Teil un-

81 Michel Juffé: *Les Fondements du lien social. Sociologie d'aujourd'hui*, PUF, Paris 1995.

serer Wahrnehmung von uns selbst entstünde folglich durch die Vermittlung unserer Eltern und der Erwachsenen unserer Umgebung, was uns wiederum auf das verweist, was wir in unseren Erinnerungen davon aufbewahrt haben.

Unsere Erinnerungen sind Ausdruck unseres geschichtlichen Werdens, aber noch zutreffender ist es, mit den Worten von Michel Juffé zu sagen, dass *es* vor allem *die Art* der alltäglichen Beziehung unserer Familienangehörigen zu uns ist, die die Erinnerungen prägt (gute, schlechte, ängstigende, grausame ...), die wir daraus entwickelt haben. Wenn beispielsweise eine alleinerziehende Mutter mit Alkoholproblemen sich nicht um ihr Kind gekümmert hat, wenn sie es sich selbst überlassen, wenn sie es obendrein daran gehindert hat, normale soziale Beziehungen zu seiner Umgebung aufzunehmen, indem sie ihm verbot, das Haus zu verlassen, dann kann man ziemlich sicher sein, dass es lernt, sich in sich selbst zurückzuziehen. Seine Kindheitserinnerungen werden von dieser Lieblosigkeit und Einsamkeit geprägt sein. Wenn eine Frau, um ein anderes Beispiel zu nehmen, ein ungewolltes Kind zur Welt gebracht hat, kann dieses während seiner ganzen Kindheit Objekt stillschweigender Missbilligung seitens der gesamten Familie sein. So erging es Kathrin, einer jungen Frau, die vor kurzem eine Psychotherapie begonnen hat. Sie hatte einige schwierige, aber großartige Sitzungen zu diesem Thema und hat mir gestattet, hier einige Momente zu schildern.

Kathrin: in einer ganz neuen Welt leben

Kathrin erzählt mir, dass sie auf dem Weg in den Urlaub zu ihren Eltern in Deutschland in der Nähe von München plötzlich das gleiche verstörende Gefühl von Scham empfand wie in früheren Zeiten. »Als Kind«, erklärt sie mir, »war ich das Mädchen, das nicht hätte existieren dürfen. Ich war kein Wunschkind: Ich war die Tochter eines unbekannten oder, besser gesagt, nicht ›ordnungsgemäß eingetragenen‹ Vaters. Weil ich die Ursache für die Schande der Familie war, schämte ich mich meiner Existenz; man musste mich verstecken. In meiner Familie wurde nie darüber gesprochen, und ich habe nie gewagt, mit meiner Mutter darüber zu reden. Sie übrigens auch nicht. Noch heute spricht sie nie mit mir über meine Kindheit; das verletzt mich.

Dieses Gefühl, dass ich mich meiner Existenz schäme, hat sich in diesem Sommer wieder meiner bemächtigt. Es war eigenartig, als ob ich meiner Kindheit entgegenginge. Ich betrachtete alles mit prüfenden Blicken, die Leute, meine Mutter, die Örtlichkeiten. Selbst die Kindheitsfotos mit meiner Mutter lösten ein Gefühl von Scham in mir aus. Ich studierte sie eingehend: Sah sie glücklich oder unglücklich aus darauf? Kurz, ich fühlte mich den ganzen Tag lang den Tränen nahe.

Ich kannte dieses Gefühl schon aus früheren Zeiten, nun aber war es, als würde mir von außen bewusst, dass meine Kindheit immer so gewesen war … Von diesem Punkt an (ich glaube allerdings, dass meine Arbeit in der Psychotherapie dazu beigetragen hat), begriff ich, warum ich ein *Meister im Vergessen* geworden bin. Sobald mir etwas unangenehm ist, darf man nicht mehr darüber sprechen, nicht mehr daran denken, man muss so tun, als ob es nicht stattgefunden hätte. Man löscht alles aus und fängt von vorne an. Heute ist mir klar, dass das der Grund für meinen Umzug nach Frankreich war: Für mich war das absolut richtig. In Deutschland habe ich während meiner ganzen Kindheit nie aufgehört, mich selbst schlechtzumachen und mich herabzusetzen. Ich hatte keinerlei Selbstvertrauen. Eines Tages lernte ich auf einer Italienreise einen Jungen kennen, der in Monaco wohnte, und ich zog kurz entschlossen dorthin.

Der Umzug nach Frankreich war für mich die reinste *Wiedergeburt*. Sehr schnell erwarb ich neues Selbstvertrauen. Ich gewann Freunde, ich fand eine Arbeit. Das Erstaunlichste war die Schnelligkeit, mit der ich Französisch lernte. Im Übrigen ist alle Welt verblüfft über meinen französischen Akzent.«

Nachdem ich Kathrin Zeit gelassen habe, um nach dem Gefühlsaufruhr, den diese Erinnerung offensichtlich in ihr ausgelöst hatte, wieder die Fassung zu gewinnen, erkläre ich ihr, dass man auch durch solche Erfahrungen *alles vergessen* kann. Ich denke dabei an eine Stelle meines Buchs *Un reflet d'infini*[82], die ich ihr vorlese:

> Weggehen, nicht um zu fliehen, sondern um woandershin zu gehen, wo die Möglichkeiten reizvoller und die Beschäftigungen angenehmer sind und die Sorgen weniger schwer wiegen.
> Weggehen, nicht um ein weiteres Eldorado zu erobern, sondern um endlich in Einklang mit sich selbst zu sein, mit allen Bildern von sich selbst, die man in sich trägt und die man, anstatt sie auszuleben, zurückhält, verschweigt, verzerrt und opfert, denn wenn man sie alle lebte, diese Bilder, die man in sich trägt, würde man sich seiner eigenen Schönheit schämen.
> Weggehen und dabei bleiben, wer man ist; zugleich ein anderer werden, denn den Ort zu wechseln bedeutet andere Gestade kennen lernen, andere Menschen und andere Sitten und infolgedessen an all den anderen Orten zu wachsen, die einem auf diesem Weg begegnen.
> Weggehen, damit man aufhört, sich selbst anzugehören, damit man seine gewohnte Identität verliert und – endlich!

82 Patrick Estrade, Dervy, Paris 2002, S. 15.

– ein vollständiges, weil den anderen unbekanntes Individuum wird, ohne Vergangenheit, ohne Zwang, ohne Kleinlichkeit, ohne Abstammung, ohne das geringste Erbe.

Ich lasse zwei Sekunden verstreichen, denn ich spüre, dass sie ebenso wie ich sehr bewegt ist, dann erkläre ich ihr, dass Weggehen, sich von seinem Heimatland, seinen Wurzeln, seiner Sprache, sogar seinem Akzent abwenden in der Tat ein sehr heilsames Mittel sein kann, um die Erinnerung zu vertreiben. Welche Erinnerung? Die Erinnerung an die Abwesenheit eines Vaters, der ihr eine Existenzberechtigung verliehen hätte. Meiner Ansicht nach ermöglicht der Aufbruch in eine vollkommen neue Welt oft, dass man aufgeschlossen wird für einen ganz unerwarteten Teil seiner selbst, ich habe selbst in meiner Berliner Zeit diese sehr fruchtbare Erfahrung gemacht. Weil ich zugleich spüre, dass es zwischen Mutter und Tochter sehr viel Liebe gibt, ermutige ich sie, dieses Feld in Angriff zu nehmen und mit ihrer Mutter in einen Dialog über diesen ganzen Teil ihres Lebens einzutreten. Dies erscheint umso sinnvoller, als unsere Vergangenheit uns gerade an dem Punkt einholt, an dem wir vor ihr fliehen wollen, und Kathrins Kinder beginnen, ernsthafte Fragen nach ihrer Vergangenheit zu stellen.

Die Beziehungsgeschichte unserer Kindheit formt und prägt nicht nur, was wir sind, sie hört auch nie auf, in uns zu »arbeiten«. Ein abwesender Vater, der spurlos verschwunden oder zu früh gestorben ist, eine unberechenbare Mutter, ein vorbestrafter Großvater, ein alkoholkranker Onkel, eine große Schwester mit einer schweren Krankheit, das alles sind Sorgen, die uns als Kinder belasten und die uns unaufhörlich zwingen, unseren Platz zu definieren und immer wieder neu zu bestimmen, selbst nachdem wir herangewachsen sind. Denn unsere größte Sorge gilt immer der Frage, was wir in den Augen der anderen wert sind, wie wir uns darstellen können, damit sie ein möglichst positives Bild von uns haben. Anders gesagt, werde ich von ihnen geschätzt? Viele unserer Verhaltensweisen drehen sich um diese Sorge. In allen Milieus und auf allen Altersstufen stößt man auf dieses Bedürfnis, sich zu vergewissern, dass der andere ein positives Bild von uns hat. Zugleich wird überall, ob heimlich genährt oder offen ausgesprochen, der gleiche Wunsch spürbar: »Wie kann ich in den Augen der anderen gut dastehen?«

Unsere vergangenen Erfahrungen und die Kindheitserinnerungen, die daraus resultieren, bilden den emotionalen Nährboden, auf dem dieses Bild und damit unsere Identität errichtet werden. Die Verleugnungen, die wir erlebten, der Verrat, den wir erfuhren, die Vernachlässigung, der wir ausgesetzt waren, die andauernde Gewalt, deren Opfer wir waren, das alles sind Unglücksfälle des Lebens, mit denen jeder oder beinahe jeder von uns sich herumschlagen muss, um in den Augen der anderen ein einigermaßen *vorzeigbares* Bild seiner selbst zu bewahren oder wiederherzustellen.

Das Kind von früher heilt den Erwachsenen von heute

Erinnerungen können einerseits unserer Entwicklung hemmen, indem sie unseren kognitiven Horizont verengen und uns in einer einschränkenden Wahrnehmung unser selbst und unseres Lebens einsperren, sie können aber auch dank ihrer dynamischen Struktur ungeahnte neue Lebensbereiche für uns erschließen. Wenn man allmählich fähig wird, nicht mehr in die Falle der ewigen Wiederholung zu tappen, wenn man das Korallenriff seiner traumatischen Erinnerungen zu umschiffen lernt, wenn man es schafft, andere Bilder zum Leben zu erwecken, ein wenig so, wie man sich den Namen einer Person in Erinnerung ruft, der einem auf den Lippen liegt, dann tauchen plötzlich ungeahnte Bereiche des eigenen Lebens, der Kindheit und der Vergangenheit wieder auf, dann tauchen, man weiß nicht recht, aus welcher *anderen Tiefe*, Bilder, Worte, Vertraulichkeiten, Gefühle und Geschmacksempfindungen auf, kurz, Wahrnehmungen, von denen man nicht einmal sagen kann, dass man sie vergessen hat. Man hatte sie einfach am Wegesrand zurückgelassen, weil man zu sehr damit beschäftigt war, sich um das Wesentliche zu kümmern, ohne allzu große Beschädigungen zu wachsen und groß zu werden oder eine Schutzhülle um sich zu errichten, um nicht zu sehr zu leiden.

Doch dazu muss man zuerst einmal seine Widerstände besiegen, die vorgefertigten Ideen und Mythen über uns selbst, die wir mit uns herumschleppen, über Bord werfen (ich bin dazu verurteilt, so zu leben, wie ich lebe, das ist mein Schicksal, ich verdiene es nicht besser ...). Man muss wagen zu denken, dass man auch etwas anderes in sich trägt, in seinem Kopf, im Herzen, im Bauch, als diese gewohnten Verletzungen, die wir seit unserer Kindheit in- und auswendig kennen. Man muss auch wagen zu glauben, dass sich unser Kopf nicht auf schlimme Kindheitserinnerungen beschränkt, dass es andere, Tausende, Millionen andere gibt, die in uns leben und bereit sind, aufzutauchen, sobald wir ihnen ein Zeichen geben, sobald wir uns bereit fühlen. Erinnerungen, die so mächtig sind, dass sie uns sogar von den anderen Erinnerungen heilen können. Dann aber steigen neue Erinnerungen auf und noch andere, unerwartete, erstaunliche kommen hinzu und nehmen in unserem bewussten Leben Platz, als würde das Kind von früher von Neuem in uns lebendig, um das auszubessern, was früher nicht ordentlich erledigt wurde. Wenn der Erwachsene von heute unter dem Kind von gestern leidet, dann kann nur das Kind von gestern dem Herzen des heutigen Erwachsenen zu Hilfe kommen und ihn wieder mit dem Leben, mit den anderen, den Kindern, den Eltern und den Erwachsenen seiner Umgebung versöhnen, die ihn enttäuscht oder verraten oder abgewiesen oder ihm Gewalt angetan haben.

Ich sage gerne, dass die Liebe die Liebe heilt. Das klingt banal, ist aber schwer in die Tat umzusetzen. Das ist normal. Wenn man vollkommen besessen ist vom Bild eines/r Geliebten, dann ist man wie hypnotisiert; man weigert sich, sich davon zu lösen. Wenn man jedoch eine neue Liebe kennen lernt, stellt man wider Willen, fast *gegen* seinen Willen fest, wie schnell die Wunden des Herzens vernarben. Genauso wie die Bilder der Verliebtheit uns fesseln und in Bann schlagen, so nehmen uns auch unsere Erinnerungen gefangen. Sie sind die Abziehbilder unserer Kindheit. Auf sie berufen wir uns im Zweifelsfall oder bei Bedarf, auf sie greifen wir regelmäßig zurück. Wie alle Abziehbilder aber lassen sie unser Leben erstarren und schränken seinen Spielraum ein. Ein ganzer Teil unserer Energie wird so von unserem aktuellen Leben abgezogen, so als müssten wir uns unaufhörlich auf Positionen zurückziehen, die zwar bekannt, aber seit langer Zeit geräumt sind.

So wie ich sage, dass die Liebe die Liebe heilt, so heilen Erinnerungen die Erinnerungen. Sie haben zweifelsfrei eine therapeutische Funktion insofern, als durch die Erweiterung ihres Ausdrucksspektrums eine große Menge Lebensenergie freigesetzt wird, die bis dahin blockiert war. Indem man sich seine Kindheitserinnerungen ins Gedächtnis ruft und sie in Worte fasst, lernt man zugleich, sie anders, vollständiger zu sehen. Indem der Psychotherapeut die Welt der Erinnerungen eines Menschen wieder zugänglich macht, ermöglicht er ihm, diese Erinnerungen aus einer neuen Distanz zu betrachten, sie anders zu sehen und sie zu differenzieren. Dabei findet eine Deprogrammierung desjenigen Selbst statt, das man gegen sich selbst errichtet hat, um dem Leben, den anderen und sich selbst die Stirn zu bieten, und zugleich eine Umstrukturierung der allgemeinen Wahrnehmung, die man von sich selbst und vom Leben hat. Deshalb sagen so viele Menschen, dass sie sich durch die Psychotherapie wie *neugeboren* fühlen.

Unsere Erinnerungen beziehen sich primär auf die Lebenserfahrungen, die wir gemacht haben. Und seltsamerweise macht das Bekannte, selbst wenn es eine tragische Dimension enthält, immer weniger Angst als das Unbekannte, so dass man oft erlebt, dass Menschen eine Partner- oder Berufswahl treffen, die ihre Chancen auf ein mögliches Glück verringern. Man spricht in diesem Zusammenhang meist von Wiederholungszwang. Im Gegensatz zu dem, was man vermuten möchte, durchschauen die meisten dieser Menschen solche Zusammenhänge ziemlich genau. Eine junge Frau gestand mir eines Tages in einem bemüht humorvollen Ton, gewissermaßen um den Schraubstock zu lockern, der ihr die Kehle zuschnürte: »Mit sieben Jahren habe ich beschlossen, meine Person an einem sicheren Ort zu verwahren und mit meiner Doppelgängerin zu leben. Ich spielte immerzu eine Rolle.« Weil sie jedoch vorhatte, ein neues Leben mit einem Mann zu beginnen, der ihr sehr gefiel und in den sie heftig verliebt war, hatte sie beschlossen, dass sie nun genug hätte von dieser Form des Exils und die Täuschung nicht länger ertragen würde. »Ich will nicht mehr im Vergessen leben«, hatte sie hinzugefügt, »ich will mit dem leben, was ich wirklich bin, ich möchte diese Doppelgängerin verlassen und mit meiner ursprünglichen Persönlichkeit wieder Kontakt aufnehmen. Ich will eine einfache Frau mit all ihren Fehlern und Vorzügen sein.« Wenn man eine Person erfindet, die man nicht ist, wenn man sich eine Persönlichkeit erfindet, die man nicht hat, dann kommt unweigerlich irgendwann der Moment, in dem man aus dem Schein heraustreten muss, um seinem Ich zu begegnen und seine Geschichte wiederzufinden. Seine Geschichte wiederfinden bedeutet, dass man seinem wahren Selbst entgegengeht, einem Selbst, das nicht mehr programmiert ist oder zumindest so wenig wie möglich (von den anderen, von der Gesellschaft oder von sich selbst), damit es gesellschaftlich oder auf der Gefühlsebene *perfekt* »funktioniert«, sondern einem Selbst, das in seiner eigenen Freiheit, in seiner eigenen Authentizität leben kann, das heißt, das seine eigene Energie und seinen eigenen Lebenselan in sich trägt.

Teil 5

Den Zugang zur eigenen Geschichte wiederfinden

1

Ihre drei Kindheitserinnerungen

> Diese Vergangenheit ist nicht bloß eine Reihe von Geschehnissen irgendwo hinten fern von mir, sondern eine Atmosphäre meiner Gegenwart.
>
> MAURICE MERLEAU-PONTY
> *Phänomenologie der Wahrnehmung*

Rekapitulation

Fassen wir zusammen: Wir sind ausgegangen von den Erkenntnissen Freuds und Adlers und haben uns dann vornehmlich auf die fruchtbaren Arbeiten des Letzteren über Kindheitserinnerungen konzentriert. Wir haben anschließend einen theoretischen Abstecher gemacht, um besser zu verstehen, wie Erinnerung und Vergessen als Teil des Gedächtnisprozesses wirken. Ich gebe zu, dass dieser Teil meines Buchs, so interessant er sein mag, Ihnen vermutlich ein bisschen »trocken«, weil eher theoretisch erschienen ist. In einem dritten Schritt haben wir analysiert, wie sich allmählich die Beziehung zwischen dem Baby und seiner Mutter und zugleich oder später zu seinem Vater sowie zu den anderen Familienangehörigen herausbildet. Nachdem diese theoretische Basis begründet war, habe ich erläutert, wie man ausgehend von drei Kindheitserinnerungen wertvolle Erkenntnisse im Hinblick auf die Rolle der Mutter-Kind-Nuklearität und andere in der Erinnerung wirksame Bestandteile – Erinnerungen an Orte, Zeiten, Gegenstände, Tiere, Gefühle und so weiter –

freilegen kann. Anschließend habe ich Ihnen vorgeführt, wie wichtig die *Verschiebung* in unseren Kindheitserinnerungen ist und welche herausragende Rolle sie für die Wahrnehmung unserer inneren Welt, der Außenwelt und der anderen Menschen spielt. Zur Verdeutlichung habe ich begonnen, meine Kindheitserinnerungen auf der Basis des von mir empfohlenen Interpretationsprozesses ansatzweise zu analysieren. Im letzten Teil habe ich über die emotionalen Verletzungen gesprochen, die in Kindheitserinnerungen transportiert werden, und ich habe Ihnen gezeigt, wie das Unbewusste damit umzugehen versucht.

Mit der Technik der Analyse der drei Erinnerungen, die ich im dritten Teil ausführlich erläutert habe, verfügen Sie über ein ausgezeichnetes Instrumentarium, um die Beziehungen zu begreifen, die zwischen Ihnen und Ihrem Selbst, Ihnen und Ihrer Persönlichkeit, Ihnen und Ihrem Lebensstil und infolgedessen zwischen Ihnen und anderen Menschen bestehen. Wenn man die Säulen wahrzunehmen beginnt, auf denen unsere Handlungen und unsere Verhaltensweisen beruhen, dann erkennt man allmählich auch, woher unsere Grenzen, unsere Fehler, unsere Schwierigkeiten und unsere Lebensprobleme rühren, aber auch, woher unsere Fähigkeiten, unsere Talente und unsere Veranlagungen kommen.

Nehmen Sie nun, wenn es Ihnen recht ist, noch einmal die von Ihnen aufgeschriebenen drei Erinnerungen zur Hand und lassen Sie uns zusammen ansehen, was Sie Ihnen sagen. Da ich nicht physisch neben Ihnen sitze, überlasse ich es natürlich Ihnen, selbst die Sie betreffenden relevanten Aspekte auszuwählen, während wir das Inventarium der Instrumente durchgehen, das ich hier noch einmal in Erinnerung rufen möchte. Wenn Sie sich dieser zu Beginn des Buchs vorgeschlagenen Mühe unterzogen haben, dann verfügen Sie jetzt bestimmt über drei Erinnerungen von hoher Qualität, mit denen Sie wirkungsvoll arbeiten können.

Ihre Reaktion auf die Aufforderung, sich zu erinnern

Ich möchte gerne, dass Sie vor allem anderen darüber nachdenken, welche Gründe Sie dazu bewogen haben, dieses Buch zu kaufen. Haben Sie es aus Neugier erstanden, weil Sie verrückt sind nach Psychologie? Fanden Sie den Titel vielversprechend oder geheimnisvoll, sprach er Fakten oder Gefühle an, die Sie seit jeher kennen? Haben Sie es erworben, weil Sie hofften, dass Sie sich mit seiner Hilfe von einer allzu schweren Last befreien können, die Sie seit Ihrer Kindheit mit sich herumschleppen?

Die zweite Frage betrifft Ihre Reaktion auf meine Bitte, Ihre Erinnerungen auf ein Blatt Papier zu schreiben. Wenn Sie ein gutes Gedächtnis haben, dann erinnern Sie sich, dass ich sagte, wir kämen später auf die Frage zurück, weil manche von Ihnen vielleicht vor einem großen schwarzen Loch stünden oder das Gefühl hätten, Sie hätten keinerlei Erinnerung, die es wert sei, zu Papier gebracht zu werden. Fragen Sie sich also jetzt selbst: Mit welcher Einstellung habe ich mich auf diese Erinnerungen eingelassen? War ich gleich damit einverstanden, diese kleine Aufgabe, die man mir aufgetragen hat, auf mich zu nehmen? Leistete ich Widerstand? Habe ich mich gefragt, ob irgendwo eine Falle verborgen wäre, die ich vermeiden konnte? Habe ich versucht herauszufinden, worauf das Buch hinauswollte? Die Antwort auf diese sehr allgemeinen Fragen gibt Aufschluss über Ihre allgemeine Bereitschaft zur Mitarbeit oder über Ihre Tendenz zu Misstrauen oder Widerstand. Außerdem offenbart sie Ihre generelle Einstellung gegenüber Ihren Erinnerungen. Man muss immer darauf achten, mit welcher Geisteshaltung man

Dinge angeht, denn sie ist es, die Ereignissen ihren emotionalen Anstrich und ihre Färbung verleiht.

In meiner Praxis achte ich sehr genau darauf, wie ein Mensch auf meine Aufforderung, sich zu erinnern, reagiert. Für einen Psychotherapeuten stellen diese Reaktionen eine Goldgrube an Informationen dar. Zunächst einmal geben sie uns Hinweise darauf, welche Beziehung der Betreffende zu seiner Vergangenheit unterhält. Hat er wenige oder viele Erinnerungen, denkt er gerne daran, schwelgt er mit Freuden darin? Weiter gibt uns sein Verhalten Aufschluss über seine emotionale Reaktion auf unerwartete Ereignisse. Ist er überrascht, aus der Fassung gebracht, wirkt er beunruhigt, reagiert er mit Fragen auf die an ihn ergangene Aufforderung? Darüber hinaus können wir daran erkennen, wie gerne er zu geben bereit ist. Bietet er seine Erinnerungen leicht, großzügig, auf natürliche, unkomplizierte Weise an, oder fällt es ihm im Gegenteil schwer, sie darzubieten und auszudrücken? Wieder sind es die ersten Worte, die uns Aufschluss darüber geben. Fragen im Stil von: »Eine Kindheitserinnerung? Aber was für eine?«, »Ich weiß nicht, ich habe keine Kindheitserinnerungen, die mir einfach so einfallen; ich müsste erst einmal darüber nachdenken; ich habe nie an so etwas gedacht« und so weiter, kurz, alle Arten von Argumenten, in denen eine gewisse Form von Widerstand oder Zurückhaltung zum Ausdruck kommt. Andere Leute zeigen sich im Gegenteil erstaunlich redselig, und man muss sie bitten, ihren Redefluss zu verlangsamen, damit man ihre Worte ordnen und vor allem mitschreiben kann. Ihr Gesicht strahlt schon bei der Vorstellung dieser Rückerinnerung, das innere Lächeln, das ihre Erinnerung bewohnt, lässt ihr Gesicht leuchten, und man spürt, dass sie darauf brennen, diese Momente mit jemandem zu teilen.

Mir persönlich fiel es sehr schwer, die persönlichen Erinnerungen zu interpretieren, die ich Ihnen zu Beginn dieses Buchs mitgeteilt habe. Etwas in mir sperrte sich. Ich musste mehrere Anläufe nehmen: Plötzlich hatte ich überhaupt nichts mehr zu sagen, dann fand ich mein Beispiel banal; ein anderes Mal war ich plötzlich überzeugt, dass meine Erklärungen für den Leser uninteressant seien und so weiter. Eines war sicher: Indem ich von meinen Erinnerungen erzählte, exponierte ich mich! Ich beschloss, diese Interpretationsarbeit auf später zu verschieben, wenn ich mehr bereit wäre, mich ihnen zu öffnen! Mehrere Wochen später erst, während eines Aufenthalts in Brasilien, in einem Bus zwischen São Paulo und Ouro Preto, verschwanden meine Widerstände, und die Worte kamen mir in den Sinn.

Wenn unsere Widerstände stark sind, hindern sie uns an einer klaren und einfachen Wahrnehmung der Realität, und manchmal müssen wir mehrere Anläufe unternehmen, um uns ein einigermaßen zuverlässiges Bild von dem zu machen, was wir wirklich erlebt haben. Was ich hier sage, gilt für unsere Handlungen im Leben im Allgemeinen, zugleich aber auch für das, was wir von unseren Erinnerungen im Gedächtnis behalten. Je mehr Komplikationen unser Leben begleitet haben, umso mehr tendiert unser Unbewusstes dazu, diese zu verdrängen, zu umgehen und sie so zu verändern, dass sie einigermaßen akzeptabel für uns sind. Wir haben bei Freud und seinen Deckerinnerungen gesehen, wozu unser Unbewusstes imstande ist.

Erste Annäherung an Ihre Kindheitserinnerungen

Bevor wir uns nun in Ihre drei oder vier Erinnerungen vertiefen, möchte ich gerne, dass Sie sicherstellen, dass Sie es bequem haben und dass nichts Sie stört (Radio, Fernsehen, Telefon, Straßenlärm …) oder Ihre Aufmerksamkeit ablenkt. Sie sollten sich in einem Zustand angemessener Aufnahmefähigkeit befinden, so dass Sie ohne Widerstand empfänglich sind für alles, was Ihnen in den Sinn kommt. Da ich annehme, dass Sie bei sich zu Hause sind, möchte ich Sie zuerst bitten, sich einmal umzusehen und festzustellen, von welchen Erinnerungsstücken Sie umgeben sind. Sie erinnern sich, dass ich eine ganze Reihe fand. Es wäre im Übrigen interessant zu analysieren, warum sich diese Gegenstände in meinem Umfeld befinden, aber das würde zu weit führen. Machen Sie es ebenso: Zählen Sie die Erinnerungsstücke in Ihrer Umgebung, und versuchen Sie, einen gemeinsamen Nenner für sie zu finden. Was mich betrifft, so stammen diese Gegenstände aus Reisen von mir oder von näheren Bekannten. Darin liegt zumindest *ein* gemeinsamer Nenner. Zu welcher Kategorie gehören Ihre Erinnerungsstücke? Bücher, Bilder, Aschenbecher, Schallplatten, Schmuck oder einfach Fotos et cetera. Das könnte Ihnen bereits Aufschluss darüber geben, woran Sie hängen. Eine weitere Frage erscheint mir vorneweg wichtig: Schwelgen Sie gerne in Erinnerungen? Haben Sie einen starken oder sehr starken Hang zur Vergangenheit, leben Sie in ihr? Das könnte darauf hinweisen, ob es Ihnen gelungen ist, die Schlacken der Kindheit abzustreifen, oder ob Sie die »Nabelschnur« noch nicht ganz durchtrennt haben.

Nun zu unseren Erinnerungen. Aus welcher Altersphase stammen sie? Ich hatte Sie gebeten, drei oder vier Erinnerungen aus Ihrer frühen Kindheit aufzuschreiben, das heißt aus der Zeit zwischen null und fünf Jahren. War das der Fall, oder betreffen die Erinnerungen, die in Ihnen aufstiegen, eher die Spanne zwischen fünf und zehn Jahren? Diese Antworten geben Aufschluss über die Durchlässigkeit und »Lebendigkeit« Ihrer Lebensgeschichte. Wenn uns auf Anhieb keine Erinnerungen an die frühe Kindheit einfallen, dann liegt das daran, dass unser Unbewusstes sie aus Gründen, die wir nicht kennen, die jedoch mit Sicherheit in seiner Perspektive fundiert sind, zurückhält. Wahrscheinlich werden Sie feststellen, dass Ihre Erinnerungen im späteren Verlauf weiter zurückreichen. Ich spreche hier vom Leben nach der Geburt, aber manche anderen Fachleute sprechen sogar vom Leben vor der Geburt oder gar von früheren Leben. Mir persönlich fällt es schwer, so weit zu gehen, auch wenn ich diese Spekulationen auf intellektueller Ebene interessant finde.

Oft knüpfen sich Kindheitserinnerungen an präzise Ereignisse, die zu einem Bruch oder einem möglicherweise traumatischen Neuanfang gehören können. Dabei kann es sich um einen Umzug handeln, um eine Trennung der Eltern, berufliche Probleme eines von ihnen, genauso aber auch um die Geburt eines kleinen Bruders oder einer kleinen Schwester oder um den Umzug in ein neues Haus. Es ist interessant, darauf zu hören, was diese Orientierungspunkte uns zu sagen haben.

Das Prinzip der Nuklearität in den Erinnerungen

Aus Bequemlichkeit werde ich von nun an den Begriff »Nuklearität« zur Bezeichnung des Umfelds und der familiären und sozialen Struktur verwenden, die in Ihren Erinnerungen sichtbar wird. Es ist jedoch klar, dass dieser Begriff, sofern er nicht anders definiert wird, alles mit einschließt, was in den Kapiteln 1 und 2 des dritten Teils dieses Buchs gesagt wurde.

Anwesenheit der Basisnuklearität in Ihren Erinnerungen

Sagen wir es gleich vorweg: Es ist zu erwarten, dass Sie mit hoher Wahrscheinlichkeit in Ihren drei Erinnerungen eine Variante der klassischen Nuklearität finden werden, wenn Sie gerne in Erinnerungen schwelgen. Entsprechend dazu werden Sie die klassische Struktur der Basisnuklearität nicht finden, wenn Sie Ihre Eltern nicht kennen gelernt haben, wenn sie beispielsweise bei Ihrer Geburt gestorben sind, was nicht bedeutet, dass sie nicht in anderer Form (mit Adoptiveltern zum Beispiel) hergestellt wurde.

Sehen Sie sich Ihre drei Erinnerungen genau an. Tauchen Mutter, Vater, Brüder oder Schwestern und Personen der erweiterten Familie darin auf, und wenn ja, geordnet oder ungeordnet? Betreffen Ihre Erinnerungen eine Person mehr als die andere oder ausschließlich eine? Anstatt sich zu fragen, warum zum Beispiel Ihr Vater in allen dreien und Ihre Mutter in keiner vorkommt, sollten Sie sich lieber fragen, weshalb sie gar nicht auftaucht. Im Allgemeinen gibt es dafür gute Gründe. Zunächst einmal die *guten* guten Gründe: Wenn es sich beispielsweise um den andersgeschlechtlichen Elternteil handelt, kann dem einfach eine etwas starke, ansonsten aber absolut klassische ödipale Bindung zugrunde liegen. Allerdings kann ein solches Missverhältnis auch andere Dinge offenbaren. Zum Beispiel einen Mangel an Zuneigung, einen Konflikt oder einen unversöhnlichen Hass auf diese Mutter, die so kalt oder so streng oder so unbeugsam oder so grausam war (»Meine Mutter hat mich nie geliebt« oder: »Sie hat immer meinen Bruder vorgezogen« oder: »Sie hatte nur Augen für meinen Vater« usw.).[83] Ich spreche hier von der Mutter, aber es kann sich um jede beliebige Person aus der engeren Familie handeln. Wenn Sie aus einer kinderreichen Familie stammen, kann es also ebenso gut einer Ihrer Brüder oder eine Ihrer Schwestern sein.

83 Achtung, es kann sich auch um einen aktuellen Konflikt mit einem Elternteil handeln, der Sie dazu veranlasst, diese Person auszublenden.

Die Basisnuklearität erscheint nicht

Wenn die Reihenfolge der Basisnuklearität in Ihren Erinnerungen nicht erscheint, dann achten Sie darauf, auf wen sie sich in erster Linie bezieht: einen Erwachsenen, zu dem Sie eine besonders enge Beziehung haben (ein Onkel oder eine Tante, oft aber auch ein Patenonkel oder eine Patentante), eine Person aus dem weiteren Umfeld, zum Beispiel ein enger Freund der Familie, ein Pfarrer, ein Lehrer, ein Betreuer oder ein Nachbar … Das könnte sehr aufschlussreich für Sie sein, denn es zeigt Ihnen, wie es dem kleinen Jungen oder dem kleinen Mädchen, das Sie einmal waren, gelang, einen möglicherweise traumatischen Einfluss der Eltern zu überwinden, indem er oder es seine affektiven Regungen auf diese andere Person übertrug (Boris Cyrulnik würde sie *Tutor* nennen). Ich sage in diesem Zusammenhang gerne, dass die Erde dem gehört, der sie bestellt.

Erinnerungen, die sich auf die wichtigsten anderen Bestandteile beziehen

Wir können hier nicht alle aufführen, denn es sind wirklich unendlich viele. Doch ich bin sicher, dass Sie höchst aufschlussreiche Hinweise herausfiltern können, wenn Sie nur die bereits dargestellten Komponenten durchgehen. Sie erinnern sich an die Stelle über Tiere, die mit Zuneigung überhäuft werden und in gewisser Weise eine »therapeutische« Rolle spielen können. Wenn Ihre Kindheitserinnerungen vornehmlich um Tiere kreisen, führt Sie das vielleicht dazu, die Beziehungen, die Sie zu Menschen unterhalten und unterhalten haben, zu hinterfragen.

Um ein anderes Beispiel zu nehmen: Erinnerungen an Orte drücken, wie Sie mittlerweile wissen, ein starkes Bedürfnis nach Verankerung aus. Wenn sie in Ihren Erinnerungen eine Rolle spielen, könnten Sie sich Fragen über Ihr Bedürfnis nach Bestätigung oder Stabilität stellen (in diesem Fall wäre es interessant, sie in Bezug zu den Verschiebungserinnerungen zu setzen, auf die wir gleich noch kommen werden). Wenn die Betonung auf der Zeit oder auf der Vergangenheit liegt, spiegelt das entweder ein Gefühl der Unsicherheit wider, das man durch starke zeitliche Bezugspunkte ausgleichen möchte, oder eine gewisse Sehnsucht. Man kann sich vorstellen, dass ein ehemaliger Algerienfranzose sehr starke Markierungspunkte räumlicher (Exil) und zeitlicher (geraubte Kindheit) Art hat, denn sie entsprechen dem Teil seiner Kindheit, den er dort verlebt hat, und dem Trauma der Trennung, das mit der Repatriierung verbunden war.

Erinnerungen an Gegenstände oder Dinge

Solche Erinnerungen offenbaren sehr oft eine Fülle von Informationen, die man zuerst gar nicht bemerkt hat. Erinnerungen an Gegenstände sind im Allgemeinen nicht mit einer bestimmten Geschichte verknüpft. Sie tauchen eher, wie schon gesagt, als blitzartige Eindrücke oder als Bilder auf denn in Gestalt erzählbarer Ereignisse, was ihre Interpretation heikel macht. Tatsächlich sind *pure* Erinnerungen an Objekte oder Dinge, die ich gewissermaßen als »a-medial« bezeichnen würde, sehr selten, und wenn man ihnen begegnet, tut sich zumeist ein wüstenhaftes inneres Panorama auf, das an eine halb autistische Pathologie denken lässt. Alle Erinnerungen spiegeln einen bestimmten Bezug zur Welt wider, nur dass es manchmal sehr schwierig ist, den roten Faden zu finden. Man muss die symbolische oder parabolische Form suchen, die ihm zugrunde liegt. Wenn Sie sich beispielsweise an einen Metallbaukasten erinnern, den man Ihnen geschenkt hat, dann spricht aus dieser Erinnerung, selbst wenn darin keine andere soziale Vorstellung als das »man« enthalten ist, dennoch die soziale Komponente, die in diesem Geschenk liegt. Es gab ein Medium (das Geschenk), das Sie mit der Welt der anderen verband. Oder wenn Sie sich nur an eine Lampe im Wohnzimmer erinnern, dann könnten wir in der Lampe, auch wenn aus diesem Gegenstand nicht der geringste soziale Bezug herauszufiltern ist, dennoch eine Lichtquelle und im Wohnzimmer einen Ort der sozialen Begegnung sehen. Von wenigen Ausnahmen abgesehen reduzieren sich Erinnerungen an Gegenstände zum Glück nicht auf eine so schlichte Bedeutung. Die meiste Zeit über sprechen sie. Und sie haben viel zu sagen. Der Kamin erzählt vom Zuhause; der Tisch von den Mahlzeiten; der Stift vom Schreiben und Lesen; der Ordner von den Dingen, die man aufbewahrt, weil man an ihnen hängt; der Kühlschrank vom Essen; die Milchkanne von der nährenden Instanz; die Schranke vom Hindernis oder vom Privatbesitz und so weiter. Überlassen Sie es Ihrem Kopf, den Gegenständen Ihrer Erinnerung die Bilder hinzuzufügen, die Ihnen spontan dazu einfallen, und Sie werden sehen, dass Sie sich nicht irren.

Erinnerungen, die mit Sinneswahrnehmungen und Gefühlen verbunden sind

Erinnerungen, die mit Sinneswahrnehmungen und Emotionen verbunden sind, geben selbstverständlich Aufschluss über die Welt der Empfindungen, Gefühle und Sinnlichkeit, in die Ihr Leben eingebunden ist. Sagen wir, sie betreffen einerseits alles, was mit dem »Körper« zu tun hat, das heißt mit dem Erleben des Körpers und seinen Ausdrucksformen (körperliche Wahrnehmungen, Bewegungen, physische Dynamik, aber auch Körpererfahrungen als Mann oder Frau, körperliche Intimität, libidinöse Elemente …) und andererseits alles, was mit dem »Herzen« zu tun hat, mit den *Emotionen* (Gefühle, Freude, Schmerz, Humor, Traurigkeit …) und den *Affekten* (Wut, Groll, Eifersucht …). Es geht um die sinnliche Beziehung, die Sie zur Welt, zum Leben und zu Ihren Entscheidungen haben. In diesem großen Cocktail mischen und vermengen sich Genetik, Physiologie, Physisches und Mentales, Psyche, Angeborenes und Erworbenes, Unbewusstes und Bewusstsein, Identität und Persönlichkeit, kurzum alles, was in uns am lebendigsten ist. Je mehr von Sinneswahrnehmungen und Emotionen geprägte Bestandteile Ihre drei Kindheitserinnerungen enthalten, umso mehr offenbart sich darin die »Lebendigkeit«, das heißt die aktive, reaktive, dynamische, fesselnde und leidenschaftliche Seite Ihrer Person.

Erinnerungen, die mit Traumata verknüpft sind

Da ich im vorhergehenden Teil dieses Buchs ausführlich darauf eingegangen bin, werde ich hier nicht mehr im Detail darauf zurückkommen. Ich möchte mich auf den einfachen Hinweis beschränken, dass man erstaunlicherweise nicht in allen drei Erinnerungen systematisch auf Elemente des Traumas stößt. Man könnte Scham dafür verantwortlich machen, aber das ist nicht wirklich der Grund. Erinnerungen haben oft mehr mit der aktuellen Gefühlswelt zu tun, in der der Betreffende lebt, als mit den Empfindungen des Traumas selbst. Wenn der Betreffende eine schmerzhafte, schwierige oder problematische Phase durchlebt, dann sind seine Erinnerungen eher mit Elementen durchsetzt, in denen das Trauma anklingt. Wenn er sich dagegen wohl fühlt und begeisternde Dinge erlebt, mobilisiert er eher Erinnerungen, die in Einklang mit dieser geistigen Verfassung stehen. Wenn in Ihren Erinnerungen ein traumatisches Element auftaucht, dann sollten Sie überprüfen, ob sich dahinter nicht in Wirklichkeit ein allgemeines Gefühl existenzieller Schwäche oder Minderwertigkeit verbirgt, das Sie in Ihrer aktuellen Situation verspüren.

Wie Sie sehen, bilden die intra- und extra-nuklearen Bestandteile unserer Erinnerungen ein raffiniertes, aber dennoch lesbares Mosaik. Seine Einschätzung und Interpretation, die Sie mit Hilfe meiner Kategorien vornehmen können, sollte Ihnen eine Vielzahl von Informationen über Ihre Neigungen, Ihren Lebensstil und Ihre Lebensentscheidungen liefern. Ziehen Sie daraus jedoch noch keine endgültigen Schlüsse. Sie müssen sich noch die andere Hälfte der dynamischen Struktur Ihrer Erinnerungen vergegenwärtigen, denn nun müssen Sie sich ansehen, wie die Elemente der Verschiebung darin zutage treten.

Das Prinzip der Verschiebung in den Erinnerungen

Dieser Bestandteil der Kindheitserinnerungen ist ein herausragender Indikator für unsere Lebensspannkraft. So wie die Basis-Nuklearität unserer inneren Gefühlswelt und unserem Bedürfnis nach Sicherheit entspricht, so entspricht die Verschiebung dem Bedürfnis nach Wachstum und Expansion, denn sie erzählt uns, wie groß unser Wunsch ist, die Außenwelt zu erforschen. Doch auch wenn alle Menschen ein grundlegendes Bedürfnis nach Sicherheit und ein Bedürfnis nach Wachstum haben, so empfinden nicht alle die *gleichen* Bedürfnisse, auf die *gleiche* Art, unter den *gleichen* Umständen und im *gleichen* Maß. Die Unterteilung in vier Abstufungen, 1) die klar ausgedrückte Verschiebung, 2) die symbolisierte Verschiebung, 3) die erschwerte oder verhinderte Verschiebung und 4) die fehlende Verschiebung, ermöglicht eine Berücksichtigung dieser Nuancen. Sie verhindert außerdem, wie wir gleich sehen werden, dass wir eine zu scharfe

Trennlinie zwischen der Dimension der Nuklearität und der der Verschiebung in unseren Kindheitserinnerungen ziehen.

Die klar ausgedrückte Verschiebung

Nehmen Sie sich noch einmal Ihre drei Erinnerungen vor und versuchen Sie, alle darin befindlichen Elemente der Verschiebung ausfindig zu machen. Ich vermute, dass Sie auf mindestens eines stoßen werden. Ich verfüge zwar über keinerlei Statistik diesbezüglich – und mit gutem Grund –, aber ich glaube, dass zwei von drei Personen in ihren drei Erinnerungen ein deutliches Element der Verschiebung finden dürften. Gehören Sie zu dieser Gruppe? Vielleicht haben Sie ein Element aus der Kategorie der Transportmittel (Auto, Zug, Flugzeug, Schiff) entdeckt? Oder betrifft es eher Reisen, Ferien, Spaziergänge, Sport und Freizeit? Wenn Sie dieses Verschiebungselement nicht in den ersten Worten finden, die Sie aufgeschrieben haben, dann entdecken Sie es bestimmt in den ergänzenden Details, die Sie anschließend hinzugefügt haben. Sie erinnern sich, dass es mir mit meiner ersten Erinnerung so erging. Ich hatte zuerst geschrieben: *Ich sehe mich in einem Garten, der ein wenig verwildert wirkt, mit einem Schmetterlingsnetz aus leuchtendem Tüll in der Hand, ich versuche, Schmetterlinge zu fangen, die zwischen den hohen Gräsern fliegen.* Erst danach hatte ich präzisiert: »Diese Erinnerung spielt in der Vendée, im Garten meines Onkels Jean und meiner Tante Jeanne.« Sie finden nichts dergleichen? Vielleicht erscheint die Verschiebung dann in Ihren drei Erinnerungen in symbolischer Form? Sehen wir uns das genauer an.

Die symbolisierte Verschiebung

Das Aufspüren von Verschiebungssymbolen wird ein Vergnügen für Ihr logisches Denken sein, wenn Sie ein wenig Ausdauer und Scharfsinn besitzen. Ich werde Ihnen einige Beispiele dazu geben. Es kann sich um eine Erinnerung an ein individuelles Spielgerät (Fahrrad, Dreirad, Rollschuhe, Roller) oder an Gemeinschaftsspiele handeln, wie zum Beispiel Fangen, Räuber und Gendarm oder auch Blindekuh. Wenn Sie dort nicht fündig werden, sehen Sie nach, ob Sie nicht einen Puppenwagen für Ihre Puppe finden oder einen Kinderwagen für Ihre kleine Schwester oder Spielzeugautos, mit denen Sie gerne auf dem Teppich spielten. Auch diese Piste verläuft im Sand? Kein Grund zur Verzweiflung: Sie könnten beispielsweise die Berufe der Erwachsenen in Augenschein nehmen, die in Ihren drei Erinnerungen auftauchen. War einer von ihnen vielleicht Handelsvertreter, oder arbeitete er in einem Reisebüro oder einer Autowerkstatt, besaß er ein Taxi, war er Geschichts- oder Geografielehrer (aber sicher, die Geschichte lässt uns in der Zeit reisen und die Geografie im Raum)? Wenn diese Tipps Sie auch nicht weiterbringen, prüfen Sie, ob sich nicht eine Verbindung zu einer inneren Reise oder einem Traum herstellen lässt: Gibt es nicht eine Geschichte vom fliegenden Teppich darin? Oder einen schönen Prinzen, der auf seinem weißen Hengst herbeisprengt und Ihren Vater um Ihre Hand bittet? Achten Sie genau auf die Worte, die Sie aufgeschrieben haben; wenn Sie zwischen den Zeilen lesen, müssten Sie einige Hinweise entdecken.

Die erschwerte oder verhinderte Verschiebung

Es gibt zwar Menschen, die sich unter allen Umständen durch Tatkraft und Entschlossenheit auszeichnen, man muss allerdings zugeben, dass sie bei weitem nicht die Mehrheit bilden. Die meisten von uns sind unbeständiger im Charakter, führen ein viel wechselhafteres Leben und schlagen sich mit den paradoxesten, um nicht zu sagen widersprüchlichsten Gegensätzen herum. Denken Sie nur an Bertrand, diesen offenen und strahlenden jungen Mann, der dieses eigenartige Gefühl einer Hemmung in seinem Leben empfand, das er sich nicht erklären konnte. Verschiebungserinnerungen, die einen Ort des Übergangs zwischen Innen- und Außenwelt enthalten, sind in dieser Hinsicht hochinteressant, denn sie zeigen, mit welcher Raffinesse und Differenzierungsfähigkeit unsere Psyche unsere Wahrnehmung vom Leben und seinen Wechselfällen dämpft. Sie wirken zugleich wie ein Antrieb (»Geh hinaus und sieh dir die Welt an«) und wie ein Hemmnis (» … aber verlasse nicht den Kreis, den ich dir zugestehe«) und schaffen so einen Zwischenbereich, eine Art Übungsgelände, wenn man so sagen kann, zwischen dem Reich der Familie und der großen weiten Welt. Wenn in einer Reihe von drei Erinnerungen ein Element der Verschiebung an eine klassische Basis-Nuklearität gekoppelt ist, dann haben Sie das charakteristische Bild einer traditionellen Erziehung autoritären oder gar repressiven Typs vor sich (das Kind ist ein Kind und muss ein Kind unter der Autorität der Eltern bleiben). Ich möchte hinzufügen, dass man Orte des Übergangs aufgrund der noch heute wirksamen Unterschiede in der Erziehung von Jungen und Mädchen (Verbote, Weggehen, Freiheiten, Verteilung häuslicher Pflichten, Sexismus …) öfter in den Erinnerungen von Mädchen als in denen von Jungen findet und bei Letzteren besonders dann, wenn sie unter dem Druck einer starken elterlichen Autorität aufgewachsen sind.

Fehlende Verschiebung

Wie ich schon sagte, ist es wirklich sehr selten, dass die Analyse überhaupt kein Element einer Verschiebung in einer Serie von drei Erinnerungen enthüllt. Sie werden sich allerdings an Marie-Claire erinnern, deren drei Erinnerungen ausschließlich in der Abgeschlossenheit ihres Heims spielten. Wenn Sie das Gefühl haben, dass Ihre drei Erinnerungen keinerlei Verschiebungselemente enthalten, dann vergessen Sie nicht, dass die Verschiebung auch *durch ihre Abwesenheit glänzen* kann, zum Beispiel in Sätzen wie: »Wir gingen nie aus dem Haus«, »Wir mussten immer zu Hause bleiben«, »Ich hätte gerne reiten gelernt, aber für meine Eltern kam das nicht in Frage« und so weiter.

Natürlich ist es unmöglich, alle Varianten des Ausdrucks oder der Verschlüsselung aufzuführen, mit denen ein menschliches Gehirn Verschiebungen in einer Kindheitserinnerung formulieren kann, denn sie sind unendlich an Zahl. Die hier aufgeführten Beispiele und Tipps sollen Ihnen nur die außerordentliche Vielfalt von Elementen demonstrieren, die in einem mehr oder minder engen Zusammenhang mit dem Prinzip der Verschiebung stehen. Es ist an Ihnen herauszufinden, wie Ihr Unbewusstes die Dinge gegebenenfalls verschlüsselt hat, und darüber nachzudenken, aus welchen Gründen es sich dafür entschieden hat, ihnen auf die eine oder andere Art zum Ausdruck zu verhelfen oder sie im Gegenteil zurückzuhalten.

Das Zusammentreffen der Prinzipien der Nuklearität und der Verschiebung in den Erinnerungen

Nuklearität heißt *Vertikalität*, anders gesagt, sie bezeichnet die generationsübergreifende und soziale Dimension des menschlichen Lebens (Großeltern, Eltern, Geschwister, Kind ...). Sie hat eine *zeitliche* Funktion. Verschiebung hingegen heißt *Horizontalität*, denn sie offenbart, auf welche Weise wir durch unsere Lebenserfahrungen die Welt erforschen. Sie hat eine *räumliche* Funktion. Zeit und Raum sind zwei universelle Gegebenheiten, in denen alle Menschen sich bewegen und entwickeln. In jeder Reihe von drei Erinnerungen findet man die beiden Dimensionen *Vertikalität-Zeit* (»Wer bin ich innerlich, familiär, sozial?«) und *Horizontalität-Raum* (»In welcher Welt lebe ich? Wie lebe ich in Bezug auf meine Wahrnehmung, mein Verständnis und meine Vorstellung der Welt, die mich umgibt?«).

Wenn Sie die Faktoren *Vertikalität-Zeit-Nuklearität* und *Horizontalität-Raum-Verschiebung* miteinander kreuzen, dann erhalten Sie zwei äußerst nützliche Markierungspunkte, um die dynamische Struktur Ihrer Kindheitserinnerungen und damit auch deren tieferen Sinn zu begreifen. Zugleich ermöglicht es Ihnen zu verstehen, wie sich Ihre Kindheitserinnerungen in Ihrem jetzigen Leben reaktualisieren können. Der Ausdruck »reaktualisieren« ist nicht ganz zutreffend. Sie werden nicht *wieder* aktuell, vielmehr *aktualisieren sie sich* permanent, denn das menschliche Leben ist nicht abgeschlossen, sondern eine *gelebte Kontinuität*. Das ist ziemlich einleuchtend: Man kann nicht zuerst der kleine Junge oder das kleine Mädchen sein, dann ein Heranwachsender und später der Erwachsene und so weiter. Wie bei einem Puzzle hat jede Lebenserfahrung Anteil an der fortschreitenden Verwirklichung des Ganzen.

Sie verfügen nun über geeignete Werkzeuge für ein korrektes analytisches Herangehen an Ihre drei Erinnerungen, und Sie sollten in der Lage sein, sie harmonisch zusammen einzusetzen. Sehen Sie sich nun noch einmal Ihre zu Papier gebrachten Kindheitserinnerungen an, und stellen Sie sich ein letztes Mal folgende Fragen, wobei Sie versuchen sollten, spontan zu antworten:

- Herrscht in Ihren Erinnerungen in erster Linie eine spielerische, ernsthafte, moralisierende, bedrohliche oder neutrale Atmosphäre?
- Tritt das Nuklearitätsprinzip in Ihren drei Erinnerungen in klassischer oder nichtklassischer Reihenfolge oder gar nicht auf? (Sie wissen ja – ich hoffe, Sie erinnern sich daran –, dass man nicht normal oder anormal ist, nur weil man der Norm entspricht oder eben nicht.)
- Kreisen Ihre Erinnerungen in erster Linie oder ausschließlich um Ihre Beziehung zu Ihrer Mutter oder zu Ihrem Vater, um Ihre Zeit in Bordeaux oder Algier, um die katholische Nonnenschule oder um das erste Haus, in dem Sie gewohnt haben, und so weiter. Warum taucht Ihre Mutter (oder Ihr Vater oder Ihr Bruder etc.) nicht in Ihren drei Erinnerungen auf? Verbirgt sich irgendetwas dahinter? Sehen Sie ausgehend von dieser Feststellung einen Zusammenhang zwischen dem, was Ihnen Ihre Kindheitserinnerungen sagen, und dem, was Sie in Ihrer aktuellen Situation erleben? Erfahren Sie aus Ihren Erinnerungen etwas über Ihr Selbstbild als Frau oder Mann?
- Handeln die in Ihren Erinnerungen geschilderten Ereignisse von Ferien und Mußezeiten, von Unfällen und Schicksalsschlägen, von Gewalt und Aggression, von Krankheit und Tod? Sehen Sie einen Zusammenhang zwischen diesen Ereignissen aus der Vergangenheit und Ihrer Einstellung zum Leben heute?
- Spricht aus Ihren Erinnerungen unter dem Aspekt der Verschiebung eine starke oder eine schwache Tendenz zur Mobilität, offenbart sich darin eine Hemmung Ihrer Energie?

- Schreiben Sie alle Bilder auf, die Ihnen in den Sinn kommen, notieren Sie die Worte, die sie in Ihnen auslösen. Verknüpfen Sie alles miteinander, versuchen Sie einen gemeinsamen Nenner zu finden. Er wird Ihnen Aufschluss über Ihren Lebensstil, Ihre Einstellung zu sich selbst, zum Leben und zu den anderen Menschen geben.

Die *Nuklearität* verkörpert in Ihren Erinnerungen das Schiff und die *Verschiebung* das Ruder. Das Ruder gibt die Richtung vor, schlägt den Rhythmus und unterstützt Ihre Lebensdynamik. Ihre Kindheitserinnerungen zeigen Ihnen Richtungen an; dabei handelt es sich jedoch um einen Kompass oder um GPS-Angaben. Versuchen Sie also nicht, die Dinge zu lokalisieren, sondern bewerten Sie sie. Ihre Kindheitserinnerungen sollen Sie nicht über das aufklären, was Sie schon wissen, sondern über das, was Sie nicht wissen. Es ist nicht sinnvoll, diese Methode zu benutzen, um einzuschätzen, ob Sie ein aktiver, reaktiver oder passiver Mensch sind, ob Sie sozial engagiert sind oder unter Angst vor öffentlichen Plätzen leiden, ob Sie geizig oder großzügig sind. Das wissen Sie bereits und wahrscheinlich besser als jeder andere. Nein, meine Methode der Erinnerungsanalyse kann Ihnen Erkenntnisse und Hilfestellungen zu Situationen oder Ereignissen liefern, die Sie nicht verstehen, die Ihnen ein Rätsel sind oder die Sie nicht zu Ihren Gunsten beeinflussen können, weil Sie ihre tieferen Ursachen nicht begreifen. Das können beispielsweise wiederkehrende Misserfolge sein, Auf-der-Stelle-Treten, unerklärliche Hemmungen, immer wieder enttäuschte Erwartungen, stures Beharren, rigide Verhaltensmuster, fehlende Voraussicht, Fallen, die Sie sich regelmäßig selbst stellen, und so fort. Wenn Sie verstehen, Ihren Kindheitserinnerungen zuzuhören, dann werden sie Ihnen helfen, diese Muster zu durchschauen.

2

Wie ein Vorhang, der sich öffnet

> Ein Meister ist, wer das, was jeder gesehen hat, mit eigenen Augen sieht und die Schönheit der Dinge erkennt, die zu gewöhnlich sind, um den anderen noch aufzufallen.
> Aus dem Testament AUGUSTE RODINS

Das Unbewusste ist ein guter Verwalter

Unser Bewusstsein und unser Unbewusstes beeinflussen unaufhörlich unsere Wahrnehmungen und deren Bewertung. Das Bewusstsein sagt zu uns: Ich sehe das und das – was löst das in mir aus? Habe ich schon eine solche Erfahrung gemacht? Handelt es sich um ein Geschehen oder um eine Handlung, die mich in Gefahr bringt, oder darf ich mich in Sicherheit fühlen? Kann ich es mit einer bereits bekannten oder erlebten, erlittenen oder aktiv gemachten Erfahrung vergleichen? Unser Unbewusstes wiederum sagt in seiner Sprache: Du erlebst das eine oder andere, welchen Stellenwert aber hat es im aktuellen Kontext? Beeinflusst es das Gleichgewicht des Ganzen? Soll ich ein Ereignis mit anderen bereits erlebten, bewerteten, eingeordneten und im Gedächtnis gespeicherten Erfahrungen in Verbindung bringen? Soll ich die Information durchgehen lassen oder zensieren, oder soll ich nur einen Teil zensieren? Kann das Ich mit der Konfrontation dieser beiden widersprüchlichen Informationen umgehen? Ist es stark genug dafür? Ist es ausreichend gerüstet, um sich dieser Konfrontation unter guten Bedingungen auszusetzen? Wie Sie sehen, ist das Unbewusste nicht nur ein großer Zensor, sondern auch ein großer Beschützer.

Nichts von dem, was in uns abläuft, was in uns passiert und vor sich geht, geschieht zufällig, ohne dass es einem Zweck diente. Anders gesagt, alles in unseren Gedanken, in unserem Geist, in unseren Wahrnehmungen, in unseren Handlungen, in unseren Träumen und sogar in unseren Neurosen hat seinen Sinn und Zweck. Auch wenn wir das Ziel nicht kennen, so ist dennoch alles in uns darauf ausgerichtet, sich anzupassen und in ein einheitliches Ganzes einzufügen. Und das Gleiche gilt auch für die Art, wie wir uns an bestimmte Dinge erinnern. Nichts, woran wir uns erinnern, und nichts von dem, was sich in uns erinnert, ist Zufall. Ich habe noch Paul Ricoeur in seinem Gespräch auf *France Culture* im Ohr, der erklärte: »Man sagt sich: *Erinnerst du dich? – Aber ja!* Und plötzlich tauchen Bruchstücke aus der Vergangenheit auf, die sich erinnern. Das bedeutet, dass das Vergessen auch ein verwahrendes Vergessen, ein Vergessen zum Schutz vor sich selbst, vor seiner eigenen Auslöschung ist.«

Das Unbewusste ist ein umsichtiger Bankier. Es öffnet seinen Tresor nicht ins Blaue hinein. Es vermischt auch nicht Wertpapiere, Valuta und Bargeld. Es ist ein guter Verwalter unserer Erinnerungen. Einerseits schützt es uns vor anderen und vor uns selbst. Zum Bespiel, indem es uns dazu bewegt, dass wir bestimmte, besonders unangenehme oder schmerzhafte Erinnerungen verdrängen oder *vergessen* oder eine Enttäuschung oder einen Verrat abschreiben. Auf der anderen Seite kann es sich an jede neue Situation anpassen, insbesondere an unsere Entwicklung. Es ist zum Beispiel fähig, Erinnerungen in dem Maß wieder zuzulassen, wie wir stärker, das heißt fähiger werden, die unglaubliche Emotion zu beherrschen – Freud sprach von der *beunruhigenden Fremdheit* –, die bis dahin damit verbunden war und ein großes zerstörerisches Potenzial hatte.

Unser Unbewusstes kennt keine Sensationsenthüllungen, aber es besitzt einen sehr effektiven Fahrstuhl. Es lässt nur die Erinnerungen und Wahrnehmungen nach oben steigen, von denen es glaubt, dass wir sie verkraften können. Als *Zugabe* kann es sogar neue Erinnerungen und die damit verknüpften Empfindungen freisetzen. Psychotherapeuten ist dieser Effekt wohlbekannt. Ziemlich oft hören sie Sätze wie: »Ach, ich erinnere mich plötzlich ...« oder: »Wie seltsam, ich habe nie daran gedacht.« Es ist, als würde der Betroffene in seinem Ringen um Verständnis für die Arbeit an sich selbst mit kleinen Geschenken belohnt. Insgesamt aber steht weit mehr auf dem Spiel, es ist, als ob ein Vorhang aufgehen und den Blick auf ganze Lebensbereiche dahinter freigeben oder wieder öffnen würde.

Erinnerungen tragen den Stempel unserer Intimität

Beim Schreiben dieses Buchs kamen mir ganze Reigen voller Erinnerungen wieder in den Sinn, oft übrigens, wenn ich am wenigsten darauf gefasst war. Mir fiel wieder ein, dass ich es als Kind liebte, im Pausenhof mit den anderen Kindern Murmeln zu spielen. Wir stellten die kleine Figur eines Soldaten (oder eines Cowboys) mit dem Profil zu uns auf. Das Spiel bestand darin, die Figur aus drei oder vier Metern Abstand mit einer Murmel zu treffen. Wenn die Murmel den Soldaten sofort umwarf, hatte man ihn gewonnen. Alle Murmeln, die danebengingen, gehörten dem, der den Soldaten eingesetzt hatte. Ich war vollkommen besessen von diesem Spiel, und wenn wir aufhören und ins Klassenzimmer zurückgehen mussten, dachte ich nur noch an eines: das Weiterspielen in der nächsten Pause. Wenn ich das Ganze jedoch mit heutigen Augen analysiere, dann spüre ich deutlich, dass es mir weniger um die Murmeln oder die Soldaten ging als um das Gefühl, zu gewinnen, zu siegen, mächtig zu sein. Mir wird auch bewusst, dass diese Augenblicke des Sieges mit einem gewissen Einsamkeitsgefühl verbunden waren, denn wenn man unbedingt gewinnen will, führt das zwangsläufig dazu, dass man sich ein wenig von den anderen isoliert.

Erinnerungen können Ihnen Aufschluss über einen Geisteszustand geben, der Ihnen damals nicht bewusst war. Dass ich um jeden Preis gewinnen wollte und die Beziehung zu anderen als Konkurrenz erlebte, war mit Sicherheit eine Konstante meiner Kindheit. Das scheint mir logisch. Weil ich der Kleinste unter den vier Kindern der Familie war, musste ich immer eins drauflegen, um mich gleichwertig zu fühlen. Was mich heute interessiert, ist die Entdeckung dieses Einsamkeitsgefühls, das meine Siege überlagerte. Ich hatte es nie zuvor auf diese Weise gesehen. Siegen isoliert immer ein wenig von den anderen, denn es erfordert großes persönliches Engagement und vorübergehende Abschottung. Alle Kämpfe, die ich in meinem Leben geführt habe, verliefen nach dem gleichen Muster. Von nun an werde ich besonders darauf achten und insbesondere mehr Nähe zu meinen Freunden suchen …

Und Sie, liebe Leserin, lieber Leser, haben Sie im Lauf des Buchs gespürt, wie bestimmte Gefühle in Ihnen hochstiegen? Dieses Buch ist nicht neutral. Erinnerungen aufzurütteln verpflichtet unweigerlich. Vielleicht haben Sie mich verwünscht, weil ich in Ihrem Kopf unerfreuliche, traurige oder schreckliche Erinnerungen wachgerufen habe? Vielleicht haben diese Anstrengungen aber auch bewegende Erinnerungen an Ihre Kindheit ausgelöst und Sie selbst mehr gerührt, als Sie gedacht hätten?

Diese Instrumente sind hochwirksame Hilfen zum Verständnis und zur Interpretation von Erinnerungen. Bestimmt müssen Sie auf die eine oder andere Eigenheit oder Situation im Zusammenhang mit einer Ihrer Erinnerungen noch einmal zurückkommen, denn Sie haben nicht genug darauf geachtet, weil sie Ihnen im ersten Moment uninteressant erschien oder einfach, weil Sie sich nicht betroffen fühlten. Das macht nichts. Wenn Sie die Kapitel, die Sie interessieren, noch einmal durchgehen, werden Sie Ihre Erinnerungen bald einschätzen können, denn die hier von mir angebotenen Interpretationshilfen sind allgemein, um nicht zu sagen universell einsetzbar.

Unsere Erinnerungen sind ein wunderbares Werkzeug, um uns selbst zu erkennen und über uns hinauszuwachsen

Ich habe mich lange gefragt, aus welchen Gründen wir unseren Erinnerungen so wenig Bedeutung beimessen. Vielleicht, weil sie unserem bewussten Leben entspringen. Wenn jeder x-Beliebige zu jedem beliebigen Zeitpunkt jede beliebige Erinnerung abrufen kann, wo ist dann der Reiz, das Geheimnis, wo bleibt die Spannung? Denn letzten Endes ist nichts banaler als eine Erinnerung. Abgesehen von Menschen, die unter Gedächtnisverlust leiden, hat jeder welche. Jeder bringt welche hervor, und jeder spricht darüber. Nun ist aber wohlbekannt, dass man den Dingen umso mehr Wert beimisst, je seltener sie sind. Träume stehen, wie man weiß, hoch im Kurs, weil sie sich mit einem Anklang von Mysterium schmücken; und selbst wenn sie vor niederschmetternder Trivialität oder Obszönität nur so strotzen, dann umweht sie trotzdem noch eine gewisse Aura der Respektabilität, denn sie erscheinen uns als reines Produkt eines

Unbewussten, dessen dunkle Absichten uns verborgen bleiben. Wir haben gelernt, uns mit dem Satz: »Ich kann nichts dafür, wenn mein Unbewusstes spricht …« zu arrangieren. Ein obszöner Traum ist das eine, sich an eine begangene Obszönität zu erinnern etwas ganz anderes. Im ersten Fall sind wir fassungslos, im zweiten haben wir Schuldgefühle. Im Übrigen kann man fast darauf wetten, dass unser Unbewusstes für Ordnung sorgt und uns dazu bringt, diese Obszönität zu zensieren, zu verdrängen oder zu vergessen, wenn sie mit unseren moralischen Prinzipien in Konflikt gerät.

Unsere Erinnerungen sind nicht die armen Verwandten unseres Seelenlebens. Solche Vorurteile sollte man abschütteln. Auch Erinnerungen haben ihre Komplexität, ihre Sprache, ihren latenten Inhalt, ihren verborgenen Sinn, ihre Handschrift. Sie bilden eine unvergleichliche Quelle von Informationen über unsere Art, das Leben, die anderen Menschen und die Welt wahrzunehmen, aber auch über unsere persönliche Haltung, mit der wir uns den Schwierigkeiten des Lebens stellen oder ihnen ausweichen, Widerstand leisten oder uns auf die Wege einlassen, die das Leben uns anbietet und manchmal auch aufzwingt.

Über die verwirrende Entschlüsselung vergangener Ereignisse hinaus bietet die Analyse unserer Kindheitserinnerungen auch ein echtes Werkzeug zur Selbsterkenntnis und Selbsteinschätzung und darüber hinaus die Chance, über uns selbst hinauszuwachsen.

- Sie hilft uns, uns selbst zu erkennen und über uns hinauszuwachsen, denn durch sie können wir die gewohnten, von uns gehegten Mythen über uns selbst über Bord werfen. Diese Mythen stützen sich auf ein paar zersplitterte, verkürzte und unglückliche, oft negative Klischees, die keinen wirklichen Bezug zum Reichtum der Person haben, die wir in

Wirklichkeit sind. Dieses Bild scheint durch, wenn wir sagen: »Ich kenne mich sehr gut.« Daran ist nichts Anormales. Unsere Kultur, unsere Umwelt und unsere Erziehung haben dieses Bild von uns geformt, und es scheint nur logisch, dass wir uns sein Abbild zu eigen machen wollen. Die Folge dieser »Formatierung« freilich ist, dass wir in Wirklichkeit nur eine sehr vage und irrige Vorstellung von uns selbst haben. Die Analyse unserer Erinnerungen stellt ein gutes Mittel dar, um hinter dem Spiegel der Äußerlichkeiten nach dem- oder derjenigen zu suchen, der oder die wir wirklich sind, und uns an den neuen, so entdeckten Bildern zu bereichern.

- Wir können uns auch insofern besser selbst erkennen und über uns hinauswachsen, als unsere Kindheitserinnerungen uns zu einem tieferen Verständnis unserer Ansichten über uns selbst verhelfen. Sie schaffen einen gewissen Abstand und erlauben uns eine distanziertere Sicht der erlebten oder erlittenen Situationen. Sie helfen uns, uns ein wahrheitsgetreueres und weniger von außen bestimmtes Bild unserer Persönlichkeit und unseres Charakters zu machen, sie führen uns zu einem anderen Verständnis unserer selbst und der anderen.

Selbsterkenntnis ist ein wertvoller Ansatz. Das war schon immer so, aber in unserem Zeitalter der Hyperkommunikation und Hypermediatisierung wird sie noch unverzichtbarer. Es gibt keinen Bereich, in dem diese Notwendigkeit nicht spürbar ist, egal, ob es sich um unser Berufsleben, unser soziales Umfeld oder sogar um unsere Gefühlswelt handelt. Wer nicht über minimale Ansätze der Selbsterkenntnis verfügt, anders gesagt, wer nicht die persönliche Anstrengung unternimmt, sein Verhältnis zum Leben, zu den anderen und zur Außenwelt zu bestimmen, der geht schnell unter. Reflexionen über die eigene Persönlichkeit und den eigenen Charakter, Gedanken über das eigene Leben und dessen Entwicklung, ja über die eigene Existenz im Sinn eines Lebensprojekts gehören heute ebenso zu den Pflichten einer Lebenshygiene wie die Sorge um den eigenen Körper, um seine Gesundheit und sein Wohlbefinden. Niemand kann sich darum drücken. Männer vielleicht noch weniger als Frauen, denn auch wenn sie das jahrzehntelang konnten, indem sie die patriarchalische Saite anschlugen, diese Zeit ist heute vorbei. Die Emanzipation der Frau hat den Weg vorgezeichnet. Heutzutage sind sie aufgefordert zu folgen. Freiwillig oder mit Gewalt.

Die Selbsterkenntnis gleicht einem Berg mit vielen Flanken, und ihre Wege unterscheiden sich deutlich voneinander. Die Deutung von Kindheitserinnerungen stellt in dieser Hinsicht einen »Königsweg« dar. Sie ist vielleicht nicht der bequemste Weg, das will ich gerne zugeben, aber mit Sicherheit einer der fruchtbarsten. Dass sie so anspruchsvoll ist, ergibt sich aus den von ihr gestellten methodischen und wissenschaftlichen Anforderungen.

Anhang

Die Analyse von Kindheitserinnerungen in der Psychotherapie

Drinnen tue ich das alles, in der weiten Behausung meines Gedächtnisses [...] Dort begegne ich mir auch selber und erinnere mich daran, was ich getan [...]. Da ist alles, dessen ich mich erinnere, ob ich's nun selbst erfahren oder es gläubig aufgenommen habe.

AUGUSTINUS, *Bekenntnisse*[84]

Eine Welt der Werte

Bevor ich nun endgültig zum Schluss komme, möchte ich noch einige Worte an die Adresse all derer richten, die im Gesundheitsbereich tätig sind (Psychiater, Psychologen, Psychotherapeuten, Pfleger in der Psychiatrie ...), die sich bei ihrer Arbeit mit Patienten mit Kindheitserinnerungen auseinandersetzen

84 Um mein Anliegen zu verdeutlichen, musste ich die Stelle *konzentrieren*, aber ich schätze dieses Vorgehen nicht besonders. Um der Sorgfalt willen gebe ich sie hier zur Gänze wieder: »Drinnen tue ich das, in der weiten Behausung meines Gedächtnisses, Himmel und Erde und Meer sind da untergebracht nebst allem, was ich je von ihnen erspürt, ausgenommen, was ich vergaß. Da begegne ich mir auch selber und erinnere mich daran, was ich getan und wann und wo und wie mir zumute war, als ich's tat. Da ist alles, dessen ich mich erinnere, ob ich's nun selbst erfahren oder gläubig aufgenommen habe.« Augustinus, Aurelius, *Bekenntnisse/Confessiones*, 10. Buch, Artemis & Winkler, Düsseldorf/Zürich 2004, S. 441.

und sich meine Analyse- und Interpretationsmethode zu eigen machen möchten. Ich denke dabei besonders an Berufsanfänger. Dazu möchte ich Ihnen von meiner praktischen Berufserfahrung in der analytischen Psychotherapie erzählen, wobei es selbstverständlich jedem freisteht, das Gesagte in seiner eigenen Berufspraxis zu variieren und anzupassen.

Wenn ein Mensch seinen ganzen Mut zusammennimmt, um professionelle Hilfe zu suchen, dann macht er im Allgemeinen eine ziemlich tiefe Identitätskrise durch, oder er steht vor einem als sehr ernst empfundenen Problem. Oft hat er den Augenblick der Entscheidung lange Zeit hinausgeschoben und vereinbart erst dann einen Termin, wenn er mit dem Rücken an der Wand steht.

Unsere erste Aufgabe besteht darin zuzuhören, was dieser Mensch in der Praxis des Therapeuten abladen möchte. Die dargelegten Probleme entsprechen dabei nicht unbedingt den wirklichen Problemen, die der Grund seines Kommens sind, oft sind es vielmehr allgemeinere, weniger verfängliche Probleme, die man in Anlehnung an Freud als Deckprobleme bezeichnen könnte. Ein *bestimmter* Tropfen hat ein *bestimmtes* Fass zum Überlaufen gebracht. Dieser Tropfen hat indes, und das ist ein wichtiger Hinweis, in der Regel paradoxerweise weder etwas mit dem Wasser noch mit dem Fass zu tun. Das *Wasser*, das ist das psychische Klima, die Vielzahl an Problemen, mit denen der Betreffende lebt. Das *Fass* steht für die Toleranzschwelle, die Grenzen, das Maß der Erträglichkeit der erfahrenen Belastung. Der *Tropfen* kann zum Beispiel eine nicht eingehaltene Verabredung, ein ungerechter Anschnauzer, die x-te Enttäuschung, die x-te Beleidigung, der x-te Verrat sein.

Wenn ich dem Betroffenen genügend Zeit gelassen habe, damit er in Worte fasst, was er auf dem Herzen hat, und wenn ich sein Problem zu erkennen beginne, frage ich ihn, was er von mir erwartet. Das ist gewissermaßen die Einleitung zum ersten stillschweigenden Vertrag zwischen uns. »Ich suche Sie auf, weil ich nicht mehr weiter weiß« oder: »Ich möchte, dass Sie mir helfen zu verstehen, was mit mir los ist« oder: »Ich will unbedingt meine Beziehung retten« oder: »Mir geht es sehr schlecht, und ich schaffe es nicht mehr allein« oder auch: »Eine Frage? Aber ich habe keine Frage ...« Hinter einem Gang zum Psychotherapeuten steckt immer eine Frage, doch kann es sein, dass der Ratsuchende sie nicht kennt. »Sie wissen nicht, was sie wissen«, sagte Lacan zu Recht. Man muss also diesen provisorischen Zustand akzeptieren. Es ist gar nicht so schlecht, wenn es in der ersten Stunde gelingt, so etwas wie eine Ordnung in die geschilderten Probleme zu bringen.

Wenn der Betreffende mich mit einer präzisen Fragestellung aufsucht, bringe ich das Gespräch natürlich auf die sich abzeichnende Problematik, hüte mich allerdings davor, mich nur auf die erhaltenen Informationen zu stürzen. In der Psychotherapie muss man alles hören, sogar – und vielleicht sogar vor allem – das, was unausgesprochen bleibt.

Wenn ich das Gefühl habe, dass das Verhalten des Hilfesuchenden verschwommen, paradox, widersprüchlich oder schlecht verständlich ist oder dass er mich zu steuern versucht, dann kann ich der Sitzung eine Wendung geben, indem ich ihn oder sie bitte, mir ein, zwei, dann drei oder gar vier oder fünf Kindheitserinnerungen zu erzählen. Wie ich bereits erwähnt habe, liefert die Reaktion auf die Bitte um Kindheitserinnerungen sehr wertvolle Informationen (womöglich wertvollere als die zuvor erhaltenen), die der Anamnese eine andere Richtung geben können. In diesem entscheidenden Moment haben wir Therapeuten das Gespräch noch in der Hand. Ein paar Augenblicke später oder in der nächsten Sitzung kann der Betroffene uns vielleicht in die Richtung *dirigieren*, in die er will. Das

»Wortgefecht um die Werte« gewinnt in vier von fünf Fällen oder sogar noch häufiger der Patient, denn er kennt sein Problem sehr genau und ist oft über Jahre hinweg bis in die hintersten Winkel seinem Widerstand auf den Grund gegangen. Das Wort des Therapeuten kann dann im Lauf der Sitzungen wieder an Gewicht gewinnen, aber die unmittelbare Folge ist im besten Fall verlorene Zeit und im schlechtesten eine Beeinflussung seiner Person, die die Fortsetzung der psychotherapeutischen Arbeit sehr viel schwieriger macht.

Dadurch, dass ich ziemlich schnell auf die drei oder vier Kindheitserinnerungen zurückgreifen kann, verfüge ich über eine frische Basis, die unbefleckt ist vom Diskurs der Übertragung und Gegenübertragung, der jeder Therapie zu eigen ist. In gewisser Weise bilden sie eine Plattform oder eine Reserveebene, derer ich mich von nun an bedienen kann, wenn die Therapiestunden sich zerfransen oder auf der Stelle treten. Zugleich stellen sie für mich einen Bezugspunkt dar, auf den ich zurückkommen kann, um mir ein spezielles Element der Grundproblematik der Person in Erinnerung zu rufen oder um den bereits zurückgelegten Weg einzuschätzen und dem Betreffenden anhand dieser Fakten vor Augen zu führen, was die Ausgangsproblematik war. Die Kindheitserinnerungen markieren einen konkreten Geisteszustand zu einem bestimmten Zeitpunkt. Ist er noch immer derselbe? Hat er sich entwickelt? Hat sich die Art der Probleme verändert, denen der Betroffene sich heute gegenübersieht?

Die Exploration der Persönlichkeit

Kindheitserinnerungen liefern uns Informationen, von denen der Betreffende selbst oft keine Ahnung hat. Der Therapeut muss sie bewusst und mit geschärften Sinnen aufnehmen und genau einschätzen, welche Erkenntnisse über die eigene Person sein Gegenüber aufnehmen und welche er im Augenblick nicht verkraften könnte. Wenn die Kindheitserinnerungen beispielsweise auf ein Problem mit dem Vater (oder der Mutter oder der Schwester oder dem Bruder …) hindeuten, der Betreffende jedoch heute eine sehr symbiotische Beziehung zu diesem Familienmitglied hat, dann ist es vielleicht deplatziert oder ungeschickt, diese Information wie »Rohbeton« zu offenbaren.

Wenn ich Erinnerungen anhand meiner Methode analysiere, nehme ich mir *danach* immer etwas Zeit, um den Sinn meines Vorgehens zu erklären. Ich spreche über die dynamische Struktur von Erinnerungen und die unerwarteten Verständniszugänge, die sie verbergen, ich erläutere in groben Zügen, was ich unter Nuklearitätsprinzip und Prinzip der Verschiebung verstehe, gehe ein wenig auf die Anwesenheit oder das Fehlen der Basis-Nuklearität in den konkreten Erinnerungen ein und so weiter.

Dabei hängt viel davon ab, in welchem Tonfall und auf welche Weise ich an diese Analyse und Interpretation herangehe. Es geht hier um eine Art Exploration der Persönlichkeit anhand von Kindheitserinnerungen und nicht um die Entlarvung durch einen Lügendetektor oder die Bloßstellung schmutziger Neurosen. Dabei kommt es darauf an, die Ergebnisse dieser Analyse von Kindheitserinnerungen zu nutzen, um die konstruktiven Aspekte des Problems oder der Krise, die der Betroffene durchmacht, freizulegen. Wir wissen, wie entscheidend es besonders in der ersten Zeit für den Hilfesuchenden ist, dass er in der Psychotherapie bestärkt und ermutigt wird, wie groß auch immer der durch diese Haltung bewirkte Placeboeffekt sein mag.

Die schwierigen oder heiklen Punkte, die die Analyse der Kindheitserinnerungen freigelegt hat, dürfen nicht dazu missbraucht werden, den Betroffenen am Boden zu zerstören oder vollkommen zu demoralisieren. Wir zeigen ihm ganz im Gegenteil interessante und hilfreiche Bilder auf, aus denen er sehr konkrete Lehren ziehen kann.

Die Analyse und Interpretation von Kindheitserinnerungen enthüllen Charakterzüge, Temperamente, Einstellungen, Verhaltensweisen, Probleme, Schwächen oder Versagensgefühle, die die Person im Allgemeinen innerlich sehr stark empfindet, vermeintlich jedoch nicht nach außen durchscheinen lässt beziehungsweise sorgsam zu verbergen sucht. Wenn die Analyse solche Eigenschaften oder Verhaltensweisen an den Tag bringt und wir nicht schon vorher den theoretischen Rahmen abgesteckt haben, auf dem sie beruht, dann besteht die Gefahr, dass sie eher mit einem Kartenspielertrick gleichgesetzt wird als mit einem stichhaltigen psychologischen Verfahren. Wir müssen uns immer bemühen, unsere Aussagen so nachvollziehbar wie möglich zu begründen, indem wir den Betroffenen in unsere Gedanken einweihen. Auf diese Weise bewahrt er den Eindruck, dass es sich wirklich um eine Analyse und nicht um die Prophezeiung einer Hellseherin handelt. Wenn mir eine Erinnerung nichts sagt, dann teile ich persönlich das dem Betreffenden mit, denn ich weiß, dass er mir daraus nie einen Vorwurf machen wird.

Die Anamnese vorwegnehmen oder bestätigen

Ich kann mich der Analyse der drei Kindheitserinnerungen bedienen, um die Anamnese vorwegzunehmen oder um sie zu bestätigen.

Vorwegnahme: So verfahre ich, wenn mein Gegenüber mich zu steuern versucht oder äußersten Widerstand leistet oder wenn ich spüre, dass ich selbst eine allzu subjektive oder projektive Haltung ihm gegenüber einnehmen könnte wie etwa bei einer bekannten Persönlichkeit oder einem Medienstar oder jemandem, der zum Dunstkreis öffentlicher Personen gehört (der Sohn eines bestimmten Politikers, die Frau eines gewissen Arztes etc.). Die Frage nach Kindheitserinnerungen dient dann dazu, einen Vorrat an Analyseelementen anzulegen, bevor der konventionelle Diskurs die spürbare Realität des Unglücks überdeckt, das der Betreffende durchlebt.

Es kommt auch vor, dass ich auf die Analyse der drei Erinnerungen verzichte, wenn der kommunizierte Inhalt und der zwischenmenschliche Austausch bereits so fruchtbar sind, dass sie nichts Neues mehr bringen oder sich sogar negativ auf die Qualität des Gesprächs auswirken würden. Es führt immer zu einer gewissen Verkrustung, wenn man die Dinge unbedingt in ein vorgefertigtes Schema pressen will. Ich entscheide spontan, ob es vorteilhaft ist, das Gespräch auf die Analyse der drei Erinnerungen zu bringen, oder ob es besser ist, der Unterhaltung freien Lauf zu lassen.

Bestätigung: Ein erfahrener Psychotherapeut muss nicht auf irgendeine Methode zurückgreifen, um herauszufinden, mit welcher Art von Krankheitsbild (hysterisch, zwanghaft, paranoid, schizoid, depressiv, Borderline oder Sucht) er es zu tun hat. Die Persönlichkeit, der Charakter und das Verhalten des Subjekts während der Sitzung sind im Allgemeinen aufschlussreich genug.

Ich muss jedoch sagen, dass die Analyse der drei Erinnerungen sich oft als sehr nützlich erweist, um die Ergebnisse der Anamnese oder meine Intuition zu bestätigen oder zu widerlegen. Sie ist insofern, wenn ich so sagen darf, eine bequeme Hilfe, die nicht viel Zeit kostet und ein wertvolles zusätzliches Instrument zum Verständnis liefert.

Es versteht sich von selbst, dass der Fachmann, wenn es um die Analyse und Interpretation von Kindheitserinnerungen geht, jederzeit in der Lage sein muss, sein Gedankengebäude und seine Schlussfolgerungen wieder in Frage zu stellen, falls eine unerwartete Information auftaucht. Besser noch ist es, sich nicht in etwas zu verrennen, weil man unbedingt die Anhaltspunkte, über die man verfügt, in sein Interpretationsschema pressen will. Um es in einem Bild zu veranschaulichen: Es ist wie beim Autofahren, wenn man ein Fahrzeug überholt. Wenn beim Überholen etwas Unerwartetes passiert, darf man nicht zögern, sich wieder in die Schlange einzuordnen, bis sich die nächste Gelegenheit bietet, bei der man das Manöver sicher ausführen kann.

Diese Methode der Analyse und Interpretation von Kindheitserinnerungen dient der Beschleunigung und Überprüfung therapeutischer Prozesse. Sie ermöglicht zunächst ein schnelles Abtasten der psychischen Tendenzen des Betreffenden und ein Aufspüren der Schwierigkeiten und inneren Grenzen, an die er im Leben stößt. Zudem enthüllt sie recht deutlich die Symptomatik und die neurotischen Tendenzen, die sich daraus entwickeln können, selbst wenn man diese auch mit anderen Mitteln herausfinden könnte.

Sie liefert außerdem ein gutes Barometer des sozialen Klimas, denn sie gibt uns Aufschluss über die Beziehungsmuster, die der Betreffende in seiner Kindheit erlebte (Nuklearität), und über die Art, wie er sie eventuell kompensierte, weil sie sich als schwierig, unangebracht, mangelhaft oder unerträglich erwiesen. Kindheitserinnerungen stellen hier eine wahre Fundgrube an Informationen über die Hinwendung der Person zu den anderen Menschen und zur Welt dar.

Ihre Analyse klärt uns über die Beziehungen des Betreffenden zu seinem Ehepartner, seinen Angehörigen oder ihm Nahestehenden auf, aber auch darüber, wie er sein Verhältnis zur Welt sieht. Wenn man die Elemente des Nuklearitätsprinzips mit denen des Verschiebungsprinzips kreuzt, dann werden seine Verhaltenstendenzen sichtbar (ängstliche oder mutige Einstellung zum Leben, Durchsetzungsbereitschaft gegen andere, Handlungs- oder Reaktionsfähigkeit etc.). Insgesamt zeichnet sich so die Kurve seiner psychischen Reife vor unseren Augen ab.

Da die Erinnerungen sich, wie Alfred Adler schon bemerkte, mit der Situation *hic et nunc* weiterentwickeln, finde ich es interessant, von Zeit zu Zeit auf die drei Erinnerungen zurückzukommen oder sogar nach drei neuen zu fragen, um zu kontrollieren, welche Entwicklung die Person seit Beginn der Therapie durchlaufen hat. Man muss daraus keine systematische oder statistische Kontrollprozedur machen, doch kann man dadurch die Entwicklungsabschnitte aufzeigen, deren Subjekt und Motor der Hilfesuchende ist. Wenn ich mir die drei Kindheitserinnerungen zu Beginn seiner Therapie eingeprägt oder sie aufgeschrieben habe, kann ich ihm, falls nötig, zeigen, was seine damals aufgetauchten Erinnerungen offenbarten und welches Entwicklungsstadium er jetzt erreicht hat. Wenn der Betroffene eine regressive Phase durchmacht, dann gewinne ich aus der Analyse und Interpretation dreier neuer Kindheitserinnerungen Aufschlüsse über den vitalen Bereich, in dem diese Regression sich gerade vollzieht. Im Allgemeinen sind es übrigens die Elemente, die sich aus dem Verschiebungsprinzip ergeben, die mir darüber Aufschluss geben (Sie erinnern sich: Nuklearität = Sicherheit; Verschiebung = Expansion).

Altersstufen und das Gefühl der eigenen Geschichtlichkeit

Ich muss noch etwas zu den Altersstufen bemerken, in denen die drei Erinnerungen angesiedelt sind, denn sie liefern interessante Informationen, und sei es nur über das »Gefühl der Geschichtlichkeit« des Betreffenden. Unter dem *Gefühl der Geschichtlichkeit* verstehe ich das mehr oder weniger intensive Gefühl, dass wir in der gesamten Kontinuität unserer Zeit leben, das heißt, unsere Vergangenheit, Gegenwart und Zukunft harmonisch in uns vereinen.

Man muss unterscheiden zwischen dem, was sich von selbst aus diesen Altersstufen ergibt und dessen Interpretation nur die reinsten Binsenweisheiten zutage fördern würde, und dem, was sie in einer phänomenologischen Betrachtungsweise an wirklich interessanten Erkenntnissen in Bezug auf die Grundproblematik der Person offenbaren. Man muss offenkundig kein großer Zauberkünstler sein, um zu erkennen, dass eine Erinnerung aus der sehr frühen Kindheit, die bis ins Alter von ein oder zwei Jahren zurückreicht, zwangsläufig mehr vom Nuklearitätsprinzip geprägt sein wird als vom Prinzip der Verschiebung; schließlich neigt man in diesem Alter eher dazu, an der Brust seiner Mutter zu saugen, als zur Eroberung der Ozeane aufzubrechen. Allerdings ist es höchst interessant festzustellen, welche Atmosphäre die Erinnerung vermittelt, welche Personen darin vorkommen, welche Geschichten ihr zugrunde liegen und so weiter. Wenn jemand zu mir sagt: »Mit einem Jahr etwa hat man mich zu meiner Großmutter gebracht, weil meine Mutter kurz vor der Entbindung stand. Ich erinnere mich, dass ich große Angst hatte, denn ich glaubte, ich würde sie nie wiedersehen«, dann enthält diese Erinnerung unzweifelhaft Elemente, die zum Gesamtverständnis dieser Person beitragen können. Josette, eine Freundin von mir, erzählte mir von einer Sitzung beim Fotografen, als sie etwas über eineinhalb Jahre alt war. Sie erinnerte sich an diesen Mann, der hinter seinem Apparat Grimassen schnitt, um sie zum Lachen zu bringen, während sie sein Gebaren überhaupt nicht lustig fand. Sie erinnerte sich, dass sie genau in diesem Augenblick gedacht hatte: »Was hat er nur, dass er so den Affen spielt? Er sieht wirklich dämlich aus!« Wichtig ist nicht die Frage, ob ein kleines Kind in diesem Alter bereits über einen so differenzierten Wortschatz verfügt, vielleicht hat das kleine Mädchen sich das in seinen eigenen Worten gesagt. Was zählt, ist die genaue Erinnerung, die es daran bewahrt hat.

Die Altersspanne, in der die meisten Kindheitserinnerungen angesiedelt sind, bewegt sich im Allgemeinen zwischen vier und sechs Jahren. Wie man an Josette gesehen hat, gehen die Kindheitserinnerungen mancher Menschen allerdings noch viel weiter zurück. Auch wenn manche Erinnerungen umstritten sind, weil sie möglicherweise durch elterliche oder familiäre Erzählungen ausgelöst wurden, so steht dennoch fest, dass andere wohl wirklich sehr früh gespeichert wurden. Genauso bekommen Psychotherapeuten manchmal von bestimmten Menschen zu hören, sie hätten keine deutlichen Erinnerungen an die Zeit vor dem Alter von zehn oder zwölf Jahren. Es kann sich dabei um einen Widerstand des Betreffenden handeln, der sich nicht erinnern *will*, oder gar um Selbstverleugnung oder um eine Technik der Selbsterniedrigung (»Sie sehen, ich bin ein solcher Versager, dass mir nicht einmal etwas einfällt, das ich Ihnen erzählen könnte«). Es kommt jedoch auch vor, dass manche Menschen unbewusst einen Teil ihrer Kindheit unter einer *Amnesie* begraben haben. Die Ursachen, die dieser erstaunlichen *Amnesie* zugrunde liegen, sind im Allgemeinen in der gesamten

Psyche der Person zu suchen (was hat sie beispielsweise davon, dass sie sich an nichts erinnert?). Was auch immer die Gründe dafür sein mögen (Traumata, familiäres Unglück, früher Verlust eines geliebten Menschen ...), ich bemühe mich in diesen Fällen, wie bereits andernorts gesagt, mit sehr viel Behutsamkeit und Fürsorglichkeit das langsame Aufsteigen dieser Menschen an die Oberfläche zu begleiten, denen so lange die Luft zum Leben fehlte.

- Wenn die Kindheitserinnerungen um das Alter von einem Jahr kreisen, dann halte ich die Struktur der Erinnerung für ziemlich außergewöhnlich. Man kann darin eine Wundertat sehen, doch ist es ratsam, mit diesen Erinnerungen an die früheste Kindheit sehr vorsichtig umzugehen, denn sie beziehen sich fast immer auf die Mutter, den ersten großen Anderen, genauer auf die Beziehungsdyade, die sie mit ihrem Baby bildete. Man ahnt es schon, die Informationen über diese frühe Phase sind unweigerlich stark emotional getönt. Manchmal bezeichne ich Erinnerungen aus dieser Zeit als *Knorpelerinnerungen*, so zerbrechlich sind sie noch in ihrer Konsistenz. Der Großteil des analysierbaren Materials kreist um Sicherheit und Zuwendung, oft mit einer oralen Färbung. Angesichts des Alters, in das diese Erinnerungen zurückreichen, erscheint das ziemlich natürlich.
- Kindheitserinnerungen, die sich auf den Altersabschnitt zwischen einem und drei Jahren beziehen, weisen auf ein sehr gutes Gefühl für die geschichtliche Integrität der Person hin. Auch sie sprechen im Allgemeinen für ein aufmerksames und Sicherheit vermittelndes Klima in der Beziehung zu den Eltern und zur familiären Umwelt. Die Basis-Nuklearität spielt hier eine wichtige Rolle, denn sie zeigt, wie und in welchem Ausmaß das Kind zunächst die Beziehung zur Mutter, zum

Vater und zu seinen Geschwistern und später zum Rest der Familie besetzt hat. Auch die Verschiebung ist zu finden, jedoch in geringerem Maße. Das ist leicht verständlich, denn von Ausnahmen abgesehen handelt es sich um ein Alter, in dem das Kind noch sehr behütet und nur wenig der Außenwelt ausgesetzt ist (man stößt hier auf Erinnerungen in der Art von: »Als Papa nach Hause zurückkam« oder: »Ich blickte aus dem Fenster auf die vorbeifahrenden Autos« etc.).

- Wenn die Erinnerungen im Altersabschnitt zwischen drei und sechs Jahren angesiedelt sind, dann gehe ich von einem normalen Erinnerungsfundus aus. In diesem Fall kann man ein ziemlich ausgewogenes Verhältnis zwischen Nuklearitäts- und Verschiebungsprinzip erwarten. In diesem Alter vervielfacht das Kind seine sozialen Erfahrungen. Zwar kann man damit rechnen, dass der Garten oder der Hof (als Vermittler zwischen der Innenwelt und der Außenwelt) in dieser Altersspanne eine wichtige Rolle spielen, dennoch beginnt sich die Außenwelt nun konkret abzuzeichnen. Krippe, Kindergarten, Vorschule weisen den Weg in die große weite Welt oder haben ihn schon aufgetan.
- Erinnerungen aus der Altersspanne zwischen sechs und zwölf Jahren werden sehr häufig genannt. Es fällt auf, dass die Betreffenden in dieser Altersphase mehr durch Anekdoten, Aktionen oder die Stimmung der Erinnerung angezogen werden als durch den emotionalen Hintergrund. Ab einem gewissen Alter gewinnen die Elemente der Verschiebung die Oberhand über die Aspekte der Nuklearität.

Anwendungsbereiche und Perspektiven

Diese Methode wird vorzugsweise in den vielen Bereichen der Psychologie und der Psychotherapie Anwendung finden, und zwar unterschiedslos in allen Richtungen (Gesprächstherapie, Psychoanalyse, Verhaltens- und Familientherapie, systemische Therapie ...). Dabei kommt es für diese Fachleute darauf an zu wissen, mit welcher Klientel sie in ihrer beruflichen Tätigkeit zu tun haben; anschließend müssen sie beurteilen, unter welchen Umständen, mit welcher Absicht und mit welchem Argument es sinnvoll erscheint, diese Methode der drei Erinnerungen anzuwenden. Sie sollten dabei jedes Mal, unabhängig vom Alter der Menschen, mit denen sie arbeiten (Kinder, junge Erwachsene, reifere Erwachsene, ältere Menschen), die beiden Dimensionen der Nuklearität und der Verschiebung mit all ihren Nuancen herausarbeiten.

Dieser Ansatz kann eine hervorragende Arbeitsbasis für die Prävention und den Schutz von Kindern bieten, auf deren Grundlage man in einen dynamischen Dialog mit den Kindern oder Jugendlichen treten kann, besonders im Fall von frühen Kindheitstraumata. Was die Therapie von Kindern betrifft, so wird meine Methode der Analyse und Interpretation von Kindheitserinnerungen mit Sicherheit sehr nützlich sein zu Beginn der Arbeit (allerdings nicht vor der zweiten oder auch dritten Sitzung), denn die Erinnerungen von Kindern spiegeln im Allgemeinen direkt ihr unmittelbares Erleben wider. Es mag seltsam erscheinen, ein acht- oder zehnjähriges Kind nach seinen Kindheitserinnerungen zu fragen, aber man sollte keinesfalls davor zurückschrecken, denn wenn Kinder erst einmal Vertrauen gefasst haben, dann erzählen sie unkompliziert und mit großer Offenheit.

Schließlich sei noch darauf hingewiesen, dass meine Methode der Analyse und Interpretation von drei Kindheitserinnerungen sich bei Beurteilungen (psychologische Untersuchung oder Kompetenzbilanz) als sehr nützlich erweisen kann, denn sie gibt ziemlich genau Aufschluss über die sozialen und dynamischen Neigungen der Person.

Man sollte indes auf den ethischen Rahmen achten, innerhalb dessen diese Methode angewandt wird, denn man berührt dabei sehr schnell private oder sogar intime Sphären, die weit über eine einfache Kartografie der Persönlichkeit oder des Charakters hinausgehen.

Eine Wissenschaft der Erinnerungen

Die Parameter meiner Methode sind auf jeden Menschen anwendbar, vollkommen unabhängig von seiner Herkunft. So wie alle Menschen atmen, essen, trinken, schlafen und träumen, so haben alle Menschen Erinnerungen, an die sie denken, die sie heranziehen oder die sie vergessen. Egal, aus welcher Region der Welt der Betreffende stammt, man kann in der dynamischen Struktur seiner Erinnerungen die zwei Prinzipien der Nuklearität und der Verschiebung wiedererkennen, selbst wenn die Struktur der Erinnerungen sich mit einem religiösen Äußeren umgibt oder durch religiöse Überzeugungen oder Aberglauben maskiert wird.

Jeder Mensch hat Eltern oder Elternersatzfiguren gehabt (Adoptiveltern, große Brüder oder Schwestern, Vormunde oder andere Menschen, die diese Funktion erfüllen), jeder Mensch hat in einer mehr oder weniger strukturierten familiären und sozialen Konstellation gelebt. Jeder Mensch hatte Probleme, seine Position zu diesen Bezugspersonen zu finden (Nuklearität), und jeder entdeckte und erforschte schließlich die Außenwelt (Verschiebung).

Bei Menschen, die aus stark patriarchalisch geprägten Kulturen kommen (beispielsweise aus dem Nahen Osten), sowie bei denjenigen, bei denen ein ausgeprägter Ahnenkult herrscht (asiatischer und indischer Kulturkreis), kann man erwarten, dass die klassische Nuklearität eine wichtigere Rolle spielen wird als in unserer westlichen Kultur. Hingegen würde man logischerweise erwarten, dass die Verschiebung beim fahrenden Volk eine Sonderrolle spielt. Dennoch kommt mir abgesehen von diesen leicht einzuordnenden Unterschieden nichts in den Sinn, wodurch das Wirken der beiden Prinzipien der Nuklearität und der Verschiebung zunichtegemacht werden könnte.

Das vorliegende Werk will eine Analyse- und Interpretationsmethode auf der Basis von drei Kindheitserinnerungen sein. Die vorgeschlagenen Instrumente stützen sich weder auf Mutmaßungen noch auf Spekulationen. Es gibt keine zufälligen Erinnerungen, schrieb Adler. So kann auch ihre Interpretation weder dem Zufall überlassen noch von der Phantasie diktiert werden. Man kann diese Interpretation als *Wissenschaft* bezeichnen, insofern das Prinzip der Nuklearität und das Prinzip der Verschiebung ein Bezugssystem und eine Möglichkeit der Überprüfung bieten, die es dem Fachmann ermöglichen, die Informationen zueinander in Beziehung zu setzen; genauso wie man von einer *Wissenschaft der Traumdeutung* sprach, eine Wissenschaft, an die ich mich in gewissem Maß angelehnt habe.

Dieses Buch bildet den aktuellen Stand meiner Arbeiten und meiner Beobachtungen ab, es stellt kein abschließendes Ergebnis, sondern eine Einführung dar. Ich glaube, dass es sinnvoll wäre, die im vorliegenden Buch aufgezeigten Forschungsansätze für die vielen Berufszweige zu öffnen, die sie sich zunutze machen können. Der Weg ist offen.

Dank

Es ist ein faszinierendes Unterfangen, ein Buch über die Deutung von Kindheitserinnerungen zu schreiben, weil dieses Thema jedermann interessiert. Manche Themen regen auf, manche verstören: Dieses verbindet. Es bringt die Leute zum Denken, es bringt sie zum Reden; es bringt die Menschen sogar dazu, miteinander zu reden. Es ist das lebendige Thema par excellence. Jedes Mal, wenn ich von meinen Absichten, dieses Buch zu schreiben, erzählt habe, habe ich gesehen, wie im Blick meiner Gesprächspartner eine kleine Flamme aufleuchtete, und sobald die Diskussion in Gang gekommen war, wurde ich regelmäßig belohnt mit einem: »Also, als ich klein war« oder mit einem: »Meine erste Erinnerung, das liegt …«, gefolgt von einer persönlichen Geschichte. Denn Erinnerungen sind immer Geschichten über sich, Geschichten *in sich*, in des Wortes ursprünglicher Bedeutung. Ob lustig, traurig, phantastisch, unglaublich, umwerfend oder gewöhnlich, es sind Geschichten aus dem Leben, deren Hauptfigur wir sind, weil es darin um unser persönliches Erleben geht.

Wenn man ein Buch einfach so in der Buchhandlung liegen sieht, kann man sich nicht vorstellen, wie viel Energie, Synergien und persönliche Hartnäckigkeit dahinterstecken. Was dieses Buch angeht, so haben viele Menschen, mir nahestehende und weniger nahestehende, mich bei meinen Nachforschungen und beim Schreiben unterstützt, mir geholfen und mich ermutigt.

Sie haben es mir ermöglicht, die Konzeption der Methode, die ich Ihnen hier dargelegt habe, zu klären, zu verfeinern, abzustimmen oder wieder zurechtzurücken, besonders wenn es meinen Erklärungen an Klarheit mangelte. Ohne sie wäre nichts von alledem möglich gewesen. Das sind auf der einen Seite alle Menschen, die mir nahestehen, die mir täglich das Geschenk ihrer Gegenwart, ihrer Wertschätzung, ihrer Liebe machen und mir zugleich helfen, mir Dienste erweisen, sich um mich, meine psychische Verfassung und meine Gesundheit kümmern. Es sind des Weiteren alle Menschen, die von nah oder fern mit der Herstellung und Verbreitung eines Buchs zu tun haben. Verlag, Lektor(in), Presseabteilung, Korrekturleser, Buchhändler, aber auch Journalisten und Buchhändler. Und schließlich Sie, die Leser, durch die das Buch erst wirklich zu leben beginnt. Wie könnte ich nicht tief bewegt an all diese Menschen denken in dem Augenblick, da das fertig gestellte Buch meine Fittiche verlässt, um sein Schicksal zu erobern, wie könnte ich ihnen nicht dankbar sein?

Dieses Buch ist mein zwölftes. Ich habe es gerne geschrieben. Wie jedes Mal hat mich die Arbeit des Schreibens erschüttert und ins Wanken gebracht, aber wie jedes Mal hat sie mich auch getragen, wachsen lassen und verändert. Sie hat mir mehr als einmal eine üble Viertelstunde eingebracht und manchmal obendrein noch ein scheußliches Wochenende. Ich bedaure keines davon. Während dieser Zeit haben meine Familie, meine Freunde und Bekannten mir aufmerksame Fürsorge und warmherziges Wohlwollen entgegengebracht. Dafür sei ihnen hier schon ein erstes Mal kollektiv gedankt.

Ich möchte folgenden Personen danken, die ich auf diese Reise durch die Kindheitserinnerungen mitnehmen durfte. Zu allererst den Mitgliedern des Vereins *L'École de la vie* (Die Schule des Lebens) für ihre Freundschaft, ihre Treue und die Energie, mit der sie die Gesprächsgruppen weiterführen, die vor mehr als zwanzig Jahren von mir initiiert worden sind.

Maryse, Valérie, Marie-Claire, Corinne, Danièle, Kathrin, Henri, Bertrand, Gérald, Gabriel, Denis, Didier und Bernard, die mir gestattet haben, ihre Geschichte zu erzählen.

Bruno Quelen, Chef der Éditions 360, für seine beständige und freundschaftliche Ermutigung und einige Gläser köstlichen Weins, die wir bei unseren letzten Gesprächen über mein Buch und alles andere getrunken haben.

Nathalie Le Breton, meine »persönliche« Lektorin bei Éditions Robert Laffont, die durch ihr Vertrauen und ihren Zuspruch meine Ängste und Stimmungsschwankungen im Zaum gehalten hat. Sie hat mir sehr beim Aufbau und beim Heranreifen dieses Buchs geholfen.

Véronique Aubry, Pressesprecherin bei Éditions Robert Laffont, die abwechselnd für mich Coach, Strategin und Beraterin war.

Corinne Marotte für ihre Mittlerrolle zwischen Nathalie Le Breton und mir.

Patric Nottret, Verfasser des Romans *Poison vert* (Robert Laffont), der 2003 bei einer Diskussion im Rahmen der *Journées du livre* von Roquebrune-Cap-Martin meine Aufmerksamkeit auf die Kindheits- und Jugendmemoiren von Gabriel García Márquez, *Leben, um davon zu erzählen,* lenkte. Meine Reflexion über dieses Buch wurde zum Ausgangspunkt für die Gesamtkonzeption dieses Werks.

Gilbert Lugara, Medienbeauftragter von »Panorama du livre«, mit dem ich meine Methode *in vivo* verfeinern konnte. Er bestand nachdrücklich darauf, dass ich Teil IV, der den Verletzungen gewidmet ist, einen wichtigen Platz einräumte, und ich glaube, er hatte Recht damit.

Marc Bouchoucha, Homöopath sowie regelmäßiger und aufmerksamer Leser meiner Schriften, für sein Vertrauen seit mehr als zwanzig Jahren.

Pierre-Jean Ollier für die Erinnerungen, die er mir eines Tages anvertraute, als er von seinem Training für den Triathlon zurückkam. Er hat mir eine neue Sichtweise der Widerstände ermöglicht.

Josette Guillot. Sie war eine der Allerersten, die sich konkret an meinem Manuskript *rieb*. Ihre freimütig geäußerten Rückmeldungen waren mir ebenso nützlich wie eine Sitzung bei meinem Therapeuten. Ich danke ihr ebenfalls für ihre freundliche Aufnahme in Korsika zu einem für das Verfassen dieses Buchs entscheidenden Zeitpunkt.

Jean-Paul Hamon für die wichtigen Anmerkungen, die er mir während eines denkwürdigen Joggings eines Morgens am Strand der *Promenade des Anglais* mitteilte. Dank auch für den Meinungsaustausch mit ihm und die praktischen Versuche.

Élisabeth Hamon für ihre kritische und einfühlsame Lektüre meines Manuskripts, für ihre Verbesserungen und Kommentare. Eine wertvolle Arbeit, um die ich sie nie zu bitten gewagt hätte und derer sie sich aus freien Stücken angenommen hat.

Christian Lallot dafür, dass er mir alle Kartons seines Archivs zugänglich gemacht und einige wichtige wissenschaftliche Zeitschriften ausgegraben hat, die mir bei der Überprüfung bestimmter theoretischer Passagen dieses Buchs sehr hilfreich waren.

Marc Ferrari für meine Aufnahme im Sommer 2005 in seiner schönen brasilianischen Wahlheimat sowie für die Übersetzung von Zeitungsausschnitten und Buchauszügen aus dem Portugiesischen. Und für seine Freundschaft.

Philippe Parnot, Kinder- und Jugendpsychiater, für die freundschaftliche, aber strenge semantische Begutachtung einiger psychologischer und medizinischer Begriffe, über die ich mir nicht ganz sicher war; für seine kontinuierliche Ansprechbarkeit und auch für sein scharfes und unmittelbar analytisches Urteil.

Sylviane Debroise, Kieferchirurgin und erste Versuchsperson, an der ich an einem Tisch in einem chinesischen Restaurant in Paris vor nunmehr gut fünfzehn Jahren meine Methode der Analyse und Interpretation von Kindheitserinnerungen *wirklich* ausprobiert habe.

Yves Estrade, Annick Béroul, Joëlle Attard, meine Brüder und Schwestern; für die wunderbar widersprüchlichen Erinnerungen und die paradoxesten und verwirrendsten Versionen von Ereignissen und Orten aus meiner frühen Kindheit, die mir direkt vor Augen führten, wie wichtig die subjektive Wahrnehmung bei Erinnerungen ist.

Arthur Estrade, meinem Sohn, für seine Bereitschaft, meine Methode der Analyse und Interpretation von Kindheitserinnerungen an sich testen zu lassen. Für seine beständige Sorge um den »weltweiten« Erfolg meines Buchs. Er wusste mit meinen Rückzugsphasen und sogar der Reizbarkeit umzugehen, wenn ich mit meinem Buch einmal nicht so schnell vorankam, wie ich gewünscht hätte.

Huguette Estrade, meiner Frau, für ihre wiederholte Lektüre der verschiedenen Fassungen der Kapitel dieses Buchs, für ihre Kritiken, Klarstellungen, Beurteilungen und Impulse zum Umdenken. Dafür, dass sie mich wieder ins rechte Gleis gebracht hat, wenn mein Text den Leser in die Irre geführt hätte. Ich danke ihr dafür, dass sie in diesen Monaten der Zurückgezogenheit eine Verbindung zur Außenwelt für mich bewahrt hat. Dass dieses Buch existiert, ist zur Hälfte ihr Verdienst.

Diese Danksagungen wären nicht vollständig, wenn ich vergäße, Paul Vitti zu erwähnen (den von Robert de Niro gespielten Helden aus *Reine Nervensache*), der mich sehr für das Kapitel über Schuldgefühle inspiriert hat.

Praktische Hinweise

Verein L'École de la vie

Der Verein L'École de la vie wurde 1997 auf meine Anregung hin gegründet. Sein Ziel ist es, Erkenntnisse der Psychologie und der Kultur zu verbreiten. Es finden regelmäßig Gesprächsgruppen dort statt.

Seine Adresse lautet: L'École de la vie, maison des Associations, place Garibaldi, 06000 Nice.

Vorträge und Seminare

Parallel zur Veröffentlichung dieses Buchs habe ich Vorträge und Seminare organisiert. Manche davon sind frei zugänglich, andere spezieller für Mitarbeiter aus dem psychologischen Bereich und psychosoziale Organisationen bestimmt. Für weitere Informationen konsultieren Sie bitte meine Internetseite.

www.patrickestrade.com

Blog www.souvenirs-souvenirs.blogspot.com

Dieser Blog ist dazu bestimmt, anonym die Erinnerungen unbekannter Menschen zu empfangen, unangenehme oder schmerzliche ebenso wie bewegende oder lustige. souvenir.com ist ein *unantastbarer* Schutzraum, es ist kein Ort des Austausches. Wer eine persönliche Erinnerung darin ablegen will, kann das tun, indem er eine E-Mail an die Adresse pg.estrade@free.fr oder eine Postkarte an mich per Post schickt. Wenn die mir zugesandte Erinnerung mit den Kriterien des Respekts vor Personen und vor dem Zusammenleben in Einklang steht, dann werde ich sie mit Sicherheit in den Blog stellen.